"十二五"职业教育国家规划教材

经全国职业教育教材审定委员会审定

国家卫生健康委员会"十四五"规划教材

全国中等卫生职业教育教材

供护理专业用

老年护理

第4版

主　编　张小燕　刘军英

副主编　刘　静　洪　敏

编　者（以姓氏笔画为序）

马牧林（山东省烟台护士学校）

刘　静（温州护士学校）

刘军英（山东省济宁卫生学校）

李姮瑛（四川省南充卫生学校）

杨　娜（太原市卫生学校）

杨　梅（桂东卫生学校）

张小燕（太原市卫生学校）

洪　敏（沈阳市中医药学校）

秦勤爱（吕梁市卫生学校）

葛珊珊（山西医科大学第一医院）

人民卫生出版社

·北京·

图书在版编目（CIP）数据

老年护理 / 张小燕，刘军英主编. —4 版. —北京：
人民卫生出版社，2022.11（2025.10重印）
ISBN 978-7-117-33989-6

Ⅰ.①老… Ⅱ.①张…②刘… Ⅲ.①老年医学—护
理学—医学院校—教材 Ⅳ.①R473

中国版本图书馆 CIP 数据核字（2022）第 208564 号

人卫智网	www.ipmph.com	医学教育、学术、考试、健康，购书智慧智能综合服务平台
人卫官网	www.pmph.com	人卫官方资讯发布平台

老 年 护 理
Laonian Huli
第 4 版

主　　编：张小燕　刘军英
出版发行：人民卫生出版社（中继线 010-59780011）
地　　址：北京市朝阳区潘家园南里 19 号
邮　　编：100021
E - mail：pmph @ pmph.com
购书热线：010-59787592　010-59787584　010-65264830
印　　刷：三河市宏达印刷有限公司
经　　销：新华书店
开　　本：850×1168　1/16　印张：14
字　　数：298 千字
版　　次：2000 年 3 月第 1 版　　2022 年 11 月第 4 版
印　　次：2025 年 10 月第 6 次印刷
标准书号：ISBN 978-7-117-33989-6
定　　价：49.00 元

打击盗版举报电话：**010-59787491**　**E-mail：WQ @ pmph.com**
质量问题联系电话：**010-59787234**　**E-mail：zhiliang @ pmph.com**
数字融合服务电话：**4001118166**　**E-mail：zengzhi @ pmph.com**

修订说明

为服务卫生健康事业高质量发展，满足高素质技术技能人才的培养需求，人民卫生出版社在教育部、国家卫生健康委员会的领导和支持下，按照新修订的《中华人民共和国职业教育法》实施要求，紧紧围绕落实立德树人根本任务，依据最新版《职业教育专业目录》和《中等职业学校专业教学标准》，由全国卫生健康职业教育教学指导委员会指导，经过广泛的调研论证，启动了全国中等卫生职业教育护理、医学检验技术、医学影像技术、康复技术等专业第四轮规划教材修订工作。

第四轮修订坚持以习近平新时代中国特色社会主义思想为指导，全面落实党的二十大精神进教材和《习近平新时代中国特色社会主义思想进课程教材指南》《"党的领导"相关内容进大中小学课程教材指南》等要求，突出育人宗旨、就业导向，强调德技并修、知行合一，注重中高衔接、立体建设。坚持一体化设计，提升信息化水平，精选教材内容，反映课程思政实践成果，落实岗课赛证融通综合育人，体现新知识、新技术、新工艺和新方法。

第四轮教材按照《儿童青少年学习用品近视防控卫生要求》（GB 40070—2021）进行整体设计，纸张、印刷质量以及正文用字、行空等均达到要求，更有利于学生用眼卫生和健康学习。

前　言

人类进入 21 世纪，人口老龄化已成为全球极为关注而又必须妥善解决的社会系统工程和重大课题。我国已进入快速老龄化阶段，具有老年人口基数大、增长快，高龄老年人比例高，空巢和失能老年人数量多，老龄化先于工业化，家庭小型化，老年抚养比攀升，养老照护的需求和难度增大等特点。面对庞大的老年人群体，延缓衰老、延长老年人生活自理的年限，满足老年人的健康需要，提供优质的老年护理，提高老年人的生活和生命质量，实现健康老龄化和积极老龄化已成为当务之急。

为了落实党的二十大精神进教材及《习近平新时代中国特色社会主义思想进课程教材指南》的要求；为了遵循卫生职业教育教学规律和人才培养规律，体现知识、能力和正确价值观的培养有机结合；为了对接职业标准和岗位要求，本教材结合当前我国和世界人口老龄化的现状，在对我国医院、社区、养老机构提供的老年护理服务状况调研的基础上，我们对《老年护理》第 3 版教材进行修订和完善。

本教材始终以"老年人的健康"为中心，以护理程序为框架，以现代护理观为指导，以老年人的自我健康管理和健康促进为理念，融传授知识、培养能力、提高素质为一体，旨在培养立德为人，面向工作岗位的德智体美劳全面发展的技能型护理专业人才。

老年护理是中等卫生职业教育护理专业的一门重要的专业核心课程。全书共分为八章，内容包括绪论、老年人的健康评估、老年人的健康管理与养老照护、老年人的日常生活及常见健康问题的护理、老年人的安全用药与护理、老年人常见心理问题与精神障碍的护理、老年常见疾病病人的护理、老年人的安宁疗护。

修订后的第 4 版教材，调整了与《老年保健》教材重复的内容，将上版第三章"老年人的健康保健与照护"调整为"老年人的健康管理与养老照护"；将第七章"老年常见疾病病人的护理"按人体的系统疾病分类进行阐述；将第八章"老年人的临终护理"调整为"老年人的安宁疗护"；为了与 1 + X 证书培训和考核相结合，我们完善了实训指导的内容。

为了突出老年护理的特点，对与《护理学基础》《内科护理》等专科护理教材中有重叠的内容进行了调整；为了增强学生的学习主动性和目标性，每章前面均设有学习目标；为了使学生直接对接护理专业的职业标准、岗位需求，贴近老年护理工作的实际，在重要章节下面采用了护理工作情景和任务导入的形式，更加体现教材的实用性；每章中间还设计了一些重要的特色栏目，如"知识窗、护理学而思"等；增加了章末小结；为了强化学生的学习效果，章后设计了思考与练习；附录中列出大量评估量表供学生学习使用；实训指导的内容与1+X证书培训及考核相结合，使护生的老年护理实践更贴近工作实际。本教材设有数字资源，便于学生的自主学习和探索学习。

本教材主要供中等卫生职业教育护理和临床护理人员使用。

本书在编写过程中得到临床一线的护理专家、医学院校的护理教师、各位编者所在单位的大力支持，在此一并致谢。

由于编者经验不足，知识和能力水平有限，时间仓促，难免存在不足，敬请护理同仁、专家、各位读者批评指正。

张小燕　刘军英

2023年9月

目　录

第一章 | 绪 论

01章 数字资源

1. 具有尊重和关爱老年人的职业素养，以高度的责任心、爱心、细心、耐心对待老年人。
2. 掌握人口老龄化、健康老龄化、老年护理学的概念；老年人年龄与老龄化社会的划分标准；老年护理的目标与原则；老年护理从业人员的素质。
3. 熟悉人口老龄化的现状与趋势；老化、积极老龄化、健康预期寿命的概念。
4. 了解中国人口老龄化带来的影响与对策；老年护理学的发展；老化的理论。
5. 学会运用老年护理的原则，对老年人正确实施整体护理。

　　随着全球经济的快速发展、社会的进步和生活水平的不断提高，人类的平均寿命逐渐延长，人口老龄化已成为全球性的重大社会问题和人们普遍关心的热点。人口老龄化、高龄化、失能化和家庭空巢化不仅给社会、家庭带来很大压力，同时也给老年护理学的研究和发展提供了机遇与挑战。研究老年人的健康问题，培养能够适应社会需要的具有自然、人文、社会、科技等专业知识和技能的高素质老年护理人员，为老年人提供优质的护理服务，满足老年人群的健康需求，实现健康老龄化和积极老龄化已成为护理领域的重要课题。

第一节　老年人与人口老龄化

　　生、老、病、死是一切生物物种普遍存在的自然规律，人类在出生、发育、成熟、衰老、死亡的生命历程中，其生理、心理、社会功能均会随着年龄的增加而逐渐发生改变。

1

一、老年人的年龄划分

（一）世界卫生组织老年期的年龄划分标准

世界卫生组织（World Health Organization，WHO）对老年人年龄的划分有两个标准，发达国家将65岁以上的人群定义为老年人，而发展中国家则将60岁以上的人群定义为老年人。

随着人们生活水平和健康水平的提高，根据现代人生理、心理结构上的变化，世界卫生组织将人的年龄界限又作了新的划分：44岁以下为青年人；45～59岁为中年人；60～74岁为年轻老年人（the young old）；75～89岁为老老年人（the old old）；90岁以上为非常老的老年人（the very old）或长寿老年人（the longevous）。

（二）我国老年期的年龄划分标准

我国关于年龄的划分标准自古以来有多种说法。民间多用三十而立，四十而不惑，五十而知天命，六十花甲，七十古稀，八十岁～九十岁为耄耋，一百岁为期颐。现阶段我国参照发展中国家的年龄划分标准将60岁以上人群划分为老年人。按时序年龄老年分期标准为：45～59岁为老年前期，即中老年人；60～89岁为老年期，即老年人；90岁以上为长寿期，即长寿老年人；100岁及以上为寿星，即百岁老年人。

知识窗

人类年龄的其他分类

1. **时序年龄** 又称历法年龄，表示这个人出生以后所经历的年限。通常人类个体生存的时期是以时序年龄来计算的。

2. **生理年龄** 亦称生物学年龄，是以个体的器官组织结构和生理功能的老化程度来衡量其生物学年龄，常能如实地反映个体的实际衰老程度。

3. **心理年龄** 一般有两个含义，首先常用心理年龄反映个体适应环境变化的心理能力；其次是指根据标准化智力测验量表的测验常模来衡量人的智力水平，用它来表示人的心理发展的绝对水平。

4. **社会年龄** 是根据一个人与其他人交往的角色作用来确定的个体年龄。也就是说一个人的社会经验越丰富，思维越深刻，办事越老练，社会年龄就越成熟。

二、人口老龄化与老龄化社会

（一）人口老龄化的概念

人口老龄化（aging of population）简称人口老化，是指社会人口年龄结构中，老年人口占总人口中的比例不断上升的动态过程。导致人口老龄化的因素有出生率下降、死亡率下降、人口的迁移等。

（二）人口老龄化的常用评价指标

1. 老年人口系数　老年人口系数又称老年人口比例，是指某国家或地区的总人口构成中，老年人口数占总人口数的百分比，是反映人口老龄化的重要指标。计算公式为：

$$老年人口系数（\%）=（60或65岁以上人口数／总人口数）\times 100\%$$

2. 老年抚养系数　老年抚养系数又称老年人口负担系数，是指老年人口数占劳动人口数的百分比，反映劳动者负担老年人的轻重程度。计算公式为：

$$老年抚养系数（\%）=（60或65岁以上人口数／15\sim59或15\sim64岁人口数）\times 100\%$$

3. 长寿水平　长寿水平又称高龄老人比，即80岁以上人口数与60岁以上人口数之比。计算公式为：

$$长寿水平（\%）=（80岁以上人口数／60岁以上人口数）\times 100\%$$

长寿水平的高低，直接反映一个国家（或地区）医疗卫生保健水平的高低，特别是反映老年保健服务水平的高低。该指标<5%属于较低水平，5%～9.9%属于中等水平，>10%即属于较高水平，该指标>20%即为高水平，目前很多发达国家的长寿水平已达20%～25%。

4. 平均期望寿命（average life expectancy）　平均期望寿命简称平均寿命，是指通过回顾性死因统计和其他统计学方法，计算出一定年龄组的人群能生存的平均年数。一般常用出生时的平均期望寿命，作为衡量人口老化程度的重要指标。它是反映人类健康水平及死亡水平的综合指标。

5. 健康期望寿命（active life expectancy）　健康期望寿命是指在健康条件下的期望寿命，即个人在良好状态下的平均生存年数，也就是指老年人能够维持良好的日常生活活动功能的年限。

平均期望寿命是以死亡作为终点，健康期望寿命是以日常生活自理能力的丧失作为终点。

（三）老龄化社会

老年人口系数是评价一个国家（或地区）人口老龄化的重要指标。世界卫生组织针对发达国家和发展中国家的不同人口年龄结构的状况，制定了不同的人口老龄化标准：发达国家65岁以上人口占总人口比例的7%以上，发展中国家60岁以上人口占总人口比例的10%以上，该国家（或地区）即成为老龄化国家（或地区），达到这个标准的社会即称为老龄化社会，见表1-1。

表1-1　老龄化社会的划分标准

	发达国家	发展中国家
老年人年龄界限	65岁	60岁
青年型（老年人口系数）	<4%	<8%

	发达国家	发展中国家
成年型（老年人口系数）	4%～7%	8%～10%
老年型（老年人口系数）	＞7%	＞10%

三、人口老龄化的现状与趋势

人口老龄化是当今世界人口发展的普遍趋势，这种人口年龄结构的变化正在广泛而深刻地影响着人类社会生活的各个方面，人口老龄化已经日益成为世界各国关注的重大人口问题。

（一）世界人口老龄化的现状与趋势

1. 人口老龄化的速度加快　人口老龄化与总人口数的增长密切相关。第二次世界大战后，良好的和平环境使世界人口迅速增长。联合国《2019年世界人口展望》数据显示，2019年10月31日世界人口已经达到77亿，2019年世界65岁及以上的老年人口已经达到7.03亿，世界人口老龄化日趋严重。根据世界银行的数据，2020年全球已有99个国家和地区进入老龄化社会。

2. 发展中国家老年人口增长速度快　发展中国家的人口老龄化开始较晚，但增长异常迅速。联合国《2019年世界人口展望》数据显示，在1951—2019年世界新增老年人口中，来自发展中国家老年人口的比重由48.4%增至81.1%，2050年将增至94.4%。

3. 全球人口老龄化的区域分布不均衡　世界银行数据显示，2019年世界主要发达国家中老龄化程度最高的为日本，达到28%，是世界上唯一老龄化程度超过25%的国家；老龄化程度在20%～24%之间的主要发达国家包括：意大利（23.01%）、葡萄牙（22.36%）、芬兰（22.14%）、希腊（21.94%）、德国（21.56%）等。撒哈拉以南非洲国家老龄化程度最低，为3.0%。

4. 人口平均期望寿命延长　19世纪许多国家人口平均期望寿命只有40岁左右，20世纪末则达到60～70岁，一些国家人口平均期望寿命已经超过80岁。世界卫生组织2020年12月公布的统计数据显示，日本人口平均期望寿命84.3岁，列世界第一。瑞士位于日本之后，平均期望寿命83.4岁。2020年中国人口平均期望寿命达到77.4岁。

5. 女性老年人比例高　一般而言，男性老年人死亡率高于女性。由于存在着性别间的死亡差异，使女性老年人口占老年人口的比例较高，如日本老年人口平均期望寿命女性高于男性5.4岁，中国老年人口平均期望寿命女性高于男性5.8岁。

6. 高龄老年人快速增长　80岁以上的高龄老年人是老年人口中增长最快的群体。联合国数据预测从2019—2050年，全球80岁以上人口的数量将从1.43亿增加至4.26亿。2050年全球高龄老年人将占老年人口总数的1/5。

（二）中国人口老龄化的现状与趋势

中国是世界上老年人口最多、增长最快的国家。于 1999 年底进入了人口老龄化国家的行列。《中国人口老龄化发展趋势预测研究报告》指出,中国的人口老龄化可以分为三个阶段。

第一阶段,从 2001—2020 年是快速老龄化阶段。这一阶段,中国平均每年新增 596 万老年人口,年均增长速度达到 3.28%,到 2020 年,老年人口达到 2.64 亿,老龄化水平达到 18.7%。

第二阶段,从 2021—2050 年是加速老龄化阶段。中国老年人口数量开始加速增长,平均每年增加 620 万人。到 2050 年,老年人口总量将超过 4 亿,老龄化水平推进到 30%以上。

第三阶段,从 2051—2100 年是稳定的重度老龄化阶段。这一阶段,老年人口规模将稳定在 3 亿~4 亿,老龄化水平基本稳定在 31% 左右,80 岁及以上高龄老年人占老年总人口的比重将保持在 25%~30%,进入一个高度老龄化的平台期。

综观中国人口老龄化趋势可以概括为:人口老龄化将伴随 21 世纪始终;2030—2050 年是中国人口老龄化最严峻的时期;重度人口老龄化和高龄化将日益突出;中国将面临人口老龄化和人口总量过多的双重压力。与其他国家相比,中国的人口老龄化有如下的特征。

1. 老年人口基数大　2021 年 5 月 11 日,国家统计局发布《第七次全国人口普查公报》,截至 2020 年 11 月 1 日,我国 60 岁及以上人口为 2.64 亿人,占全国总人口的 18.7%,其中 65 岁及以上人口为 1.9 亿人,占全国总人口的 13.5%。预计 2025 年"十四五"规划完成时,我国 65 岁以上老年人口将达到 15%,正式迈入深度老龄化阶段。根据联合国预测,21 世纪上半叶中国一直是世界上老年人口最多的国家,21 世纪下半叶,中国是仅次于印度的老年人口大国。

2. 人口老龄化速度快、来势猛　据统计,我国人口年龄结构从成年型转变为老年型仅用了 18 年左右的时间,与发达国家相比,速度十分惊人。65 岁老年人口占总人口的比例从 7% 上升到 14%,发达国家大多用了 45 年以上的时间,中国只用了 27 年的时间。2010—2020 年,我国 60 岁及以上人口比重上升了 5.44%,65 岁及以上人口上升了 4.63%,与上个十年相比,上升幅度分别提高了 2.51% 和 2.72%。人口老龄化速度加快意味着应对人口老龄化的战略机遇期将快速逝去,政策准备期将大为缩短,"未备先老"问题将更加突出。

3. 区域分布不均衡、差异大　中国各地区经济发展不平衡,导致人口老龄化的程度有较大差异。国家统计局发布的第七次全国人口普查数据显示,65 岁及以上老年人口比重最高的地区和最低的地区之间相差接近 12%,人口老龄化地区差异的扩大反映了中国应对人口老龄化的复杂性。我国东部沿海经济发达地区人口老龄化的速度和程度远远快于和高于西部经济欠发达地区。

4. 人口老龄化城乡倒置　绝大多数国家城镇老龄化的程度要高于农村。我国虽然农村地区的平均生育水平高于城市，但是，由于大量青壮年人口由农村流向城市，农村的人口老龄化程度比城市更为严重。国家统计局第七次全国人口普查数据显示，乡村 60 岁、65 岁以上老年人口的比重分别为 23.81%、17.72%，比城镇分别高出 7.99%、6.61%。与 2010 年相比，60 岁、65 岁以上老年人口比重的城乡差异分别扩大了 4.99% 和 4.35%。城乡差异扩大将进一步凸显应对农村人口老龄化的紧迫性。当前农村经济发展水平、社会服务水平等都严重滞后，农村人口老龄化必将带来更为严峻的挑战。由于城乡老年人的主要经济来源存在明显差异，农村人口老龄化的问题日益突出。

5. 老年人口明显呈现高龄化趋势　10 年来，我国人口平均期望寿命也在持续提高。2020 年 80 岁及以上人口有 3 580 万人，占总人口的比重为 2.54%，比 2010 年增加了 1 485 万人，提高了 0.98%，60 岁及以上老年人口的比例为 13.56%，比 2010 年上升了 1.74%，高龄化趋势明显。此外，高龄老年人的多病共存、失能、半失能和失智比例也在不断上升。因此，他们不仅需要经济上的供养，而且需要长期的照护。

6. 女性老年人比例高　老年人口中女性所占比例高于男性，随着年龄的增长，女性老年人的比例不断上升。据统计，我国 80 岁及以上老年人口中，男性所占比例为 36.9%，女性为 63.1%，百岁老年人中女性比例达到 77%。

7. 文化程度有所提高　国家统计局发布第七次全国人口普查数据显示，60 岁及以上人口中，拥有高中及以上文化程度的有 3 669 万人，比 2010 年增加了 2 085 万人；高中及以上文化程度的人口比重为 13.9%，比 10 年前提高了 4.98%。

8. 人口"未富先老"　发达国家在人口老龄化程度不高时，经济已达到较高的水平，即"先富后老"。而我国是在经济条件欠发达时跨入了老龄化社会，即"未富先老"。

四、人口老龄化带来的影响与对策

（一）中国人口老龄化带来的影响

1. 社会负担加重　人口抚养比上升。改革开放 40 多年以来我国人口抚养比从 1982 年的 62.6% 下降到 2010 年的 34.2%。第七次全国人口普查数据显示，2020 年我国人口抚养比为 45.9%，与 2010 年相比，增长了 11.7%，这表明随着我国人口老龄化进程的推进，人口抚养比的下降趋势在过去十年发生了逆转。这不但加重了劳动人口的经济负担，而且对投资、消费、储蓄和税收都带来一定影响。

2. 社会保障费用增加　人口老龄化使国家用于老年人的保障费用增加，政府负担加重。老龄化直接导致劳动力减少，老龄化社会需要国家支付养老金、医疗费、福利、涉老救助等大量费用。我国离退休人员费用的猛增，庞大的财政开支将给国家造成沉重的负担。

3. 现有产业结构需要调整　我国老龄事业和老龄产业发展不平衡、不充分，老龄产业发展较为滞后。老年人特殊的生理、心理和行为特征，产生了不同于其他人口群体的特殊物质需求和精神需求。为了满足老年人口日益增长的物质和精神文化的需要，国家需要增加相应的投资，调整现有的产业结构，大力发展老龄产业，来满足老年人群的特殊需要。如改造不适合老年人居住的住宅、街道，发展老年人衣、食、住、行、用、文等各种消费品，增加老年人所需要的产业、社会服务业等。

4. 传统养老模式受到影响　养老问题是老龄化社会面临的最主要的经济和社会问题。"老有所养"应该包含两个方面的内容：经济保障和生活照顾（包括精神慰藉）。随着少子化家庭、空巢家庭的增多，传统的家庭养老功能日趋削弱，养老负担越来越多地依赖于社会，急需发挥社会养老功能，来满足日益增强的社会养老需求。我国的养老模式正处于转型阶段，在今后一个较长的时期内，将呈现家庭养老与社会养老并存的局面。

5. 对保健服务需求增加　老年人口的高龄、空巢、失能、失智等进一步加剧应对人口老龄化的严峻性和复杂性。我国失能或部分失能老年人约有 4 000 万人，75% 以上的老年人至少患有一种慢性疾病，老年人"长寿不健康"问题凸显。2025 年之前，高龄老年人口将保持年均增长 100 万人。老年疾病又多为肿瘤、心脑血管疾病、糖尿病、精神障碍等慢性疾病，花费大，消耗卫生资源多，对社会国家和家庭构成极大负担。老年人口对医疗、保健、护理、生活服务、健康管理的需求大大超过其他人群。

6. 社会养老服务力度急需加大　我国的老龄工作起步较晚，专职老龄工作人员缺乏，老龄工作经费投入不足，基层服务网络薄弱，针对老年人所开展的服务项目少，覆盖面窄，服务水平低。专门为老年人提供的活动场所和服务设施不足，老年人的参与率和受益率不高。发达国家每千名老年人中拥有的养老床位是 50～70 张，截至 2020 年底，我国共有各类养老机构和设施 32.9 万个，养老床位 821 万张，每千名老年人拥有养老床位 31.1 张，与发达国家相比还是有一定的差距。

此外，在我们的养老服务机构中，提供护理服务的专业人员数量缺乏，总体素质偏低。我国社会养老服务的质量不高，难以满足广大老年人多种养老服务的需求，这些都有待于我们去研究和解决。

（二）中国人口老龄化的对策

1. 加速经济发展　第七次全国人口普查数据显示，当前我国仍然处于人口抚养比低于 50% 的人口红利期，但人口红利逐步减少。因此，要充分利用这个经济发展的"黄金时期"，发挥我国劳动力资源极为丰富的优势，抓住机遇，加快经济发展的步伐，为迎接老龄化高峰的到来奠定雄厚的物质基础。要通过改善教育公平、提高教育质量、增强教育培训的针对性等措施，提高劳动者教育水平和劳动技能，以质量替代数量，以人才红利替代人口红利，为经济增长提供长久支撑。

2. 建立和完善养老福利政策和社会保障机制　让更多的人"老有所养"是中国养老保障制度改革的目标。国家要尽快完善有关政策，各级政府要出台优惠政策，广泛动员社会各方面的力量，多渠道筹措资金，发展养老福利事业，增设养老福利服务设施，不断健全社会养老机制,加快社会养老服务的法制化进程,建立适合我国国情及经济发展水平的社会保障制度。重点为低收入老年人、经济困难的失能半失能老年人提供无偿或低收费的供养、护理服务,提高老年人的经济保障能力,使老年人能够共享社会发展成果。截至 2020 年底,全国供养特困老年人 387.6 万人。建立农村留守老年人探访制度,推动农村留守老年人信息管理系统县级层面全覆盖。启动实施特殊困难老年人居家适老化改造。民政部联合国家发展改革委、财政部、国家卫生健康委员会等部门印发《关于加快实施老年人居家适老化改造工程的指导意见》,采取政府补贴等方式,对纳入分散供养特困人员和建档立卡贫困人口范围的高龄、失能、残疾老年人实施居家适老化改造。

3. 建立与健全老年人医疗保险和保健制度　应加快深化医疗卫生改革,建立和健全老年医疗保险制度。医疗保健是老年人众多需求中最为突出和重要的,为老年人提供基本医疗保险,满足他们的基本医疗需求,使老年人及其家庭不要因为疾病导致个人及家庭经济危机。加强老年人群重点慢性病的早期筛查、干预及分类指导,开展老年人口腔健康、老年人营养改善、阿尔茨海默病防治和心理关爱行动;扩大医联体提供家庭病床、上门巡诊等居家医疗服务的范围。在解决失能老年人长期照护服务问题方面,完善从专业机构到社区、家庭的长期照护服务模式;发展"互联网 + 照护服务",积极发展家庭养老床位和护理型养老床位;完善现有试点,积极探索并建立适合我国国情的长期护理保险制度。

4. 完善老龄法律法规体系　我国颁布了各类涉老法律法规和政策 500 余件,初步建立起以《中华人民共和国老年人权益保障法》为主体的老龄社会治理法治框架,但具体涉及老年人医疗卫生服务、养老服务、老年人文化教育、老年人社会参与等相关内容的法律法规及相关制度还较为模糊,需要进一步明确和清晰。加大有关老龄法律法规的执法力度。法律部门要坚决制裁侵害老年人合法权益的不法行为,依法合理调整老年群体与其他群体之间的关系,依法惩处残害和虐待老年人行为,营造出健康老龄化的良好社会环境。尽快出台老年人养老保险、医疗保险、社会救济、福利等有关社会保障方面的法律法规,使老年人的生活得到切实保障。制定并完善以《中华人民共和国老年人权益保障法》为基本法的老龄法律体系。

5. 建立和完善适合我国国情的养老保障体系　建立以居家养老为基础、社区服务为依托、机构照护为补充,资金保障和服务保障相结合,政府主导、社会参与的养老服务体系。我国养老呈现"9073"或"9064"格局(即 90% 左右居家养老,6% ~ 7% 左右依托社区支持养老,3% ~ 4% 左右入住机构养老)。强调以居家养老为基础,我国几千年来形成了尊老、爱老、敬老、养老的优良传统和反哺式的代际关系。家庭最具亲情和温暖,最能使老年人享受天伦之乐,对于我们这样一个未富先老而老年人口规模较大的国家,居家养老是成本最低的选择。社区是家庭和社会的纽带,老年人居住和生活在社区,加强社区养老服务设施、服务队伍和信息网络建设,可为居家老年人及时提供日间照护、家政服务、情感慰藉等多样化的服务,有效解决传统家庭养老功能弱化所带来的问题。强调以机构养老为补充，是因为机构养老服务的专业化、规范化程度较高，虽然其直接服务对象数量相对不多，但功能作用十分重要。养老机构在设施、人员和技术上具有优势。

6. 积极发展老龄产业开拓老年消费市场　老龄产业是为了满足老年人物质和精神生活需求而形成的产业，既包括生产性产业，也包括服务性产业，是解决人口老龄化问题的重要手段。现阶段我国缺乏专门为老年人服务的专业医护和服务人员，缺乏足够的养老机构，缺乏上门服务的保健机构。在老年消费方面，我们应当积极发展老龄产业，开拓老年消费市场，这不但能够创造许多新的工作机会，缓解社会就业压力，而且可以为老年人提供更周到更优质的服务。

7. 创建优良环境，实现健康老龄化与积极老龄化

（1）健康老龄化（aging of the health）是世界卫生组织提出并积极推行的老年人健康目标。它是指在老龄化社会中，多数老年人的生理、心理和社会功能均处于完好状态，同时，社会和经济发展不受过度人口老龄化的影响。联合国提出，将健康老龄化作为全球解决人口老龄化问题的奋斗目标。健康老龄化的概念最早在 1987 年 5 月的世界卫生大会上提出，2015 年世界卫生组织发布的《关于老龄化与健康的全球报告》把健康老龄化界定为"发展和维护功能能力以使老年期能保持良好状态的过程"，不仅关注静态的健康水平，而且从功能轨迹的动态角度去看待老年人的健康。

健康老龄化包括以下三项内容：

1）老年人个体健康，老年人生理和心理健康以及良好的社会适应能力。

2）老年人口群体的整体健康，健康期望寿命的延长及与社会整体相协调。

3）环境健康，包括物理环境、居住环境等硬件环境，也包括文化观念、制度政策等软件环境。环境对老年人个体和群体实现健康老龄化具有基础性、保障性的作用。

知识窗

"健康老龄化行动十年"

联合国大会宣布 2021—2030 年为"健康老龄化行动十年"，并要求世界卫生组织主导实施工作。"健康老龄化行动十年"是一项全球合作行动，意在汇集政府、民间社会、国际机构、专业人士、学术界、媒体和私营部门的力量，开展为期十年的协调、催化和协作行动，促进更长寿和更健康的生活。

它按照世界卫生组织的《关于老龄化与健康的全球战略与行动计划》和《联合国马德里老龄问题国际行动计划》，支持实现联合国《2030 年可持续发展议程》。

"健康老龄化行动十年"旨在通过以下四个领域的集体行动减少健康不平等现象，改善老年人及其家庭和社区的生活：改变我们对年龄和年龄歧视的看法、感受和行为；以培养老年人能力的方式发展社区；提供顺应老年人需求的以人为本的综合护理和初级保健服务；为有需要的老年人提供高质量的长期护理服务。

（2）积极老龄化是在健康老龄化基础上提出的新观念，它强调老年群体和老年人不仅在机体、心理、社会方面保持良好的状态，而且要积极地面对晚年生活，作为家庭和社会的重要资源，继续为社会做出有益的贡献。

2002年4月在西班牙马德里召开的第二次老龄问题世界大会，提出了"积极老龄化"的概念。积极老龄化的观点是以联合国提出的"独立、参与、尊严、照料和自我实现"的老年保健原则为理论基础而概括出来的，为老龄政策提供了一个全新的视角。"积极老龄化"包括健康、参与和保障，其中参与最具积极意义。

1）健康：涵盖了老年人个体和群体的身心健康。积极老龄化认为每一个个体和群体在生命历程里都是平等的，我们每一个人在出生之后就逐渐走向老龄化，因此要享有未来老年生活的身心健康，最好的方式是全社会在生命各个阶段都要预防疾病和促进健康。

2）参与：参与在积极老龄化的概念里居于核心地位。积极老龄化特别指出老年人在参与社会、经济、文化等公共生活方面享有和其他群体均等的机会，在处理生活各方面上保有自主的权利。强调国家和社会要创造条件支持老年人参与政治、经济、文化和精神活动。

3）保障：保障对老年人具有重要意义。完善的保障制度，从表面层次理解是保障社会成员的生存问题，往更深层次去挖掘，则还要保护受保对象能够维持有尊严的生活。积极应对人口老龄化挑战，要综合运用经济、法律和行政手段，建立完善老龄法律政策制度体系，不断推动老龄事业发展，为科学应对人口老龄化、科学解决老龄化问题提供法律、政策、制度等支撑。

第二节　老年护理学概述

工作情景与任务

导入情景：

赵爷爷，75岁，患有退行性骨关节病、高血压病，且视力较差，因子女工作很忙，得不到较好的照顾，被子女送进一家养老院，接受医疗、护理和生活照护。

工作任务：

1. 依据老年护理目标为赵爷爷制订个体化的护理计划。

2. 针对赵爷爷的患病情况，依据老年护理原则对其实施个体化身心整体护理。

一、老年护理学及其相关概念

（一）老年学

老年学（gerontology）是研究老年期人的生理、心理特征和社会行为方式等方面的特点和变化规律，以及如何增进老年人身心健康的学科。主要包括老年生物学、老年社会学、老年心理学、老年医学、老年护理学等。

（二）老年医学

老年医学（geriatrics）是探讨人体衰老的起因、发生机制和发展过程，研究影响衰老的有关因素，实施老年保健，防治老年性疾病，提高人类平均寿命和生活质量的临床医学。涉及流行病学、预防医学、基础医学、临床医学、康复医学等内容。

（三）老年护理学

老年护理学（gerontological nursing）是一门研究、诊断和处理老年人对自身现存和潜在健康问题反应的学科，是护理学的一个分支，与社会科学、自然科学相互渗透。研究自然、社会、文化教育和生理、心理因素对老年人健康的影响，探讨用护理手段或措施解决老年人的健康问题。

老年护理学起源于现有的护理理论和社会学、生物学、心理学、健康政策等理论。美国护士协会1987年提出用"老年护理学"概念代替"老年病护理"概念，因为老年护理学涉及的护理范畴更广泛，包括评估老年人的健康和功能状态，制定护理计划，提供有效护理和其他卫生保健服务，并评价护理效果。老年护理学强调恢复、保持和促进健康，预防和控制由疾病引起的残疾，发挥老年人的日常生活能力，实现老年人机体的最佳功能，保持人生的尊严和舒适的生活，直至死亡。

二、老年护理的目标与原则

老年护理的重点在于通过护理干预延缓老年期的衰老性变化，减少各种危险因素给老年人带来的消极影响，消除和减低自我照顾的限制，最大限度地维持和促进老年人的最佳功能状态。老年护理的主要工作是评估老年人健康及功能状态，老年期的身心变化和危险因素；制订护理计划，为老年人提供个体化、优质的护理服务，指导老年人避免或减少各种危险因素，减轻家庭主要照顾者的压力，并引导家庭主要照顾者共同参与护理计划的制订和实施；评价功能效果。老年护理的服务对象扩展为老年人及其家庭照顾者。

（一）老年护理的目标

1. 增强自我照顾能力　对于老年人的需求，老年医护人员经常寻求其他社会资源的协助，而很少考虑到老年人本身的资源。老年人在很多时候都以被动的形式生活在依赖、无价值、丧失权力的感受中，自我照顾意识逐渐淡化，久而久之将会丧失生活自理能力。因此，要善于利用老年人本身的资源，以健康教育为干预手段，采取多种措施，尽量强化、巩固和维持老年人的自我照顾能力及自我护理能力，避免过分依赖他人，从而增强老年人生活的信心，保持老年人的尊严。

2. 延缓恶化及衰退　广泛开展健康教育，提高老年人的自我保护意识，改变不良生活方式和行为，增进健康。通过三级预防策略，避免和减少危害健康的因素，做到早发现、早诊断、早治疗，防止病情恶化，预防并发症的发生，防止伤残，积极恢复健康。

3. 提高生活质量　护理的目标不仅仅是疾病的好转，寿命的延长，而应促进老年人在生理、心理和社会适应方面的完美状态，提高生活质量，体现生命的意义和价值。老年人要在健康的基础上长寿，而不是单纯满足人们长寿的愿望，让老年人抱病余生。

4. 做好安宁疗护　对待临终老年人，护理人员应从生理、心理和社会多方面做好服务，综合评估分析、识别、预测并满足临终老年人的需求，确保老年人生命终末阶段有人陪伴和照护，能够无痛苦、舒适地度过人生的最后时光，并给家属以安慰。

（二）老年护理的原则

针对老年护理工作特殊的规律和专业要求，为了实现老年护理目标，在护理实践中应遵循相关的护理原则。现代护理学基本理论如系统理论、需要理论、自理理论等，为护理实践活动提供了总的方向和方法论指导，可作为制定老年护理原则的依据。

1. 满足需求　健康与人的需求满足程度关系非常密切。因此，护理人员应满足老年人的多种需求。护理人员应增强对老化的认识，将正常和病态老化过程及老年人独特的心理、社会特性与一般护理学的知识和技术相结合，及时发现老年人现存的和潜在的健康问题和各种需求，使护理活动能提供满足老年人的多种需求和照护的内容，从而有助于老年人的健康发展。

2. 面向社会　老年护理的对象不仅包括老年病人，还应包括健康的老年人、老年人的家庭成员、家庭照顾者。因此，老年护理必须兼顾到医院、家庭和人群，老年护理工作不仅仅是在病房，而且也应包括家庭、社区和全社会，从某种意义上讲，家庭和社区护理更有其重要性，因为不仅本人受益，还可大大减轻家庭和社会的负担。

3. 整体护理　因为老年人的健康受生理、心理、社会适应能力等方面因素的影响，尤其老年病人往往患有多种疾病且彼此相互影响，所以，护理人员必须树立系统化整体护理的理念，研究多种因素对老年人健康的影响，提供多层次、全方位的护理。一方面要求护理人员对病人全面负责，在护理工作中注重病人身心健康的统一，解决病人的整体健康问题；另一方面要求护理业务、护理管理、护理制度、护理科研和护理教育各个环节的整体配合，共同保证老年护理水平的整体提高。

4. 个体化护理　影响衰老和健康的因素错综复杂，衰老是全身性的、多方面的、复杂的退化过程，老化程度因人而异，因此，既要遵循一般性护理原则，又要注意因人施护，遵循个体化护理的原则，做到有的放矢的护理。

5. 早期防护　衰老起于何时，尚无定论，又由于一些老年病发病演变时间长，如高脂血症、动脉粥样硬化、高血压、糖尿病、骨质疏松症等一般均起病于中青年时期，因此，一级预防应该及早进行，老年护理的实施应从中青年时期开始，进入老年期更加关注。要了解老年人常见病的病因、危险因素和保护因素，采取有效的预防措施，防止老年疾病的发生和发展。对于慢性病病人、残疾老年人，根据情况实施康复医疗和护理的开始时间越早越好。

6. 持之以恒　随着衰老,加之老年疾病病程长、并发症及后遗症多,多数老年病人的生活自理能力下降,有的甚至出现严重的生理功能障碍,对护理工作有较大的依赖性,老年人需要连续性照顾,如医院外的预防性照顾、心理护理、家庭护理等。因此,开展长期护理是必要的。对各年龄段健康老年人、患病老年人均应做好细致、耐心、持之以恒的护理,减轻老年人因疾病和残疾所遭受的痛苦,缩短临终依赖期,对生命的最后阶段提供系统的护理和社会支持。

三、老年护理的发展

老年护理学作为一门具有独立理论体系的综合性应用学科,它的发展大致经历了四个阶段:①理论前期(1900—1955年),这一时期没有任何理论作为指导护理实践的基础。②理论基础初期(1955—1965年),老年护理的理论随着护理学专业理论和科学研究的发展也开始研究、建立、发展,第一本老年护理教材问世。③推行老年人医疗保险福利制度后期(1965—1981年),这一时期老年护理的专业活动与社会活动相结合。④全面发展和完善的时期(1985年至今),老年护理学全面发展,形成了比较完善的老年护理学理论,用来指导护理实践。

(一)国外老年护理发展

1900年在美国,老年护理作为一个独立的专业被确定下来,1961年美国护士协会设立老年护理专科小组,1966年美国护士协会成立了"老年病护理分会",确立了老年护理专科委员会,老年护理真正成为护理学中一个独立的分支。1967年美国护士协会规定从事老年护理执业者必须具备学士以上学历,社区执业护士要具备硕士以上的学历。1976年美国护士协会提出发展老年护理学,关注老年人对现存的和潜在的健康问题的反应,从护理的角度和范畴执行业务活动,老年护理教育从此显示出其完整的专业化发展历程。目前已形成了学士、硕士、博士等多层次老年护理人才梯队。1993年,美国护士就已经可以参加证书考试以取得特殊的老年护理的执业执照。对参加这一考试的资格要求包括现有的注册护士的执照和2年从事老年护理工作的经验。自20世纪70年代以来,美国老年护理教育得以发展,特别是开展了老年护理实践的高等教育和训练,如培养高级执业护士(advanced practice nurses, APNs),要求具备熟练的专业知识和护理专业硕士研究生或以上学历,经过认证,能够以整体的方式处理老年人常见的复杂照护问题。2008年,美国护士认证中心将老年临床护理专家资格认证列入专科证书注册考试内容之中,2010年,美国护士协会《老年护理:执业领域及实践标准》出版。世界卫生组织在欧洲地区发表了护士注册后接受继续教育的《老年护理专科课程指南》,国外大部分国家已将老年护理课程作为护士注册前的必修科目。

很多国家已成立了老年护理专科组织,提倡专业化的老年护理实践。美国护士协会和加拿大老年护理学会分别编写了《老年护理实践范围与标准》和《老年护理能力与实践标准》。在很多西方国家已经有老年护理高级实践护士（如开业护士和临床护理专家），他们需要具备老年高级护理知识和技能。国外老年专科护士除了一般的护理工作范畴外，还需要通过行为咨询的方式，协助老年人改善并保持良好的生活方式，减低行为风险及老年病的患病率和残障率。日本老年护理服务理念鲜明，即以支持老年人自立为基本理念，将康复和自理训练融入一切活动中。

（二）中国老年护理的发展

据记载，我国老年医疗、强身、养生活动已有 3 000 多年历史，作为现代科学的中国老年学与老年医学的研究开始于 21 世纪 50 年代中期。我国老年护理学长期以来被划入成人护理学范围，发展较慢。20 世纪 80 年代以来，我国政府对老年工作十分重视，成立了中国老龄问题委员会，建立了老年学和老年医学研究机构，促进了我国老年学的发展，老年护理也随之得到了发展。中国老年护理体系的雏形是医院的老年人护理，如综合性医院设的老年病科，主要以系统划分病区，按专科管理病人。20 世纪 80 年代中期，在一些大城市设立老年病专科医院与老年病门诊，按病情的不同阶段进行有针对性的护理：①急性期，主要加强治疗护理；②恢复期，主要加强康复护理；③慢性期，主要加强生活护理；④终末期，主要实施以临终老年人的心理护理及家属护理为主的安宁疗护。2019年国家卫生健康委员会与国家中医药管理局发布了《关于加强老年护理服务工作的通知》，其强调：公立三级医院要承担辖区内老年护理技术支持、人才培训等任务，发挥帮扶和带动作用，鼓励社会力量举办的三级医院积极参与。鼓励二级医院设置老年医学科，为老年病人提供住院医疗护理服务。护理院、康复医院、护理中心、康复医疗中心等医疗机构要为诊断明确、病情稳定的老年病人提供护理服务。社区卫生服务中心、乡镇卫生院等基层医疗卫生机构要积极为有需求的老年病人特别是失能老年病人提供护理服务。有条件的可以设立家庭病床、日间护理中心或"呼叫中心"等，为老年病人提供居家护理、日间护理服务。通过家庭医生签约服务等多种方式，为老年病人提供疾病预防、医疗护理、慢性病管理、康复护理、安宁疗护等一体化服务。

我国老年护理学科发展和老年护理教育起步较晚，20 世纪 90 年代，随着中国老年学学会老年医学委员会的成立和老年医学的发展，我国老年护理教育迅速发展，有关老年护理的专著、教材、科普读物相继出版，很多护理院校已经开设老年护理专业，国际老年护理方面的学术交流逐步开展。1996 年，中华护理学会提出要发展和完善我国社区的老年护理，1999 年学会增设老年病护理分会，2016 年成立了中国老年护理联盟。但与发达国家相比，我国的老年护理教育与实践较为滞后。老年护理从业人员的数量、被重视程度、专业知识和技能亟需提高。老年护理的发展应及时适应新时期的变化，重视老年护理教育和专业老年护理人员的培养，借鉴国外的先进老年护理经验，构建具有中国特色的老年护理理论与实践体系，不断推进我国老年护理事业的发展。

（三）老年护理学的发展趋势

1. 加深对老年护理的全面认识　老年护理学的发展会逐步引起人们观念的转变，加深对老年护理的必要性、特殊性及专业性的认识。

2. 老年护理人员具有多种角色功能　老年护理人员除了自身的专业角色之外，还要承担健康保健人员、教师、训练者、研究者甚至是社会活动者等角色，以最大限度满足老年人的需要。服务对象也由过去的老年人群扩展为老年人及其家庭照顾者，承担家庭照顾者的咨询和教育，研究他们的压力和需要等。

3. 学科间的合作加强　老年护理作为一个专业领域，正在逐步向各专科领域渗透。老年护理学将是多门领域之间的结构重组。老年护理人员除了强调自己的专业之外，还要学会与其他学科的合作，为老年人提供更优质的护理。

4. 研究内容和观念的转变　随着老年护理学的发展，研究内容由注重延长生命到注重提高生命的质量，在传统养老观念的基础上新的护理观念已逐步形成（表1-2）。

表1-2　老年护理学的发展趋势

项目	传统观念	新观念
护理观念	不需要护理知识、技能	强调专业性、技能性
指导理论	护理（弥补缺失）全方位满足老年人的需要（需要理论）	自理理论（强调现有能力）、活跃理论、持续理论、社会环境适应理论
研究的内容	注重延长生命	注重老年人的心理、社会健康，兼顾生命质量
角色	单一（护理）	多元化（照顾者、执业人员、教师或训练者研究者甚至是社会活动者、咨询者和教育者）
对象	老年人	老年人及其家庭照顾者
服务提供者	单一（护士或护理员）	团队（医生、心理咨询师、社会工作者、理疗师等）
部门	单一（护理）	多学科合作
专业要求	无或少	有和多
专业教育	无或少	有和多（多层次）

四、老年护理从业人员的素质

老年人具有特殊的生理心理特点，因此，对从事老年护理工作的人员也提出了更高的要求。

（一）基本素质

1. 高度的责任心、爱心、细心、耐心与奉献精神　这是护理人员需具备的最重要的素质。每个人都有被尊重的需要，老年人更是如此。不论在任何情况下，护理人员都必须关心、理解、尊重老年人，不使老年人处于尴尬、难堪的境地。如礼貌的称谓、关切的目光、耐心的倾听，努力为老年人提供最佳护理服务。老年人一生操劳，对社会作出了很大的贡献，理应受到社会的尊重和敬爱，医护人员必须为他们争取各种权利。

老年人由于体力衰弱，多患有一种或多种疾病，而且心理状态极易受到各种因素的影响，因此有更多的健康问题和需求，对护理人员有较大的依赖性，增加了老年护理的复杂性和难度。所以，老年护理人员要以高度的责任感关注老年人，研究老年人群的特点，无论职位高低、病情轻重、贫富贵贱、远近亲疏、自我护理能力强弱，均应一视同仁，以足够的爱心、细心和耐心，全身心地为老年人提供个性化的最佳护理服务。

2. "慎独"　护理老年病人要严肃认真，一丝不苟，严格履行岗位职责，认真恪守"慎独"精神，无论病人处于昏迷还是清醒状态，是否患有阿尔茨海默病或精神疾患均应自觉地对老年人的健康负责，都要忠实于老年病人的健康利益。

3. 良好的沟通技巧和团队合作精神　由于老年人身心特点的复杂性和特殊性，使老年护理的开展需要多学科的合作，需要老年人及其家庭照顾者的配合。因此，护理人员必须具备良好的沟通技巧和团队合作精神，促进专业人员、老年人、家庭照顾者之间的相互沟通与交流，及时发现并解决问题，促进老年人的康复。

（二）业务素质

老年护理是一门具有挑战性的专业。老年人全身各系统器官的功能逐渐衰退，身患多种疾病。因此，老年护理人员要全面掌握医疗护理专业知识，并能融会贯通，全系统、全方位地考虑和处理问题，同时还要精通老年护理所需要的心理学、伦理学、健康教育、人际沟通、法律法规等人文学科方面的知识，从而构建老年护理的 T 形知识结构，这样才能综合地分析和解决老年人的健康问题，帮助老年人实现健康方面的需求。

（三）能力素质

具备准确敏锐的观察能力、正确的判断能力、较强的分析问题和解决问题的能力、预见问题的能力、增强老年人自我护理的能力等，是对老年护理人员的能力素质要求。老年护理不仅仅是在医院中，更多的是在社区和家庭中进行。因此，护理人员能较强地独立地分析和解决老年人的健康问题。由于老年人的机体代偿能力相对较差，健康状况容易发生变化，因而要求护理人员应具备准确敏锐的观察能力、正确的判断能力，及时发现老年人的健康问题与各种细微的变化，有预见性地采取有效措施，满足老年人的健康需求。传统观念认为老年护理是尽善尽美地服侍老年人直至死亡，随着老年护理的发展，人们认为老年护理的实施能重新燃起老年人对生活的热爱，能最大限度地增强老年人的独立生活能力，帮助老年人树立独立生活的信心，进行自我护理，从而使其重返家庭和社会，最大限度地提升老年人的生活和生命质量。

第三节　老化的概念与相关理论

一、老化的概念和特征

（一）老化的概念

老化即衰老，是所有生物种类在生命延续过程中的一种生命现象。人体从出生到成熟期后，随着年龄的增长，在形态和功能上所发生的进行性、衰退性变化，称为老化。

老化可分为生理性老化和病理性老化。生理性老化即机体从成熟期开始，随增龄而发生的生理性、衰退性变化，又称正常老化。病理性老化即在生理性老化的基础上，因某些生物、心理、社会及环境等因素所致的异常老化。两者很难严格区分，往往共同存在，互相影响，从而加快老化的进程。

（二）老化的特点

1. 累积性（cumulative）　老化并非一朝一夕所致，而是在漫长的岁月变迁中，机体结构和功能上的一些轻度或微小变化长期累积的结果，这些变化一旦表现出来，便不可逆转。

2. 普遍性（universal）　老化是多细胞生物普遍存在的生物学现象，且同种生物的老化进程大致相同。

3. 渐进性（progressive）　老化是一个持续渐进的演变过程，往往在不知不觉中即出现了老化的征象，且逐步加重。

4. 内生性（intrinsic）　老化源于生物本身固有的特性（如遗传），不是环境导致的。但环境因素会影响老化的进程，或加速老化，或延缓老化，但不能阻止老化。同一物种所表现出来的老化征象基本相同。

5. 危害性（deleterious）　老化过程是机体的结构和功能衰退的过程，使机体功能下降乃至丧失，往往对生存不利，使机体越来越容易罹患疾病，最终死亡。

二、老化的相关理论

老化不是单一因素作用的结果，为老年人提供护理服务时，需应用老化的生物学、心理学、社会学等综合理论解释老化现象，正确应用老化理论指导护理实践活动。

（一）老化的生物学理论

老化的生物学理论包括基因程控理论、免疫理论、自由基理论、分子串联理论、脂褐质与游离放射理论、预期寿命和功能健康理论、长寿和衰老理论等。

1. 基因程控理论

（1）细胞定时老化论：该理论认为，基因程序预先设定了动物的生命周期，体内细胞的基因有固定的生命期限，并以细胞分化次数来决定个体的寿命。

（2）基因突变论：认为老化是体细胞突变或细胞 DNA 复制错误引起的损伤，造成老年人体细胞特性的改变，从而使细胞功能受到影响，导致老年人的记忆力减退，学习和适应新事物的能力下降。

知识窗

人类最高寿命的计算方法

1. **按生长期推算寿命** 法国生物学家 Buffon 指出，哺乳动物的寿命约为生长期的 5～7 倍，这就是通称的 Buffon 系数。人的生长期为 20～25 年，预计寿命可达 100～175 年。

2. **按性成熟的时间推算寿命** 一般哺乳动物的寿命是性成熟期的 8～10 倍，人类的性成熟期为 14～15 年，因此寿命可达 110～150 年。

3. **按细胞的体外分裂次数推算** 美国佛罗里达大学遗传学研究中心的 Hayflick 博士在实验室条件下对人体细胞进行实验，发现人体的成纤维细胞在体外分裂 50 次左右中止，50 次被视为培养细胞的"传代次数"，也即"Hayflick 极限"，细胞的每次分裂周期约为 2.4 年，因此人类寿命可能为 120 岁左右。

2. **免疫理论** 随年龄的增长，机体免疫系统功能下降，如淋巴细胞功能下降则对疾病感染的抵抗力降低，例如随着个体的衰老，自体免疫疾病增多。另外，该理论还认为老化会使机体免疫系统功能减退，对外来异物的辨认与反应降低，导致感染与癌症患病率增加。

3. **自由基理论** 自由基是具有一个以上的不成对电子的分子或原子的总称。人体细胞在代谢过程中，产生一系列自由基，其中以羟自由基和氧自由基对人体损害最大。污染的环境，也可以产生大量的自由基。自由基氧化能力极强，它可以破坏细胞膜、蛋白质及 DNA，造成染色体畸变、细胞突变，导致恶性肿瘤；可使胶原蛋白交联变性，导致骨质疏松、血管硬化、皮肤皱缩，促进衰老。

4. **长寿和衰老理论** 该理论认为健康长寿者与下列因素有关：遗传因素、饮食因素、物理环境、社会环境、终生参与运动、适量饮酒、维持性生活至高龄等有关。

护理人员应用老化的生物学理论时，可借助基因理论，指导老年人正确面对老化甚至死亡；根据免疫理论解释老年人对某些疾病易感性的原因等。

（二）老化的心理学理论

老化的心理学理论包括：人的需求理论、自我概念理论、人格发展理论等。老化的心理学理论可以帮助护理人员收集评估资料，解决健康问题，预测未来需要；协助老年人适应角色的改变，使其对自己角色功能做出正确的认知与评价；协助老年人完成生命总结回顾的过程，忘掉悲伤和懊悔，促进老年人的心理健康发展，提高老年人的生活和生命质量。

（三）老化的社会学理论

老化的社会学理论包括：隐退理论、活跃理论、持续理论、次文化理论、年龄阶层理论等。老化的社会学理论可以帮助护理人员为参与社会活动减少的老年人，提供足够的支持与指导，以维持其身心平衡；帮助护理人员辨别想要维持社会活动角色的老年人，评估其身心能力是否足以从事某项活动，帮助老年人选择力所能及且感兴趣的活动。老化的社会学理论帮助护理人员从"生活在社会环境中的人"这个角度看待老年人，以及了解老年人生活的社会对他们的影响。

> **章末小结**
>
> 　　本章学习重点是人口老龄化、健康老龄化、老年护理学的概念；老年人年龄与老龄化社会的划分标准；老年护理的目标与原则；老年护理从业人员的素质。学习难点为老年护理的目标与原则。在学习过程中，理解老化的相关理论，在比较中外老年护理发展的基础上，熟悉老年护理的发展趋势。注重运用老年护理的相关理论指导老年护理实践，提高分析问题和解决问题的能力。学习过程中不断培养尊重和关爱老年人的职业素养，以高度的责任心、爱心、细心、耐心对待老年人。

（张小燕）

思考与练习

1. 列表比较老龄化社会的划分标准。
2. 简述我国人口老龄化的特征。
3. 说出老年护理的目标和原则。
4. 概述老年护理从业人员的素质。
5. 归纳老化的相关理论。

第二章 │ 老年人的健康评估

学习目标

1. 具有尊重老年人并保护其隐私的职业素养；科学的评判思维能力；以高度的责任心、爱心、细心、耐心对待老年人。
2. 掌握老年人健康评估的原则与注意事项；身体健康评估的内容；功能状态评估的方法；老年人生活质量的内涵。
3. 熟悉老年人健康史的评估内容和辅助检查结果判断；情绪与情感的评估；社会健康的评估；生活质量的综合评估。
4. 了解老年人认知功能及人格的评估。
5. 学会正确运用沟通技巧收集老年人的健康资料；运用评估量表评估老年人的功能状态、心理健康、社会健康及生活质量。

工作情景与任务

导入情景：

李奶奶，72岁，小学文化。老伴一年前已去世，唯一的儿子因为车祸在家休养。一年前接受左眼白内障手术，家境生活困难。此外，李奶奶由于听力障碍以及眼疾和腿疾，很少下楼，在家无人照顾，时常感到无助。近1个月来，出现右眼视物模糊，确诊为右眼白内障，需要再次手术治疗。

工作任务：

1. 全面评估李奶奶的健康状况。
2. 正确评估李奶奶的功能状态。

健康评估是系统地、有计划地收集评估对象的健康资料，并对资料的价值进行判断的过程。老年人由于机体老化和慢性病的影响，其感觉功能缺损，认知功能减退，接收信息和人际沟通的能力下降，使得老年人的健康评估有别于成年人。所以，在评估过程中要正确运用语言和非语言的沟通技巧，通过观察、交谈、体格检查等方法，多维度、全面科学地评估老年人的身体健康、心理健康、社会健康、功能状态及生活质量。

第一节　概　　述

对老年人进行健康评估时，要结合老年人身心变化的特点，有针对性、个体化地进行全面系统的评估。

一、老年人健康评估的原则

护士对老年人进行健康评估时，应根据老年人机体老化及各种慢性疾病患病率高的特点，遵循以下的评估原则。

（一）了解老年人身心变化特点

生理性改变是随着年龄增长，老年人机体发生分子、细胞、器官和全身各系统的各种退行性改变，属于正常的变化；病理改变是因为各种病因导致的老年性疾病引起变化，属于异常的变化。在多数老年人身上，这两种变化过程往往同时存在，相互影响，有时难以严格区分，这就需要护士认真实施健康评估，确定与年龄相关的正常改变，区分正常老化和异常老化，采取适宜的措施予以干预。老年人心理变化个体差异很大，主要的变化有反应变慢、记忆力下降、孤独、任性、焦虑、烦躁、抑郁、怀旧等，但老年人的情感与意志变化相对稳定。

（二）正确解读辅助检查结果

老年人辅助检查结果的异常有三种可能：①由于疾病引起的异常改变。②正常的老年期变化。③受老年人服用的某些药物的影响。护理人员应通过长期观察和反复检查，结合病情变化，确认辅助检查结果的异常是生理性老化，还是病理性改变所致，避免延误诊断和治疗。

（三）注意疾病非典型性表现

老年人感受性降低，加之常并发多种疾病，因而发病后常没有典型的症状和体征，给老年人疾病的诊治带来一定的难度，容易出现漏诊、误诊。例如部分老年人患肺炎时仅仅表现出食欲差、全身无力、脱水，或突然意识障碍，而无呼吸系统症状。因此，对于老年人的健康评估要重视客观评估，尤其是生命体征及意识的评估极为重要。

二、老年人健康评估的注意事项

老年人常伴有感觉功能下降，特别是高龄老年人还会伴有脑血管硬化而造成记忆力和理解力障碍。这就要求护士在进行健康评估时应特别注意以下事项。

（一）提供适宜的环境

老年人的感觉功能下降，血液循环缓慢、代谢率及体温调节功能降低，容易受凉感冒，所以对老年人进行健康评估时应注意保暖，室温 22～24℃，湿度以 40%～60% 为宜，同时注意保护老年人的隐私。老年人视、听能力减退，评估应在采光较好的条件下进行，避免对老年人进行直接光线照射。选择 30cm 左右的距离，并与老年人对面而坐，这样不仅能给老年人一种安全感，还可以让老年人容易看清护士的口型和面部表情，增加获取的信息量。老年人的听力减退，注意力不容易集中，评估时应选择安静的环境，避免外界干扰。有视听障碍的老年人，可以协助佩戴眼镜和助听器。

（二）安排合理的时间

老年人由于感官的退化，反应较慢，行动迟缓，思维能力下降，评估一般需要较长的时间。同时，老年人往往多种慢性疾病共存，容易感到疲劳，护士应根据老年人的具体情况分次进行健康评估，让其有充足的时间回忆过去发生的事件，这样既可以避免老年人疲惫，又能获得详尽的健康资料。

（三）运用沟通的技巧

老年人由于生理功能的衰退，感觉功能的缺损以及认知功能的改变，造成接受信息和沟通的能力均有所下降，护理人员在对老年人进行评估时，应注意正确应用语言性和非语言性的沟通技巧。

1. 体现尊老敬老　与老年人打招呼切忌直呼床号或姓名，称谓要恰当，采用关心、体贴的语气提出问题。

2. 注重有效沟通　提问时要用通俗易懂的语言与老年人交流，语速减慢，语音清晰，适时注意停顿和重复。必要时可将重要事项写在纸上，让老年人随时参考，并可运用手势等肢体语言与老年人沟通。提出问题后，应有足够的时间让老年人思考、回忆，注意耐心启发。老年人无沟通能力或沟通有限时可由其家属或照顾者协助提供资料。

3. 重视非语言性信息和非语言交流技巧　注意观察老年人的表情、坐姿、手势等非语言性信息，以便收集到完整而准确的资料。适当运用耐心倾听、触摸、拉近空间距离等非语言交流技巧。

（四）选择合适的方法

对老年人进行身体评估时，应根据评估的要求，选择合适的体位，重点检查易发生皮损的部位。对有移动障碍的老年人，可取适合的体位。检查口腔和耳部时，要取下义齿和助听器。有些老年人部分触觉功能消失，需要较强的刺激才能引出。在进行感知觉检查,特别是痛觉和温度觉检查时,注意不要损伤老年人。

（五）进行全面的评估

对老年人进行健康评估时,应全面收集资料,要考虑整体性及相互间的影响,客观准确地判断,防止因护士的主观判断而引起偏差。

第二节　老年人身体健康的评估

老年人身体健康评估的内容主要包括健康史、体格检查、功能状态评估和辅助检查四个方面。其方法同一般病人的评估,但也有其特殊性。

一、健　康　史

健康史是关于老年人目前与既往的健康状况、影响因素以及老年人对自己健康状况的认识和反应等方面的主观资料。

（一）基本情况

基本情况包括老年人的一般资料,如姓名、性别、年龄、婚姻状况、民族、职业、籍贯、文化程度、宗教信仰、医疗费用支付方式、入院时间等。

（二）健康状况

1. 现病史　目前有无急慢性疾病;疾病发生的时间,主要的症状特点,治疗情况及恢复程度,疾病的严重程度;对日常生活活动能力和社会活动的影响。

2. 既往史　既往健康状况,曾患疾病及诊治经过、手术史、外伤史,食物、药物过敏史,药物使用情况,参与日常生活活动和社会活动的能力。

3. 家族史　主要询问病人直系亲属的健康状况及患病情况,有无与遗传性相关的疾病。

除此之外我们还要评估病人影响健康的不良生活习惯和嗜好,如有无抽烟、过量饮酒、熬夜、不合理膳食等。

二、体　格　检　查

老年人应定期进行全面的健康检查。检查时,护士按要求协助老年人选择适宜的舒适体位,常用的方法包括视诊、触诊、叩诊、听诊。

（一）全身状态

1. 体位、步态　疾病常可使体位发生改变,如老年心、肺功能不全者,常取强迫坐位。异常步态对疾病诊断有一定帮助,老年人常见的步态异常包括:慌张步态常见于帕金森病,醉酒步态常见于小脑病变等。

2. 营养状态　评估老年人每日活动量、饮食状况以及有无饮食限制,测量身高、体重,计算体重指数(BMI),计算公式为 BMI = 体重(kg)/[身高(m)]²。体重指数正常范围为 18.5~24.9,低于 18.5 提示营养不良,25~29.9 提示超重,大于等于 30 提示肥胖。

3. 生命体征

(1)体温:老年人基础体温较成年人低,70 岁以上的老年人感染常无发热的表现。如果午后体温比清晨高 1℃以上,应视为发热。

(2)脉搏:老年人脉率接近正常成年人,测量脉搏的时间不应少于 30s,注意脉搏的不规则性。

(3)呼吸:老年人呼吸频率与正常成人基本相同。如老年人呼吸 > 24 次/min,可能是下呼吸道感染、充血性心力衰竭或其他病变的信号。

(4)血压:高血压和直立性低血压在老年人中较为常见。平卧 10min 后测量血压,再于直立 1、3、5min 后各测量血压一次,如直立时任何一次收缩压比卧位降低≥20mmHg 或舒张压降低≥10mmHg,称为直立性低血压或体位性低血压。

4. 意识状态、智力　意识状态可反映老年人对周围环境的认识和对自身所处状态的识别能力,有助于判断有无颅内病变及代谢性疾病。通过评估老年人的记忆力和定向力,有助于早期阿尔茨海默病的诊断。

(二)皮肤

老年人因弹性纤维组织丧失,皱纹增加,出现老年斑,为边缘清楚的圆形或椭圆形稍隆起似扁豆或蚕豆大小的淡色或黑色疣状物,通常见于脸部、手背、前臂、小腿、足背等处。由于汗腺、皮脂腺的萎缩和分泌减少,表皮粗糙而干燥。评估老年人皮肤时,应注意其颜色、温度、湿度,完整性与特殊感觉,有无癌前病变。重点检查卧床不起的老年人易发生破损的部位,观察有无压疮发生。

(三)头面部与颈部

1. 头面部

(1)头发:随着年龄的增长,头发逐渐变白,发丝变细,头发稀疏,并有脱发。

(2)眼睛和视力:由于老年人眼窝内的脂肪减少,眼球凹陷、眼睑下垂;瞳孔直径缩小;泪腺分泌减少,易出现眼干;角膜周围有类脂质沉积,出现灰白色云翳;晶状体弹性变差,睫状肌肌力减弱,眼的调节能力逐渐下降,迅速调节远、近视力的功能下降,出现老花眼;老年人因瞳孔缩小、视网膜视紫红质的再生能力减退,对区分色彩、暗适应的能力有不同程度的衰退和障碍。常见异常病变可有白内障、眼压增高或青光眼、眼底血管压迹等。

(3)耳:外耳检查可发现老年人的耳郭增大,皮肤干燥,弹性减弱,耳垢干燥。听力随着年龄的增加逐渐减退,对高音量或噪声易产生焦虑,常有耳鸣,特别在安静的环境下明显。检查耳部时,应注意取下助听器,可通过询问、控制音量、手表的滴答声以及耳语等方法来检查听力。

（4）鼻部：鼻腔黏膜萎缩变薄，分泌减少，变得干燥，嗅觉减退。

（5）口腔：由于毛细血管血流减少，老年人唇周失去红色，口腔黏膜及牙龈显得苍白；唾液分泌减少，使口腔黏膜干燥；味蕾的退化和唾液的减少使味觉减退。老年人多有牙齿缺失，常有义齿、牙齿颜色发黄、变黑等表现，评估口腔时，应检查齿龈有无出血或肿胀、牙齿有无松动和断裂、有无经久不愈的黏膜白斑和癌变的体征。

2. 颈部　老年人颈部与成年人相比无明显改变。颈部强直，可见于脑膜受刺激，也可见于阿尔茨海默病、脑血管病、颈椎病、颈部肌肉损伤和帕金森病病人，应引起重视。颈部评估时应注意颈部和锁骨上有无淋巴结肿大。

（四）胸部

1. 乳房　随年龄的增长，女性乳房变得下垂或平坦，乳腺组织减少，如发现肿块，要注意排除癌变。男性如有乳房发育，常常由体内激素改变或药物的副作用所致。

2. 胸、肺部　胸廓前后径增大、横径缩小，可呈桶状胸改变，肋间肌萎缩，胸壁硬化，胸腔扩张受限，呼吸音强度减弱。由于生理性无效腔增多，肺部叩诊常呈过清音。

3. 心脏　老年人因驼背或脊柱侧弯引起心脏下移，可使心尖搏动出现在锁骨中线旁。胸廓坚硬，使心尖搏动幅度减小；听诊心音减弱；静息时心率常变慢；听诊时可闻及杂音。

（五）腹部

应注意评估腹部外形、有无压痛、肿块、肠鸣音等。老年肥胖者常常会掩盖一些腹部体征，消瘦者因腹壁变薄松弛，腹膜炎时也不易产生腹壁紧张，而肠梗阻时则易出现腹部膨胀。由于肺扩张，使膈肌下降致肋缘下可触及肝脏，腹部听诊可闻及肠鸣音减弱。

（六）泌尿生殖系统

老年女性随着年龄增加，其外阴逐渐萎缩，阴道的自净作用减弱甚至消失，阴道防御功能减弱，易患老年性阴道炎。老年人膀胱容量减少，很难触诊到充盈的膀胱。男性应认真检查前列腺是否有炎症、增生。

（七）脊柱与四肢

老年人肌张力下降，关节活动受限，导致颈部脊柱和头部前倾，椎间盘退行性改变使脊柱后凸。评估四肢时，应检查各关节及其活动范围、水肿及动脉搏动情况，注意有无疼痛、畸形、运动障碍。下肢皮肤溃疡、足部冷痛、坏疽以及脚趾循环不良等，常提示下肢动脉供血不足。

（八）神经系统

随着年龄的增长，神经的传导速度变慢，对刺激反应的时间延长，且感觉敏感性下降。老年人精神活动能力下降，如记忆力减退、易疲劳、注意力不易集中，反应变慢，动作不协调，生理睡眠时间缩短。应检查手足的细触觉、针刺觉、位置觉、深浅反射及各种精细动作等。

三、功能状态的评估

功能状态主要指老年人处理日常生活的能力，其完好与否影响着老年人的生活质量。评估老年人功能状态，有助于了解老年人生活起居、判断功能缺失，并以此作为制订护理措施的依据，对提高老年人生活的独立性、提高生活质量，具有重要的指导作用。

（一）评估内容

老年人的功能状态受年龄、视力、躯体疾病、运动功能、情绪等因素的影响。因此，对老年人的评估要全面结合生理健康、心理健康及社会健康状态进行评估。功能状态的评估内容包括基础日常生活活动能力、功能性日常生活活动能力和高级日常生活活动能力这三个方面。

1. 基础日常生活活动能力（basic activities of daily living, BADL） 老年人最基本的自理能力，是自我照顾和从事每天必需的日常生活的能力。如衣（穿脱衣、鞋、帽，修饰打扮）、食（进食）、行（行走、变换体位、上下楼）、个人卫生（洗漱、沐浴、如厕、控制大小便），这一层次的功能受限，将影响老年人基本生活需要的满足。所以，基础日常生活活动能力不仅是评估老年人功能状态的指标，也是评估老年人是否需要补偿服务或评估老年人残疾率的指标。

2. 功能性日常生活活动能力（instrumental activities of daily living, IADL） 也称独居生活能力，是指个体单独生活需要的一些基本能力或要素。其内容主要包括整理家务、准备饮食、服用药物、处理钱财、外出购物、使用电话和大众交通工具、持家能力等，这一层次的功能提示老年人是否能够独立生活并具备良好的日常生活功能。

3. 高级日常生活活动能力（advanced activities of daily living, AADL） 反映老年人的智能能动性和社会角色功能。包括参加社交、娱乐活动、职业活动等，随着老年期生理变化或疾病的困扰，这种能力可能会逐渐丧失。高级日常生活活动能力缺失出现得早，一旦出现，就预示着更严重的功能下降。若发现老年人有高级日常生活活动能力的下降，就需要及时做进一步功能性评估。

（二）评估工具

在医院、社区、康复中心等开展老年护理时，有多种标准化的评估量表可供护士使用。其中使用较为广泛的工具包括 Katz 日常生活功能指数评价量表和 Lawton 功能性日常生活能力量表。

1. Katz 日常生活功能指数评价量表　通过观察，从洗澡、更衣、如厕、移动、控制大小便、进食 6 个方面进行日常生活功能的评分。此量表可用作自评或他评，以决定老年人各项功能完成的独立程度。该量表细致、简明易懂、具体、便于询问、易记录和统计、易判断（量表 1）。

2. Lawton 功能性日常生活能力量表　主要用于评定被测者的功能性日常生活能力，

通过与被测者、家属或照顾者等知情人的交谈或被测者自填问卷,从 7 个方面进行日常生活能力评分(量表 2)。

实训 1:老年人功能状态的评估

王奶奶,80 岁,独居,日常生活由保姆照顾。半年来体力逐渐变差,现已不能自己穿衣、梳洗,需要保姆帮助才能起床,能够控制大小便但便后需要他人整理衣裤,能自己进食。

请问:

(1)王奶奶的日常生活活动能力发生了哪些方面的改变?

(2)您可以用什么评估工具对王奶奶的状况进行评估?

四、辅助检查

辅助检查帮助判断老年人机体功能是否正常,是诊断老年疾病的重要依据。

(一)实验室检查

1. 常规检查

(1)血常规:老年人红细胞、血红蛋白、血细胞比容有所降低,但仍在成年人的正常范围内。老年人贫血的标准一般以红细胞小于 $3.5 \times 10^{12}/L$,血红蛋白小于 110g/L,血细胞比容小于 0.35,但贫血并非老年期正常生理变化,还需要全面系统的评估和检查。白细胞、血小板计数无增龄性变化。

(2)尿常规:老年人尿蛋白、尿胆原与成年人之间无明显差异。老年人糖尿病发生率较高以及部分老年人肾糖阈降低,使得老年人糖尿的发生率较高。老年人泌尿系统的防御功能下降,尿中白细胞出现比例升高。尿沉渣中的白细胞 > 20 个 /HP 才有病理意义。

(3)血沉:在健康老年人中,血沉变化范围很大。一般血沉在 30 ~ 40mm/h 之间无病理意义。如血沉超过 65mm/h 应考虑感染、肿瘤及结缔组织病等。

2. 生化检查

(1)电解质:血钾、血钠、血氯与成人比较无差异。但老年男性血清钙随年龄增长而降低,女性则升高。

(2)血脂:老年人应常规检查血脂。其中胆固醇、甘油三酯随着年龄增加而轻度升高。

(3)血糖:空腹血糖随年龄增加而升高。而糖耐量则随年龄增长而下降。多数老年糖尿病病人以餐后血糖升高为主,而空腹血糖正常或正常高限。所以,为老年人检查血糖时,不仅要检查空腹血糖,还要检查餐后血糖。

3. 功能检查

（1）肝功能:老年人肝脏合成蛋白的功能下降,导致血清白蛋白减少;肝脏合成酶的功能下降,导致其解毒功能减退,所以老年人易发生药物不良反应和肝功能损伤。

（2）肾功能:老年人肾功能随年龄升高而下降。其中,肾小球滤过率下降,导致血尿素氮（BUN）、血肌酐（Cr）升高。肾小管分泌氨的能力减退,调节酸碱平衡能力下降,所以老年人易引起水、电解质和酸碱平衡紊乱。

（3）肺功能:老年人肺泡数目减少,肺组织弹性下降,导致肺不能有效扩张,从而造成肺通气不足。肺泡表面面积减少,肺泡灌注量下降,肺泡与气体交换能力下降。老年人动脉氧分压低值为70mmHg,低于此值为异常。二氧化碳分压（$PaCO_2$）、碳酸氢根离子（HCO_3^-）、pH无增龄性变化。

（4）内分泌功能:①甲状腺功能:老年人甲状腺功能减退,基础代谢率（BMR）及^{131}I摄取率检查下降。②性腺功能:女性绝经期后,雌激素水平下降,使其骨质丧失和动脉硬化的速度加快。③垂体功能:抗利尿激素分泌减少,易引起直立性低血压和体液平衡失调。

（二）心电图检查

老年人的心电图有轻度非特异性改变。①P波轻度平坦。②T波变平。③P-R间期延长。④ST-T非特异性改变。⑤电轴左偏倾向和低电压等。老年人心电图检查有利于发现无症状心肌缺血、心肌梗死等。

（三）影像学及内镜检查

影像学检查已广泛应用于老年疾病的诊治,如X线电子计算机断层扫描（CT）、磁共振对急性脑血管病、颅内肿瘤等疾病的诊断有较大的价值。内镜检查对老年人消化系统疾病、呼吸系统疾病、泌尿系统疾病等的诊断有重要意义。

第三节　老年人心理健康的评估

进入老年期后,在面对和适应各种压力事件的过程中,老年人常会出现一些特殊的心理活动。老年人的心理状况直接影响其健康长寿、老化过程、老年病的治疗和预后。正确评估老年人的心理健康状况有助于维护和促进老年人的身心健康。临床常用访谈、观察、心理测验等方法从认知功能、情绪与情感、压力与应对、人格等方面对老年人的心理状态进行评估。

一、认知功能评估

认知是人们认识、理解、判断、推理事物的过程,通过语言和行为表现出来,反映了个体的思维能力等。认知功能对老年人是否能够独立生活以及保持良好生活质量起着重要的影响作用。老年人认知功能的评估主要包括记忆能力、思维能力、语言能力、注意力、定向力等方面。

常用评定老年人认知功能的量表有简易智力状态检查量表（mini-mental state examination，MMSE）和简易操作智力状态问卷（short portable mental status questionnaire，SPMSQ）。

（一）简易智力状态检查量表

简易智力状态检查量表主要用于筛查有认知缺损的老年人，适合于社区和基层人群调查。该量表评估范围包括时间定向、地点定向、语言即刻记忆、注意力和计算力、短期记忆、物体命名、语言重复、阅读理解、语言理解、语言表达、绘图 11 个方面，19 项内容，30 个小项（量表 3）。

（二）简易操作智力状态问卷

简易操作智力状态问卷评估包括短期记忆、长期记忆、定向、注意力 4 个方面，10 项内容，评估时需要结合被测者的教育背景作出判断，适合用于评定老年人认知状态改变的前后比较（量表 4）。

二、情绪与情感评估

情绪与情感直接反映人们的需求是否得到满足，是身心健康的重要标志。老年人可以出现任何情绪变化，但以焦虑、抑郁最为常见。

（一）焦虑

焦虑是人们预期将要发生危险或不良后果时所表现出的紧张、恐惧和担忧等综合性情绪。常用的评估方法有如下几种。

1. 交谈与观察　询问、观察老年人有无焦虑的症状。

2. 心理测验　常用评估焦虑的量表有汉密尔顿焦虑量表、状态-特质焦虑问卷。

（1）汉密尔顿焦虑量表（Hamilton anxiety scale，HAMA）：是一个广泛用于评定焦虑严重程度的他评量表。该量表包括 14 个条目，分为精神性和躯体性两大类，各由 7 个条目组成。前者为 1~6 项，第 14 项；后者为 7~13 项（量表 5）。

（2）状态-特质焦虑问卷（state-trait anxiety inventory，STAI）：是自我评价问卷，能直观地反映被测者的主观感受。该量表包括 40 个条目，第 1~20 项评价焦虑状态，21~40 项评价焦虑特质（量表 6）。

3. 焦虑可视化标尺技术　请被评估者在可视化标尺相应位点上标明其焦虑程度（图 2-1）。

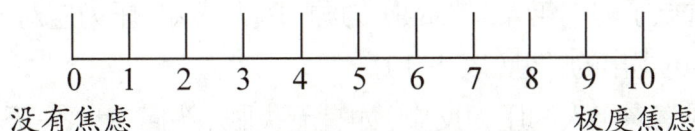

| 0 | 1 | 2 | 3 | 4 | 5 | 6 | 7 | 8 | 9 | 10 |

没有焦虑　　　　　　　　　　　　　　　　　　极度焦虑

图 2-1　焦虑可视化标尺技术

（二）抑郁

抑郁是个体失去某种其重视或追求的东西时产生的态度体验。情绪低落是抑郁的显著特征，常伴有失眠、悲哀、自责、性欲减退等表现，严重者可出现自杀行为。常用的评估方法有如下几种。

1. 交谈与观察　通过询问、观察，综合判断老年人有无抑郁情绪存在。

2. 心理测验　汉密尔顿抑郁量表、老年抑郁量表是临床上应用简便并且已被广泛接受的评估量表。

（1）汉密尔顿抑郁量表（Hamilton depression scale，HAMD）：是临床上评定抑郁状态时应用最普遍的量表。汉密尔顿抑郁量表经多次修订，版本有 17 项、21 项和 24 项 3 种。本书所列为 24 项版本（量表 7）。

（2）老年人抑郁量表（geriatric depression scale，GDS）：是专用于老年人的抑郁筛查量表。该量表共 30 个条目，包含以下症状：情绪低落，活动减少，易激惹，退缩痛苦的想法，对过去、现在与将来的消极评价（量表 8）。

3. 抑郁可视化标尺技术　请被评估者在可视化标尺相应位点上标明其抑郁程度。

三、压力与应对评估

压力是 21 世纪危害健康的主要因素之一，许多研究显示，压力与疾病的发生有显著的相关性。

（一）概述

压力又称应激或紧张，是机体对内外环境的刺激所做出的一种非特异性反应，是机体对刺激的反应性状态，而不是刺激本身。过强的压力可对机体造成损害。

压力源又称应激源，是指使机体产生压力反应的所有刺激因素，包括生理性、心理性、环境性及社会文化因素等四类。

压力应对是指个体处理压力的认知和行为措施。个体应对压力的有效性受很多因素的影响，包括压力源的数量、强度、持续时间、个体的性别、年龄、文化、职业、社会支持、经济资源等。

进入老年期后，老年人的应激能力下降，各种应激事件增多，例如退休、社会角色的改变、丧偶、亲友去世、慢性疾病折磨、经济状况的改变等，这些压力源的刺激，加上不恰当的应对方式，将使老年人的身心健康受到威胁。

（二）评估方法

1. 交谈法　重点了解老年人面临的压力源、压力感知、压力应对方式及压力缓解情况。交谈时评估者可提出的问题（表 2-1）。

2. 观察法　观察老年人的压力反应，如有无失眠、头痛、疲乏、厌食、胃痛等生理反应；有无焦虑、恐惧等情绪反应；有无记忆力下降、思维迟钝等认知反应；有无逃避、依赖、酗酒、自杀等行为反应。

3. 问卷评估　常用量表是住院病人压力评定量表,用于测评住院病人在住院期间可能经历的压力。该量表专为住院病人设计,共收集50项住院病人压力因素,并用权重表明各因素影响力大小,既可评估压力源,又可明确压力源的性质和影响力。

表2-1　压力及压力应对评估交谈的主要内容

压力与压力应对	具体询问内容
压力源	1. 目前让您感到压力的事件有哪些?
	2. 日常生活中您感到有压力的事件有哪些?
	3. 近来您的生活有哪些改变?
	4. 疾病或住院给您带来的压力大小如何?
	5. 您所住的环境是否让您紧张或烦恼?
	6. 您与家人的关系如何?
	7. 您是否感到工作压力很大? 您的经济状况如何?
压力应对方式	1. 通常情况下您减轻压力的措施有哪些?
	2. 过去碰到类似情况,您的应对办法及效果怎样?
	3. 当您遇到困难时,您的家人、亲友和同事谁能帮助您?

四、人格的评估

老年人的人格与增龄无关,总体是稳定而连续的,在进入老年期的过程中,由于老年人的欲望和需求逐渐减少、动机和精神衰退,常表现为退缩、孤独、内向和情绪波动。人格在个体之间有明显的区别,但老年人的人格变化有一些特点,如自我为中心、性格内向、适应能力下降、缺乏灵活性、办事小心谨慎等。老年人的人格评估多采用投射法和问卷法。

第四节　老年人社会健康的评估

社会健康评估即对老年人的社会健康状况和社会功能进行评定。良好的家庭和社会支持以及正常的社会接触,是老年人健康的重要组成部分。评估的方法有交谈、观察、量表评估。如果进行环境评估,还应进行实地观察和抽样检查等。评估的具体内容包括角色功能、家庭状况、所处环境、文化背景等方面。

一、角色功能评估

评估老年人的角色功能,目的是明确老年人对角色的感知、对承担的角色是否满意、有无角色适应不良,以便及时采取干预措施,避免角色功能障碍对老年人的生理和心理造成不良影响。

（一）角色的内涵

1. 角色　角色又称社会角色,是社会对个体或群体在特定场合下职能的划分,代表了个体或群体在社会中的地位以及社会期望表现出的符合其地位的行为。老年人一生中经历了多重角色的转变,从婴儿到青年、中年到老年;从学生到走上工作岗位直到退休;从子女到父母亲直到祖父母等,适应对其角色功能起着相当重要的作用。

2. 角色功能　指从事正常角色活动的能力,包括正式的工作、社会活动、家务活动等。老年人由于老化及某些功能的退化而使这种能力下降。老年个体对角色的适应与年龄、性别、环境、家庭背景、社会地位、经济状况等因素有关。

（二）角色功能的评估

老年人角色功能的评估,主要通过交谈、观察两种方法收集资料。通过交谈了解老年人在家庭、工作和社会生活中所承担的角色、对角色的感知与满意情况。通过观察了解老年人有无角色适应不良的心理、生理反应。交谈的主要内容见表2-2。

表2-2　老年人角色评估交谈的主要内容

项目	内容
角色数量	询问老年人过去从事何种职业,担任何种职务,目前在家里、单位、社会上承担的角色与任务有哪些
角色感知	询问老年人是否清楚所承担角色的权利与义务,觉得自己所承担的角色数量与责任是否合适
角色满意度	询问老年人对自己的角色是否满意,与自己的角色期望是否相符
角色紧张	询问老年人有无角色紧张的心理、生理表现,如头痛、头晕、睡眠障碍、紧张、易激惹、抑郁、忽略自己和疾病等

二、家庭评估

家庭是建立在婚姻、血缘或收养关系基础上,密切合作、共同生活的小型群体。老年人由于退休、疾病或其他情况,使其失去了较广的社会生活环境,功能状况又妨碍老年人参加社会活动,以致家庭成为许多老年人主要或唯一的生活场所,故家庭生活环境成为影响老年人心理再适应和健康的重要因素。家庭评估的目的是了解老年人家庭对其健康的影响,以便制订有益于老年人疾病恢复和健康促进的护理措施。

（一）家庭评估的内容

1. 家庭成员基本资料　主要包括老年人家庭成员的姓名、性别、年龄、受教育程度、职业及健康状况。

2. 家庭结构　主要指家庭组成的类型及家庭各成员之间的关系。

（1）家庭类型：家庭结构类型可分为核心家庭、主干家庭、联合家庭、单亲家庭、重组家庭、丁克家庭等。我国传统的家庭结构是以主干家庭或联合家庭为主要结构的形式，老年人在家庭中的地位较高，在这种类型家庭里的老年人精神较为充实。随着社会的发展，核心家庭所占比例逐渐增大，在这类家庭中人少力单使老年人的孤独感增加，导致和加剧各种疾病的发生，不利于老年人的身心健康。

（2）家庭成员的关系：主要指与老伴、子女以及孙辈之间的关系。家庭成员的关系在主干家庭或联合家庭中比较复杂，容易产生矛盾。核心家庭矛盾相对较少，但也会因赡养问题引发矛盾。护士可通过对老年人家庭成员关系的评估，了解其家庭有无矛盾及产生原因，并广泛宣传敬老、爱老、养老的传统美德，在家庭中做到对老年人在物质上赡养、生活上照顾、精神上安慰，保持良好的家庭关系。

（3）家庭功能：家庭的主要功能是满足家庭成员和社会的需求，包括生育、经济、文化、情感、健康照顾等方面。家庭功能的健全与否，将关系到每个家庭成员的身心健康及疾病的预防。一般来说，家庭功能越健全，家庭成员的社会适应性越好，老年人的健康状况越容易维持。

（4）家庭压力：是指在家庭中所发生的重大生活变化。由于家庭是一个系统，个人或家庭的压力事件及照顾者压力均会对整个家庭产生影响。包括家庭成员关系的改变以及家人患病、伤残、死亡等都会扰乱家庭的正常生活。

知识窗

照顾者压力

照顾者压力是指照顾者在照顾期间所感受到的与照顾有关的躯体的、精神的、社会的和经济的压力。照顾者压力程度取决于客观和主观两个方面。

照顾者压力的分度：压力是客观存在的，但不同的照顾者的承受能力和主观感觉是不同的。所以在确定了客观因素后，还必须结合主观因素才能判断压力程度。照顾者的压力大致可分为三度：

1. 轻度　照顾者无明显身心应激症状，对老年人的照顾较全面周到。

2. 中度　照顾者间断出现某些身心应激症状，对老年人照顾有时欠周到。

3. 重度　照顾者出现明显身心应激症状，同时可能出现对老年人的照顾不当。

（二）评估方法

家庭评估可采用询问和问卷评估的方式进行。对家庭成员基本资料、家庭结构、家庭成员的关系等资料一般用询问的方式采集。对家庭功能采用问卷或量表进行评估，常用评估表是 APGAR 家庭功能评估表（量表9），包括家庭功能的五个重要部分：适应度 A（adaptation）、合作度 P（partnership）、成长度 G（growth）、情感度 A（affection）和亲密度 R（resolve），通过评分了解老年人有无家庭功能障碍及其障碍的程度。

三、环 境 评 估

老年人的健康依赖于健康的生存环境，如果环境的变化超过了老年人体的调节范围和适应能力，就会引起疾病的发生。通过对环境进行评估，可以更好地去除妨碍生活行为的因素，创造发挥补偿机体缺损功能的有利因素，从而促进老年人生活质量的提高。

环境评估包括物理环境评估和社会环境评估两个方面的内容。

（一）物理环境

物理环境是指一切存在于机体外环境的物理因素的总和。由于人口老龄化的出现、"空巢"家庭的日益增多，大量老年人面临着独立居住生活的问题。居住环境是老年人的生活场所，是学习、社交、娱乐、休息的地方，评估时应了解其家庭和社区中的特殊资源及其对目前家庭和社区的特殊要求，其中居家安全环境因素是评估的重点，通过家访可以获得这方面资料。

（二）社会环境

1. 经济 老年人因退休、固定收入减少、给予经济支持的配偶去世所带来的经济困难，可导致失去家庭、社会地位或生活的独立性。护理人员可通过询问以下问题了解经济状况：①您的经济来源有哪些，单位工资福利如何；对收入低的老年人，要询问这些收入是否足够支付食品、生活用品和部分医疗费用。②家庭有无经济困难，是否有失业、待业人员。③医疗费用的支付形式。

2. 生活方式 不同地区、不同民族、不同职业、不同社会阶层的老年人生活方式不一样。通过与被评估者或其亲友交谈或直接观察，评估饮食、睡眠、活动、娱乐等方面的习惯以及有无吸烟、酗酒等不良嗜好。

3. 社会关系与社会支持 通过交谈或直接观察评估老年人是否有支持性的社会关系网络，如家庭关系是否稳定、家庭成员是否相互尊重，以及家庭成员对老年人的态度，与邻里、同事的关系，可联系的专业人员以及可获得的支持性服务等。

四、文 化 评 估

个体在发展和演变中会形成各自不同的文化。文化对个体健康会产生积极或消极的影响。否认文化差异会导致一系列诊断治疗和护理问题。护理人员通过对老年人进行文化评估，有助于找到老年人在健康观念、求医方法、治疗方法偏好上的差异，以制定适应性护理策略。

老年人文化评估的内容同成年人，包括：价值观、信念与信仰、习俗等。评估的方法主要为交谈法和观察法。

（一）价值观的评估

价值观存在于潜意识中，不能直接观察，也很难言表，评估比较困难。护士可以通过询问："您信奉的做人原则是什么？行为准则是什么？患病以后，您以上的价值观念有无改变？有哪些改变？"等问题来了解老年人的价值观。

（二）健康信念的评估

目前常用的方法为 Kleinman 的健康信念评估模式。该模式主要通过询问问题，了解评估对象对自身健康问题的认识，如："对您来说健康是什么？不健康又是什么？您怎样、何时发现您有健康问题的？您认为该接受何种治疗？您希望通过治疗达到哪些效果？"等。

（三）习俗的评估

主要评估饮食习惯和语言沟通。可通过交谈法了解老年人饮食习惯和沟通方式，如："您平常进食哪些食物？喜欢的食物有哪些？采用的烹调方式有哪些？每日进几餐？都在哪些时间？您讲何种语言？喜欢的称谓是什么？有哪些语言禁忌？"等。

（四）文化休克的评估

文化休克指人们生活在陌生文化环境中所产生的迷惑与失落的经历。对于住院的老年病人，医院就是一个陌生环境。特别是与家人分离、缺乏沟通、日常活动改变、对疾病和治疗的恐惧等均可导致住院老年病人发生文化休克，应结合观察进行重点评估。评估方法主要为交谈，通过询问老年病人住院感受，同时结合观察病人有无文化休克的表现，来作出判断。

知识窗

住院老年病人文化休克的分期与表现

陌生期：表现为老年病人刚入院，对医生、护士、环境、自己将要接受的检查、治疗都陌生，还可能会一下接触许多新名词，如磁共振等，而使病人感到迷茫。

觉醒期：老年病人开始意识到自己将住院一段时间，对疾病和治疗转为担忧，因思念家人而焦虑，因不得不改变自己的习惯而产生受挫折感。此期住院老年病人文化休克表现最为突出，可有失眠、食欲下降、焦虑、恐惧、沮丧、绝望等反应。

适应期：经过调整，老年病人开始从生理、心理、社会方面适应医院环境。

第五节　老年人生活质量的综合评估

随着医学模式的转变，医学的目的与健康的概念不仅包括生命的维持和延长，还包括提高生活质量，即促进和保持老年人在生理、心理、社会功能各方面的完好状态。

一、老年人生活质量的内涵

世界卫生组织定义：生活质量是指不同文化和价值体系中的个体对他们的生存目标、期望、标准以及所关心的事情相关的生存状况的感受，包括个体生理、心理、社会功能及物质状态四个方面。

中国老年医学学会的定义：老年人生活质量是指60岁或65岁以上的老年人群身体、精神、家庭和社会生活满意的程度和老年人对生活的全面评价。

二、老年人生活质量的综合评估

生活质量是一个带有个性的和易变的概念，老年人的生活质量不能单纯从躯体、心理、社会功能等方面获得，评估时最好以老年人的体验为基础进行评价，即不仅要评定受试者生活的客观状态，同时还要注意其主观评价。常用的适合老年人群生活质量评估的量表有老年人生活质量评定表（量表10）。

章末小结

本章内容从老年人的身体、心理、社会健康和生活多个维度系统阐述了老年人健康评估的内容与方法，学习重点是掌握老年人健康评估的原则与注意事项，身体健康评估的内容和功能状态评估的方法，生活质量的内涵。学习难点是正确运用沟通技巧收集健康资料，运用各种评估量表评估老年人的功能状态、心理健康、社会健康和生活质量。在学习过程中注重准确、全面地对老年人进行健康评估，确定老年人现存和潜在的健康问题的反应，列出护理诊断，制定护理目标及相应护理措施，实施优质护理。培养学生尊老、敬老、爱老的良好职业道德。

（刘　静）

？ 思考与练习

1. 简述护士对老年病人进行入院评估的注意事项。
2. 说出老年人健康评估的原则。
3. 归纳常用的老年人功能状态的评估量表。
4. 概述老年人角色功能评估的主要内容。
5. 简述老年人心理健康评估的内容。

第三章 | 老年人的健康管理与养老照护

03章

03章 数字资源

学习目标

1. 具有指导老年人健康管理及为老年人提供人性化养老照护服务的职业意识，以高度的责任心、爱心、细心、耐心对待老年人。
2. 掌握老年人的自我健康管理、老年人的慢性疾病预防和管理，延续性护理的特点及内容。
3. 熟悉老年延续性护理的类型；我国老年照护体系的发展；社会发展对养老照护的影响；健康养老照护的模式。
4. 了解国外老年照护体系的发展；我国养老机构的规范与管理。
5. 学会运用健康管理理念，为老年人制订健康教育方案。

随着我国人口老龄化问题的日趋严重，老年慢性疾病人群、失智老人、失能老人、独居老人、高龄老人的人数日益增加，满足老年人的健康管理和养老照护需求，已经成为护理人员非常重要的任务。

第一节 老年人的健康管理

工作情景与任务

导入情景：

李爷爷，67岁，脑卒中后左侧肢体活动不便，儿女在外地很少回来探视，李爷爷郁郁寡欢，常常一个人抽烟，喝闷酒，不喜欢出门，因为不方便下厨，经常点外卖，喜欢油炸煎炒的食物。

工作任务：

1. 请列出李爷爷存在的健康问题。

2. 请为李爷爷制订一份可行的健康教育方案。

随着年龄的增长，老年人生理、心理、社会功能衰退，慢性疾病发生率增加，亟待健康管理的介入，以期提高老年人的整体健康水平。健康管理的概念自20世纪末引入中国至今已经有20多年，健康管理在提高全民健康素养、控制医疗费用等方面都发挥了积极作用，同时也促进了社会文明进步。

一、老年人健康管理的概述

（一）健康管理的概念

健康管理（health management）是指一种对个人及人群的健康状况及危险因素进行全面管理的过程。其宗旨是调动个人及集体的积极性，有效地利用有限的资源来达到最大的健康效果。

（二）老年人健康管理的意义

1. 可以降低各种危险因素对健康的影响　危险因素包括可变危险因素和不可变危险因素。可变危险因素是指通过老年人自我行为改变，改善不良习惯，提高健康素养，可达到的可主观控制的危险因素，如缺乏运动、吸烟酗酒、不合理饮食等不健康生活方式；高血压、高血糖、高血脂等异常指标因素。不可变危险因素是指不受个人主观控制的因素，如年龄、性别、家族史等因素。老年人的健康管理可以降低可变危险因素对健康的影响。

2. 可以预防和控制老年人疾病的发生与发展　老年人健康管理就是针对老年人个体及群体开展健康教育，提高老人自我健康管理的意识和水平，对其生活方式相关的健康危险因素进行评估监测，以此提供个性化干预，降低疾病风险和医疗费用，从而提高老年人的生活质量。

3. 让有限的资源得到充分利用，使健康改善效果最大化　对老年人或老年人群的健康危险因素进行全面管理，并对健康进行科学预测，并据此按老年人群的需求提供具有针对性的控制与干预，以最小的成本达到最大的健康效果，有限的资源得到利用。

（三）老年人健康管理服务内容

在我国《"十四五"健康老龄化规划》的主要任务中，强调完善身心健康并重的预防保健服务体系，要求到2025年，65岁及以上老年人城乡社区规范化健康管理服务率达到65%以上，65岁及以上老年人中医药健康管理率达到75%以上。

根据《国家基本公共卫生服务规范（第三版）》的要求，每年要为辖区内65岁及以上常住老年人提供一次健康管理服务，包括生活方式和健康状况评估、体格检查、辅助检查和健康指导。

1. 生活方式和健康状况评估　通过问诊及老年人健康状态自评，了解其基本健康状况、体育锻炼、饮食、吸烟、饮酒、慢性疾病常见症状、既往所患疾病、治疗及目前用药和生活自理能力等情况。

2. 体格检查　包括体温、脉搏、呼吸、血压、身高、体重、腰围、皮肤、浅表淋巴结、肺部、心脏、腹部等常规体格检查，并对口腔、视力、听力和运动功能等进行粗测判断。

3. 辅助检查　包括血常规、尿常规、肝功能(血清谷草转氨酶、血清谷丙转氨酶和总胆红素)、肾功能(血清肌酐和血尿素氮)、空腹血糖、血脂(总胆固醇、甘油三酯、低密度脂蛋白胆固醇、高密度脂蛋白胆固醇)、心电图和腹部 B 超(肝胆胰脾)检查。

4. 健康指导　告知评价结果并进行相应健康指导。

(1)对发现已确诊的原发性高血压和 2 型糖尿病等病人同时开展相应的慢性病病人健康管理。

(2)对患有其他疾病(非高血压或糖尿病)的老年病人，应及时给予治疗或转诊。

(3)对发现有健康问题的老年人建议定期复查或向上级医疗机构转诊。

(4)进行健康生活方式以及疫苗接种、骨质疏松预防、防跌倒措施、意外伤害预防和自救、认知和情感等健康指导。

(5)告知或预约下一次健康管理服务的时间。

知识窗

提升老年人中医药健康管理水平

我国《"十四五"健康老龄化规划》的主要任务中，强调提升老年人中医药健康管理水平。进一步发挥中医药健康管理在基本公共卫生服务项目实施中的独特优势，积极推进面向老年人的中医药健康管理服务项目，发挥中医药在老年预防保健、综合施治、老年康复、安宁疗护方面的独特作用。鼓励中医医师积极参与家庭医生签约服务，为老年人提供个性化中医药服务。不断丰富老年人中医健康指导的内容，加强老年人养生保健行为干预和健康指导。

二、老年人的自我健康管理

(一)老年人自我健康管理的概念

老年人自我健康管理是指老年人对自己身体的健康信息和健康危险因素进行分析、预测和预防的全过程。一般可以通过相应的健康量表或者借助于网络平台软件，随时监控自己的身体状况，从预防保健、饮食的科学搭配、适量运动、生活节奏、社会适应、心理自我调适等方面着手，形成健康理念，最大限度调动自己的积极性，充分有效地利用资源，有目的、主动地采取行动，以期达到健康效果最大化。

自我健康管理是"以人为本"的护理思想的重要组成部分。自我健康管理包括人们独立于医疗保健系统之外的自我健康管理行为和与医疗保健系统合作,治疗和管理自己健康的医疗卫生行为。

（二）老年人自我健康管理的意义

1. 能够有效管理慢性疾病 大部分老年人长期处于慢性疾病状态,临床医疗护理服务只存在于病人生活的一小部分,在没有医疗护理服务介入的大部分时间里,需要老年人通过自身的行为来调节,即自我健康管理。因此,自我健康管理是帮助老年人管理自身健康的有效策略。

2. 能够降低医疗成本 慢性疾病的发生、发展过程及其危险因素具有可干预性的特点,自我健康管理帮助老年人对疾病的发展早评估、早干预,可以成功地阻断、延缓、甚至逆转疾病的发生和发展进程,有效避免反复入院,减少使用医疗服务资源,实现降低医疗成本的目的。

3. 能使老年人享受更高质量的生活 鼓励更多老年人通过同伴教育和自我健康管理树立"每个人是自己健康的第一责任人"的理念,通过专业人员的指导掌握更多自我健康管理的知识、技能和信息,认识和发展自己的能力,自信地参与自我健康管理,使老年人享受更高质量的生活。

（三）老年人自我健康管理的内容

1. 生活方式管理 对生活方式的管理是自我健康管理的基本策略和重要方法。常见慢性疾病与吸烟、过量饮酒、不健康饮食、运动不足、精神紧张等不健康的生活方式有关。

（1）营养指导:《中国居民膳食指南科学研究报告（2021）》指出受社会经济发展水平不平衡、人口老龄化和不健康饮食生活方式等因素的影响,我国仍存在一些亟待解决的营养健康问题,尤其是膳食不平衡的问题较突出,成为慢性病发生的主要危险因素。《中国老年人膳食指南（2016）》指出老年人膳食指南包括以下 4 条:①少量多餐细软,预防营养缺失;②主动足量饮水,积极户外活动;③延缓肌肉衰减,维持适量体重;④摄入充足食物,鼓励陪伴进餐。

（2）身体活动指导:运动干预的目的在于改变久坐少运动等不利于健康的生活方式,指导老年人开展合理运动,提高机体的代谢能力,降低患病风险,改善健康状态,提高生活质量。指导老年人开展身体活动,运动前要做好运动强度的测量、肌肉力量和耐力的测量和日常体力活动水平的测量,常规体格检查,规避运动禁忌证,选择老年人喜爱的运动项目有助于长期坚持;运动中做好运动指导,提高老年人意外伤害的预防和自我保护能力;运动后做好医学监督和运动计划调整等。

老年人运动强度的测量常用运动中的心率和自我感知运动强度两种方法进行,适宜的有氧运动心率 ＝170 － 年龄,体弱且年纪较大的老年人,为了安全,可以选择（170 － 年龄）× 0.9,以活动后自我感知稍感疲劳为宜,用心率监测运动强度,要排除疾病、环境、药物、情绪等方面的影响,确保运动效果和身体安全。

（3）控烟指导:吸烟是一种典型的成瘾行为,这种成瘾行为的影响因素包括社会环境因素、社会心理因素、文化因素、家庭因素、团体因素、传媒因素等。烟草使用的干预原则是：①以个体为中心，强调个体的健康责任和积极作用。②以健康为中心，强调预防为主，尚未吸烟者不要开始吸烟；偶尔吸烟尚未成瘾者立即戒烟；经常吸烟已经成瘾者，戒烟仍然有益健康。③形式多样的综合干预。"5A"法、"5R"法、尼古丁替代疗法、无烟政策、控烟与戒烟培训等。

（4）限制饮酒和戒酒：大量饮酒或酗酒增加心血管疾病风险，提倡血压正常者和偏高者最好不饮酒或少饮酒。一般建议男性将饮酒量控制在酒精 30ml/d，大约相当于酒精 25g，啤酒 1 瓶（约 750ml）或 50 度的白酒 50g，女性不超过 15g。节假日或亲友聚会等无法回避饮酒的场合，建议饮用葡萄酒等低度酒，如果已患有心血管疾病的老年人一定要戒酒。

（5）心理健康指导：老年期随着生理方面的退行性变化，老年人情绪趋于不稳定，表现为容易兴奋、容易激惹、喜欢唠叨，情绪激动后需要较长时间才能恢复。人格方面易于表现出以自我为中心、猜疑、顺从等特点。老年人的心理健康指导侧重为两个方面：①尽快适应离退休后的生活，保持必要的人际交往，积极投身社会生活，"老有所为"，学会寻找退休生活的快乐，防止出现"离退休综合征"。②正确面对疾病和死亡，步入老年期后身体健康水平下降，疾病增多，经常要面临死亡的威胁，容易产生消极的心理，鼓励老年人坦然面对人生，主动面对，不回避，不抱幻想，克服对疾病和死亡的恐惧心理。同时，子女应多关心多体贴老年人，情感上多交流，生活上多照料，让老年人感觉温暖和安全。

2. 积极配合治疗慢性疾病　吸烟、过量饮酒、身体活动不足和高盐、高脂等不健康饮食是慢性疾病发生、发展的主要行为危险因素，老年人要树立慢性疾病"可控、可防"的信心，要明确健康和疾病的关系是动态平衡，此消彼长的过程，疾病的发生、发展过程及干预策略是健康管理的基础，积极配合治疗慢性疾病，实现维护健康的目的。

3. 规范合理用药　老年人机体的耐受性不断降低，对药物的应激反应变弱、变迟缓，特别是肝、肾功能下降后影响药物的代谢、转化、排泄，再加上记忆力、理解力、心理状态等方面不同程度的改变，服药的依从性也呈现下降趋势。由于老年人特殊的生理、心理状况，导致老年人更容易发生药物不良反应。老年人规范合理用药，要谨记：①遵医嘱用药，不自行用药。②按时按量用药，不自行增减。③不滥用药物，不迷信"滋补药""保健品"。④自我监测，如有不适，及时就医。

4. 定期体检和随诊　老年人定期体检和随诊是《国家公共基本卫生服务规范》居民健康档案建立和老年人健康管理服务规范里面的重要内容，同时也是疾病早发现、早诊断、早治疗的有效手段，有利于维持老年人良好的健康状态。

5. 提升健康素养　健康素养是指个人获取和理解健康信息，并运用这些信息维护和促进自身健康的能力。居民健康素养评价指标纳入国家卫生事业发展规划之中，是综合反映国家卫生事业发展的评价指标之一。公民健康素养包括了三方面内容：基本健康知识和理念、健康生活方式与行为、基本技能。提升老年人健康素养，是积极应对老龄化，实现健康老龄化的重要保证。

6. 增进社会交往　社会交往是老年人获取信息、交流感情、增进友谊、丰富晚年生活的重要渠道。良好的人际关系使人心情愉悦，反之，则心情压抑，产生无助感，影响健康。老年人要正确处理好家庭关系、代际关系、邻里朋友关系。鼓励子女与老人同住，但也要正确看待，随着社会发展，子女成家立业独立生活的现状；鼓励老年人走出去，寻找志趣相同的朋友，多参与集体活动；鼓励老年人多学习，拓宽兴趣爱好，利用现代的互联网技术，减少与社会的隔绝感；鼓励老年人增强自我价值观念，实现老有所为、老有所乐。

三、老年人慢性疾病的预防和管理

（一）我国慢性疾病流行现状

当前影响老年人健康的主要慢性疾病已从之前的传染性疾病转变为以生活方式改变导致的慢性疾病。

《老年健康蓝皮书：中国老年健康研究报告（2020—2021）》指出，慢性病是影响老年人群健康的主要因素，新的疾病挑战不容忽视。监测数据显示我国 60 岁及以上居民高血压、糖尿病、高胆固醇血症患病率分别为 58.3%、19.4% 和 10.5%，超过 3/4 的居民存在多病共存情况，随着年龄的增长，慢性病患病率提升。70 岁及以上居民伤残调整寿命年构成中，心脑血管疾病（39.11%）、癌症（15.40%）、慢性阻塞性肺疾病（10.48%）占前 3 位。随着人口老龄化程度的加深，与年龄密切相关的疾病，如高血压、糖尿病、癌症、脑卒中、关节炎等慢性病所累及人口的绝对数量及相关疾病负担将持续增加。除了大家达成共识的慢性病之外，阿尔茨海默病、帕金森病等也带来挑战。这些疾病在中国的诊断率和治疗率相对世界其他国家更低。

（二）老年人的慢性疾病预防

应对慢性疾病最好的方法是预防。慢性疾病影响因素的综合性、复杂性决定了防治任务的长期性和艰巨性。近年来，慢性疾病防治工作受到了社会各界高度关注，健康支持性环境得到持续改善，群众健康素养逐步提升，为制定实施慢性疾病防治中长期规划奠定了重要基础。对于老年人，预防疾病的目的不仅是使老年人保持身体健康、延年益寿，而且是以控制慢性疾病危险因素、建设健康支持性环境为重点，以健康促进和健康管理为手段，提升老年人健康素质，降低发病风险，提高生存质量，减少可预防的慢性疾病发病、死亡和残疾，实现由以疾病为中心向以健康为中心转变，促进全生命周期健康，提高老年人健康期望寿命。按《中国防治慢性病中长期规划（2017—2025 年）》要求，遵循的原则有以下几个方面。

1. 坚持共建共享　倡导"每个人是自己健康第一责任人"的理念，促进老年人形成健康的行为和生活方式。构建自我为主、人际互助、社会支持、政府指导的健康管理模式，推动人人参与、人人尽力、人人享有。

2. 坚持预防为主　加强行为和环境危险因素控制,强化慢性疾病早期筛查和早期发现,推动由疾病治疗向健康管理转变。加强医防协同,坚持中西医并重,为老年人提供公平可及、系统连续的预防、治疗、康复、健康促进等一体化的慢性疾病防治服务。

3. 坚持分类指导　根据不同地区、不同老年人群慢性疾病流行特征和防治需求,确定针对性的防治目标和策略,实施有效防控措施。

针对老年病人的个体预防包含:预防疾病的发生、发展、早期发现疾病、促进健康和维持功能等内容。根据疾病发生发展过程以及决定健康因素的特点,积极采取三级预防策略。

(1)一级预防:即无病预防,又称病因预防,是在疾病(或伤害)尚未发生时针对病因或危险因素采取措施,降低有害暴露的水平,增强个体对抗有害暴露的能力,预防疾病(或伤害)的发生或至少推迟疾病的发生。例如指导老年人采用健康的生活方式,改善居住环境,营养管理,预防接种等。

(2)二级预防:又称为临床前期预防,即在疾病的临床前期作好早发现、早诊断、早治疗的"三早"预防措施。能使疾病在早期就被发现和治疗,避免或减少并发症、后遗症和残疾的发生。例如定期体检进行健康监测以期早发现,推广老年人健康体检,推动癌症、脑卒中、冠心病等慢性疾病的筛查,对于改善预后,维持老年人的功能非常重要。

(3)三级预防:即临床预防,三级预防可以防止伤残和促进功能恢复,提高生存质量,延长寿命,降低致残率、病死率。

(三)老年人慢性疾病管理

慢性疾病管理是指医疗工作者对慢性疾病个体进行教育、支持和管理的医疗服务,宗旨是调动老年个体、群体及整个社会的积极性,有效地利用有限的医疗卫生资源,以最小的投入获取最大的慢性疾病防治效果。管理过程分为三个基本步骤:了解和掌握健康状况,开展健康体检进行信息的收集、整理;进行健康评估和健康风险评价;采取多种形式干预和促进健康。以上三个步骤贯穿始终,周而复始,形成闭环,对老年人开展全方位、全过程的健康管理服务。具体有如下的策略与措施。

1. 加强健康教育,提升老年人健康素养　开展慢性疾病防治教育,普及健康科学知识,倡导健康文明的生活方式,教育引导老年人树立正确健康观,指导老年人积极开展自我健康管理,增强维护和促进自身健康的能力。

2. 实施早诊早治,降低高危人群发病风险　开展个性化健康干预,重视老年人的口腔疾病、常见慢性疾病、心理健康等的指导与干预。

3. 强化规范诊疗,提高治疗效果　采取分级诊疗制度,优先将慢性疾病病人纳入家庭医生签约服务范围,不断提高诊疗服务质量。搭建医疗质量管理与控制信息化平台,加强慢性疾病诊疗服务实时管理与控制。

4. 促进医防协同,实现全流程健康管理　加强慢性疾病防治机构和队伍能力建设;构建慢性疾病防治结合工作机制,加强医防合作,推进慢性疾病防、治、管整体融合发展。

建立健康管理长效工作机制，明确政府、医疗卫生机构、家庭、个人等各方在健康管理方面中的责任，完善健康管理服务的内容和服务流程。

5. 完善保障政策，切实减轻群众就医负担　完善医保和救助政策，保障药品生产供应，对于老年慢性疾病病人，可以由家庭签约医生开具慢性疾病长期药品处方，也可发挥中医药在慢性疾病防治中的优势和作用，探索以多种方式满足病人用药需求。

另外，老年人慢性疾病管理的策略还包括：控制危险因素，营造健康支持性环境；统筹社会资源，创新驱动健康服务业发展；增强科技支撑，促进监测评价和研发创新。

四、老年延续性护理

随着人口老龄化进程加速，老年人健康水平逐渐下降，功能性和器质性疾病的发病率逐步增加，绝大多数老年人在出院之后，仍然需要医疗和护理的服务。拓展护理服务领域，将护理服务延伸至社区、家庭，满足老年人多层次、多样化的健康需求，可以通过开展老年延续性护理得以实现，可以让老年人在出院后仍能得到持续的健康照护，减少因病情反复或者恶化再入院的风险，进而节约有限的医疗资源。

（一）老年延续性护理的概念

20 世纪 80 年代，美国宾夕法尼亚大学科研组织总结形成了延续性护理模式（transitional care model，TCM），并在其后的 20 余年里一直致力于该模式的应用和推广。然而迄今为止，延续性护理尚无统一的概念框架，不同的学者分别从不同的角度对其定义，美国老年医学会将延续性护理（transitional care）的概念定义为：为了确保高危人群在变更医疗场所，或改变医疗服务的提供者时能够得到连续、协调的卫生服务，及时预防不良结果的发生而设计的一系列按时间和环境划分的护理服务。目前国际比较认可的定义是：由护理人员结合病人实际情况，制定护理服务方案，保证病人在不同的健康照护场所，比如医院、家庭和社区，或同一健康照护场所，比如医院不同科室之间，均能受到持续、协作的照护。

老年延续性护理的重点指向由医院回归家庭（或社区）的延续照护，具体内容包括：转诊计划、出院计划、回归家庭（或社区）后持续指导和随访。延续性护理是整体护理的一部分，体现了以病人为中心的理念，保证病人在离开医院后仍可以得到有效指导，利于病情恢复，预防病情恶化。

在老年延续性护理模式中，护理工作的时间不再局限于老年病人住院期间，护理的工作场所也不再受制于各种类型的医院，并且护理工作也不仅仅由护士来承担，延续性护理通过纵向延伸护理服务的时间，横向拓宽照护层次，逐渐实现时间的延续、地域的延续、关系的延续、信息的延续和学科的延续，确保老年病人在变更医疗场所或改变医疗服务的提供者时，获得不同医疗服务系统之间协调有序、不间断的医疗服务传递。

（二）老年延续性护理的类型

针对个体的卫生服务和时间上的延续性，将老年延续性护理分为下列 3 种类型。

1. 信息的延续　主要针对病人信息，包括过去发生的个人情况的使用，使当前的照护方案最契合病人的需要。主要体现为：病人出院前及时完善病人的个人健康档案，档案详细包含病人的一般信息、疾病资料、兴趣爱好、生活习惯、治疗计划等，信息与每个照护阶段的照护者共享，并同时向病人发放。

2. 管理的延续　对病人不断变化的需求做出反应，对病人的健康状况实施的一种连续、一致的管理方法。主要体现为：成立延续护理小组，成员定期上门或电话随访，监督病人自我管理计划的执行情况并根据不足之处进行有针对性的健康教育，及时回应病人的需求。

3. 关系的延续　病人与一个或者多个卫生服务提供者之间的一种能够持续的治疗性关系。主要体现为：病人在每个照护阶段都能及时得到照护者的支持和回应，并且渠道畅通，主要通过电话、QQ、微信、智慧信息平台等交互方式，实现信息快速共享，医院、社区、病人都可以在信息平台上进行互动交流。

老年延续性护理的特点可概括为"4C"，即综合性（comprehensiveness）、延续性（continuity）、协调性（coordination）、合作性（collaboration）。①综合性：即综合评估病人的状况，促使实现从医院到社区或家庭护理服务的延续性。②延续性：即持久性的常规随访。③协调性：即医务人员之间或医务人员与老年病人的主要照顾者之间的沟通协调。④合作性：即老年病人与医务人员就预设的目标而进行的合作。

（三）老年延续性护理的模式

国内外一些较为成熟的延续性护理模式，主要有以下三大类。

1. 初级卫生保健领域的延续性护理（或称以社区为基础的延续性护理）　在这种护理模式中，延续性护理主要分成两类，一类是强调医务人员与病人之间的连续关系；另一类是强调病人接受到的卫生保健服务的连续。常用的有引导式护理模式（guided care，GC）、评估和照顾长者的老年资源模式（geriatric resources for assessment and care of elders，GRACE）。该模式在国外主要以家庭医院和日间康复中心为主，国内则以家庭病床的形式为主。服务内容包括提供一般及特殊治疗性护理服务；设置健康宣传栏，定期开展健康教育活动；为病人提供日间运动功能训练和康复护理；定期进行家庭访视，提供健康咨询；监督病人的遵医行为，进行护理干预措施等。

2. 从急性期护理所在医院转出的延续性护理（或称以医院为基础的延续性护理）　这种模式多关注出院后返回家中的病人，主张在门诊建立有效的医院与社区的双向转诊服务机制，强调通过跨学科的医疗服务团队和病人之间的延续关系来实现干预措施的一致性，使病人在出院之后仍然能根据病情的变化获得能满足健康需求的个体化护理。常见的有延续性护理干预模式和高级实践护士延续性护理模式。延续性护理干预又有4种类型：出院计划、病人与家庭的教育干预、社区支持模式和慢性病管理。其中，教育干预包括医院教育和社区教育两种类型；社区支持模式包括提供者指导的干预与心理行为干预两种类型。

3. 医院－社区－家庭三元联动的延续性护理模式　这种模式将前述两种不同的延续性护理模式紧密结合在一起，通过在医院、社区、家庭三者之间形成一个环形的交流协作模式，为病人提供全程无缝隙的专业延续性护理服务。近几年，国内各地都做出了很多实践探索，特别是随着信息技术的发展和普及，基于信息平台的医院－社区－家庭三者之间的联动得以有效实现，加速了这种模式的发展。

这种模式的工作过程可概括为：第一，在病人住院期间，医院为病人创建详细的健康档案，并不断地完善补充，病房护士对病人开展疾病照护、健康教育等护理活动，在病人即将出院前 3～7d 内，医院通过信息平台向社区发送病人即将出院的信息，目标社区护士提前介入，与病房护士合作，结合病人实际，制定出院延续照护方案，方案内容包括：起始时间、照护内容和方案实施细则，病人也参与方案的制定，由医院将出院延续照护方案发布到信息平台实现共享；第二，在病人出院后，社区护士严格按出院延续照护方案，对出院病人进行随访工作，并定期组织开展交流指导活动或健康教育讲座活动等，详细记录病人病情恢复情况，动态反馈到信息平台，一旦病人出现异常情况及时与医院延续护理小组讨论并调整出院延续照护方案；第三，出院病人在居家期间，按出院延续照护方案进行自我监测，按约定上传监测日记，在信息平台上获得帮助和指导。基于信息平台的医院－社区－家庭三元联动的延续性护理模式与传统模式相比，利用信息化平台实现信息的快速延续；通过整合医院资源、社区资源，打造"医联体"，实施"家庭医生"签约制等，实现管理和关系的延续，能够为病人提供完善的连续的社会支持体系，实现对病人及时、动态、有效的管理。

（四）医院－社区－家庭三元联动的慢性病延续性护理的主要内容

慢性病恢复是一个漫长的过程，慢性病病人出院后仍面临诸多的健康问题，因此在病人出院后不间断地提供科学照护的意义重大。医院－社区－家庭三元联动的慢性病延续性护理，注重在病人家庭与社区和医院之间构建一个环形交流协作模式，无缝隙地为病人提供全程优质护理服务。工作主要从以下三个方面开展。

1. 医院方面　医院主要起到组织、设计、指导的作用，利用信息平台加强与社区、病人家庭之间的沟通，推动医院与社区之间的联动，为社区和家庭提供技术支持，从而确保病人更便捷地获取优质的延续性护理照护。

（1）搭建信息化平台：平台主要包括病人的基本信息、延续护理工作群（微信、QQ等）、健康知识宣教、延续护理专家介绍、医院－社区双向转诊联动、远程医疗、远程护理咨询、延续护理需求发布、在线客服等板块。

（2）成立三元联动延续护理小组：由至少 1 名医院医生，至少 2 名医院护士，至少 2 名社区护士，至少 1 名家庭照护者共同组成。出院前 3～7d 内开展至少 1 次培训，内容包括：平台功能的使用方法、制定病人出院延续照护方案并明确家庭、社区、医院三者责任和分工等。在病人出院之前，由延续护理小组中的医院成员完成对病人以及主要照顾者的面对面指导，指导内容包括：疾病知识、专业护理技术、用药与饮食、约定电话随访和复诊的时间、平台功能的使用等，并将此次面对面指导的情况发送信息平台作为病人出院前的最后一次延续性护理评估。

2. 社区方面　社区分担了医院的部分工作，大量开展健康教育、健康促进的工作，是连接医院与家庭的纽带。

（1）动态反馈，注重培训：保持与医院、家庭的紧密联动，动态反馈病人情况，对社区医护人员进行上门访视、电话访谈、居家护理等方面的培训与考核。

（2）开展社区现场指导：定期邀请上级医院的专家到社区开展现场会诊、义诊、健康咨询、健康讲座等，为社区居民以及慢性病病人进行健康指导。

（3）按出院延续照护方案定期开展家庭访视和电话访问：提醒老年病人复诊和就诊的时间以及注意事项。

（4）开设慢性病健康宣传栏：发放慢性病宣传手册，内容包括：慢性病防治的相关知识、用药指导、饮食与营养指导、活动与功能锻炼指导等内容。

3. 家庭方面　家庭主要照顾者承担信息接收、反馈以及部分居家照护的工作，发挥监督和辅助病人进行自我健康管理的作用。

（1）家庭主要照顾者保持与医院、社区的紧密联动：及时将信息平台推送的健康知识讲述给病人，指导并监督病人进行自我健康管理，并及时将照护病人过程中遇到的问题反馈到平台，以获得心理支持、护理技术支持等。通过陪伴、鼓励等方式提高病人疾病治疗的信心。

（2）按出院延续照护方案，定期报送病人的自我监测日记：以便医院和社区能及时发现问题，及时纠正照护者一些不合理的照护措施，提升家庭照护能力，降低并发症的发生，减少病人再次入院的风险。

医院－社区－家庭三元联动的慢性病延续性护理模式，在实际运用过程中能有效整合三方资源，实现为慢性病病人提供全程无缝隙的专业延续性护理服务的目的。

第二节　老年健康照护体系的发展

老年群体不仅是关系全民健康水平的重点人群，也是我国医疗卫生和照护服务资源的主要面向对象，"十四五"期间，国家把积极应对人口老龄化上升为国家战略，加快健全社会保障体系、养老照护体系、健康支撑体系，深入推进医养康养结合等作为完善养老照护体系的重要内容。

一、国外老年健康照护体系的发展

（一）美国老年健康照护体系

美国在 20 世纪 40 年代就步入了老龄化社会，特别是 1950 年以后，老龄化速度不断加快,在 20 世纪 70 年代时,65 岁及以上老年人口已经超过 2 000 万,占总人口比例超过 10%,美国老年照护体系,政府不直接参与老年照护服务的供给,而是倾向于让私人部门和非营利组织来承担照护服务的供给责任,政府更多的时候主要担任一种补缺、兜底的角色,并且认为老年人照护是每个个体都有可能面临的风险,美国的人力成本非常昂贵,因此老年照护的费用也相对较高,所以鼓励每个个体用购买市场保险产品的方式来降低这一风险有可能带来的损害。以市场化为原则建立的老年照护服务体系,最大的优点就是以自由竞争的环境促使照护服务供给侧不断提升服务质量,提供更多层次、更多样的服务,最大限度满足老年人的照护需求。但是鼓励个人通过购买市场保险产品来应对长期护理的风险,会导致老年群体内部的不平等,因为商业保险公司会对参保对象进行严格的体检,一些经济条件差、身体状况不好的对象,很难获得签订长期照护保险合同的机会,高收入老年人的保险拥有率明显高于低收入老年人。

美国具有多种类型的老年照护机构,包括持续照料退休老年人社区(continuing care retirement communities, CCRC)、辅助生活住宅、照护之家(adult family home)和护理院(nursing home)等,不同的照护机构面向的受益对象不尽相同。如持续照料退休老年人社区主要面向生活基本能够自理的健康老年人;辅助生活住宅和照护之家主要面向需要一定日常护理的半失能老年人;而护理院则是面向需要 24h 照护的完全失能老年人。老年人全面照护服务(the program of all-inclusive care for the elderly, PACE)是一项老年医疗护理救助项目,为需要长期照护的低收入老年人提供社区医疗照护服务。美国的老年照护机构经历了从慈善事业到专业化服务实体逐渐演变的过程,形成了一条独具特色的美式道路。

(二)瑞典老年健康照护体系

瑞典是最早建立福利国家制度的国家之一,社会福利是以社会公民权为基础的,老年人照护体系中具有明显的"去家庭化的倾向"。瑞典是全球人口自然增长率最低、平均寿命最长和老龄化程度最高的国家之一,1882 年就进入老龄化社会,20 世纪 60 年代,瑞典 65 岁及以上人口占总人口的比例已经超过 12%,因此,瑞典是最早开始进行养老照护体系变革的国家,早在 20 世纪 60 年代就开始推广长期照护服务,21 世纪初,受到财政危机影响,开始将市场化机制引入公共服务供给中,如今,瑞典 87% 的老年照护服务都是由营利性组织提供,有 10% 左右的服务由非营利性组织提供,只有很小一部分由政府提供,2008 年以后,政府认识到家庭照料的重要性,以"最大限度地让老人住在自己家里养老"为原则,大力推行居家照护体系,生活在家的老年人可以获得各种各样的支持,如送餐上门、日常生活服务,还可以针对生活不能自理的老年人提供 24h 的家庭护理服务、医疗服务、交通服务等。老年人照护体系呈现去机构化、家庭化和市场化的趋势。瑞典越来越严重的人口老龄化而导致的劳动力减少将直接威胁到整个社会福利体系,瑞典福利体系已经不堪重负。另一方面,养老服务市场化的发展有加强个人养老责任的趋势,而政府鼓励家庭责任的回归,与瑞典养老照护体系一贯强调的公共责任相互矛盾,使传统的福利型国家的社会保障模式的价值观面临挑战。

（三）日本老年健康照护体系

日本是亚洲较早进入老龄化的国家，在老年人照护体系建设上积累了丰富的经验。日本于 1963 年 7 月颁布《老人福利法》，该法提倡中央集权制的老人福利体制，强调国家和政府应负主要责任。因此，日本传统的护理服务主要由地方政府和政府管理的非营利组织提供。20 世纪 90 年代，日本 65 岁及以上老年人口占总人口的比例已经超过 14%，进入深度老龄化阶段，而伴随着日本"泡沫经济"破裂，经济进入衰退期，公共财政难以支撑老年服务体系的庞大支出，为了应对不断增长的老年照护需求，同时减少医疗卫生支出对财政带来的压力，日本政府于 1997 年颁布了《护理保险法》，并于 2000 年开始正式实施，开始设立介护保险（长期照护保险制度）以缓解财政压力，并开始逐步开放护理服务市场，允许私人部门开展居家照护和上门照护服务，但是机构照护服务仍然由政府主导。形成了政府、社会组织和市场多元化发展的老年照护服务格局。

日本照护服务非常看重居家照护，强调让老年人在自己熟悉的地方接受护理服务。2011 年修订的《介护保险法》提出建立"社区综合护理体系"的概念，极大推动了居家照护市场化的发展日本政府不断完善相关法律制度和评估机制，最终形成了目前相对成熟的地域综合照护服务体系，把家庭养老和机构养老的优势相融合，能根据老年人的具体需求有效提供医疗、预防、生活支援等地域性服务，以地域为基础共同体，设立 30min 日常生活圈，确保服务的时效性，显现出地域综合照护服务体系在地域性、综合性与协同性的优势。

二、我国老年健康照护体系的发展

（一）老年健康照护体系的内涵

老年健康照护体系指的是与经济社会发展水平相适应，以满足老年人养老需求、提升老年人生活质量为目标，面向所有老年人，提供生活照料、康复护理、精神慰藉、紧急救援和社会参与等设施、组织、人才和技术要素形成的网络，以及配套的服务标准、运行机制和监管制度。

老年人群健康照护体系的发展离不开政府、社会及养老机构的参与。政府层面，搭建好老年人群健康照护体系的顶层设计，比如推动老年人健康管理相关法律的建立，提供政策保障；加大财政的支持力度，提供经济保障；加快人才培养速度，提供人才保障。社会层面，营造良好社会氛围，提升全民健康素养尤其是提高老年人健康素养。养老机构层面，提高老年人健康照护的质量，规范机构管理流程，提升服务能力；积极开展中医中药等传统特色服务，促进医养融合。

（二）我国老年健康照护模式

我国老年健康照护体系的发展，在借鉴国外养老照护体系发展的经验基础上，结合新时代国家"大健康"发展战略目标，逐渐探索出一条具有中国特色的老年健康照护之路。我国老年健康照护模式主要有三种：第一种是居家照护模式，第二种是社区照护模式，第三种是机构照护模式。受传统文化的影响这三种模式中居家照护模式占到了90%，社区照护模式大概占6%～7%，机构照护模式占3%～4%（即"9064"或"9073"模式）。

1. 居家照护模式　在我国，家庭是老年人群体养老的重要场所，家庭能够为老年人群体的生活起到保障作用，也符合我国的传统观念。现如今，虽然面临家庭结构变化和家庭养老功能弱化的挑战，但是居家照护模式仍然发挥着不可替代的作用。

2. 社区照护模式　是指以家庭为核心，以社区为依托，以老年人日间照料、生活护理、家政服务和精神慰藉为主要内容，以上门服务和社区日托为主要形式，并引入养老机构专业化服务方式的社区照护模式。社区照护模式的特点是：让老年人住在自己家里，在继续得到家人照顾的同时，由社区的有关服务机构和人士为老人提供上门服务或托老服务。能一定程度代替子女为老年人群体提供养老照护，以减少子女的养老负担。社区照护模式是对居家养老具有重要支撑作用的一种模式。

3. 机构照护模式　具有专业性和全面性的特点，与其他照护模式相比，机构照护模式能够为老年人群体提供包括饮食、起居、生活管理、健康管理、康复训练、心理咨询等多方面的综合性服务，满足老年人群体多元化的照护需求。

（三）我国多元化老年健康照护体系的形成

1999年底中国开始步入人口老龄化后，国家和社会积极采取应对措施，健全保障老年人权益的各项制度，逐步改善保障老年人生活、健康、安全以及参与社会发展的条件，建立多层次的社会保障体系，逐步提高对老年人的保障水平。2014年开始，我国不断开展养老服务业综合改革，坚持把养老服务产业发展摆在重要位置，大力发展养老，特别是社区养老，对在社区提供日间照料、康复护理、助餐助行等服务的机构给予政策扶持，新建居住区配套建设社区养老服务设施，打造多元化的养老照护体系，我国从此进入多元化健康照护体系发展阶段。具体表现在："医养结合"提供健康保障；"社区嵌入式"实现居家养老；"智慧健康养老"助力养老照护多元格局形成。

第三节　老年人的养老与照护

一、社会发展对养老照护的影响

我国老年人口居世界之最，失能老人、空巢老人基数快速增长，家庭结构核心化与小型化，城乡差异大等问题凸显，人口老龄化背景下我国养老形势严峻。

养老问题是一个复杂的社会问题，涉及国家政策、地方政府配套服务设施、经济水平、家庭以及个人的认知等，对于养老模式的选择也由于时代及需求的不同而有所差异，要适应新时代要求、建立起中国特色的养老服务体系，要更新思想观念，在借鉴他国先进经验的同时，结合我国老年人群体的特点和照护需求，逐步完善适合我国的养老照护模式。

二、健康养老照护的模式

（一）医养结合养老照护模式

医养结合是一种医疗和养老相结合的新型养老模式，能够有效整合现有养老和医疗两方面的资源，把专业的医疗技术检查和先进设备与康复训练、日常学习、日常饮食、生活养老等专业相融合。将老年人健康医疗服务放在更加重要的位置，以区别传统的单纯为老年人提供基本生活需求的养老服务。其中，"医"主要就是重大疾病早期识别、必要的检查、治疗、康复训练，包括有关疾病转归、评估观察、有关检查、功能康复、诊疗护理、重大疾病早期干预以及安宁疗护等医疗技术上的服务；"养"包括的生理和心理上的护理、用药和安全、日常饮食照护、功能训练、日常活动、危重生命体征、身体状况分析、体重营养定期监测等服务。医养结合概念的提出，主要是针对我国长期以来医疗和康养分离的现象，医院只治病，养老院治不了病，老人患病后只能来回奔波于医院和养老院之间，既延误治疗，也增加了家属经济负担。

国家多次出台重大政策支持医养结合，医养结合的政策体系不断完善、服务能力不断提升，人民群众获得感不断增强，逐步形成具有中国特色的以居家为基础、社区为依托、机构为补充、医养相结合的多元化养老照护体系。有如下的具体措施。

1. 强化医疗卫生与养老服务衔接　制定出台医养签约服务规范，鼓励养老机构与周边的医疗卫生机构开展多种形式的签约合作。

2. 加强医养结合人才队伍建设　加强老年医学、康复、护理等专业人才培养，扩大相关专业招生规模，设立一批医养结合培训基地，要求各地分级分类对相关人员进行培训。

3. 推进"放管服"改革　措施包括加大政府支持力度、税费优惠、优化保障政策等，吸引非营利组织开办医养结合机构，大大提高了对医养结合需求的保障能力。

医养结合作为一项理念、制度和模式的创新，其内涵实际上是对"老有所养、老有所医"的具体诠释，在为老年人群提供基本养老服务的基础上，更加关注老年人群对医疗和健康的需求，医养结合养老照护模式是国家积极应对人口老龄化的重要战略措施。

（二）社区嵌入式养老照护模式

受中国国情和传统的养老观念的影响，大多数的老人更愿意待在家里养老，而不是进养老院。但是，随着生活节奏的加快和家庭结构的变小，老人居家养老的方式越来越不能满足社会发展的需求，亟需一种新的养老模式去融合居家养老、社区养老和机构养老间的断点。

社区嵌入式养老照护模式，是对单一的居家养老、社区养老、机构养老模式的创新和补充，做到了以居家为基础、社区为依托、机构为支撑，集合了居家养老、社区养老、机构养老三者的优势，将三者的优势资源都嵌入社区养老照护中，并对社区养老照护资源进行合理配置，实现资源嵌入、功能嵌入。社区嵌入式养老照护模式的供给方是在社区中嵌入的能为老年人提供专业养老照护的各种机构，并不局限于传统意义上的养老院，社区提供服务场地，养老服务机构提供专业服务，相辅相成并相互促进，相当于将"完备的小型养老照护系统"嵌入社区，使老年人在自己熟悉的环境中，继续保持传统社会关系、保持与亲人情感交流的同时，还能就近获得养老所需的各种专业服务资源，不断提高社区养老照护的专业度，让老年人群体实现老有所养、老有所依，使老年人的生理、心理、社会需求在社区内得到有效满足。社区嵌入式养老照护模式作为一种全新的模式，在推动我国养老服务体系的可持续发展方面发挥着重要作用，目前在我国一线城市逐步推广。

（三）智慧健康养老照护模式

人口老龄化结构不断加剧，对我国养老照护体系建设提出了新的挑战。随着信息技术的迅猛发展，以信息化、智能化技术嵌入养老照护中，打造智慧健康养老照护体系，是提高现阶段养老服务质量和效率的迫切需要。通过信息技术赋能养老照护体系，激活产业间相互融通，使各产业主体间实现高效的信息沟通，进而满足老年人群的各类养老需求。

智慧健康养老照护体系以利用云计算、大数据、物联网、AI 人工智能等新一代信息技术产品为依托，以信息化的管理和服务为基础，将政府、个人、家庭、社区、机构与健康养老资源等主体有机地结合了起来，实现了通过便捷的服务方式，为更多的老年人群提供高效、个性化、智能化的养老照护的目标。同时，通过信息的集成和快速响应，使老年人群获取养老照护资源的方式实现了多样化。

构建一个成功的智慧健康养老照护体系，需要三个基本条件：①具有智慧健康养老信息服务平台。②基于智慧健康养老信息服务平台实现各方养老服务主体间、养老服务供给侧之间信息的无缝整合，并与需求侧无缝互动，提升养老服务效率。③通过互联网或移动终端设施，实现需求侧信息迅速释放，养老服务供给侧及时响应，实现信息流的快速、有效互动。

为了推动我国健康养老照护智慧化升级，提升健康养老照护质量和水平。2017 年 2 月 6 日，工业和信息化部、民政部、国家卫生计生委制定了《智慧健康养老产业发展行动计划（2017—2020 年）》。经过三年的建设，目前我国基本形成覆盖全生命周期的智慧健康养老产业体系。有如下的具体措施。

1. 覆盖多种环境　针对家庭、社区、机构等不同应用环境，利用健康管理类可穿戴设备、便携式健康监测设备、自助式健康检测设备、智能养老监护设备、家庭服务机器人等，提供多样化、个性化健康养老服务。

2. 实现多个系统集成　运用互联网、物联网、大数据等信息技术手段，实现智慧健康养老应用系统集成，对接各级医疗机构及养老服务机构，建立老年人健康动态监测机制，整合信息资源，为老年人提供智慧健康养老服务。利用健康养老数据管理和智能分析系统,实现健康养老大数据的智能判读、分析和处理,提供便捷、精准、高效的健康养老服务。真正实现远程医疗,远程监控,为老年人的健康保驾护航。

3. 出现多种智慧健康养老服务新业态　企业和健康养老机构充分运用智慧健康养老产品,创新发展慢性病管理、居家健康养老、个性化健康管理、互联网健康咨询、生活照护、养老机构信息化服务等健康养老服务新业态。

4. 实现数据共享　公共服务平台,技术服务平台,信息共享服务平台,基于区域人口健康信息平台等大数据平台,基本实现了统一规范、互联互通的健康养老信息共享系统,积极推动各类健康养老机构和服务商之间的信息共享。

5. 国家标准亟待出台　未来还要建设智慧健康养老标准体系,完善智慧健康养老服务流程规范和评价指标体系,推动智慧健康养老服务的规范化和标准化发展。

🔧 知识窗

虚拟养老院

虚拟养老院,基于政府建立的信息服务平台,将老年人和能提供家政便民、医疗保健、物业维修、人文关怀、娱乐学习、应急救助等专业服务的企事业机构纳入信息服务平台,当老年人有服务需要时,将需求指令发送到信息服务平台,信息服务平台就会按照老年人的要求,派发到相应的加盟企事业机构,或者由老年人自己选择"点餐式服务",相应加盟企事业机构就会快速响应,按要求为老年人提供相应服务,政府和平台在其中起到协调、监督、质量控制的作用。和传统养老方式相比,虚拟养老院就像一座没有围墙的养老院,投资少,服务范围大,老人不必住在养老院中被动接受服务,在家就可以挑选、享受专业化的养老服务,虚拟养老院看似虚,其实很实,它整合了社会各种资源,是政府、社会、市场三位一体深度融合的适合中国国情的一种新的养老模式。

三、养老机构的规范与管理

(一)养老机构基本规范

养老机构(seniorcareorganization)是指为老年人提供生活照料、膳食、康复、护理、医疗保健等综合性服务的各类组织。

为了对我国养老机构进行标准化、规范化的管理,2013 年 5 月 1 日起实施《养老机构基本规范》,规定了全日制养老机构的基本要求、人员要求、管理要求、环境与设施设备要求和服务内容及要求(不包括非全日制的社区日间照料或托老服务机构)。基本要求有以下内容:

1. 机构应具有独立法人的资质。
2. 应具有相对独立、固定、专用的场所。

3. 养老机构建筑及设施的设计与设置应符合《养老机构基本规范》的要求。

4. 人力资源配置应满足养老服务的需要。

（二）养老机构服务质量基本规范

为了对我国养老机构的服务质量进行规范化管理，健全养老机构标准体系，促进养老服务质量的提升，完善提高养老院服务质量的长效机制，2017年12月29日发布并实施的《养老机构服务质量基本规范》规定了养老机构服务的基本要求、服务项目与质量要求、管理要求、服务评价与改进等方面的内容，适用于养老机构的服务质量管理。我国养老机构评价指标体系正处于发展阶段，规范的制定填补了国家标准在养老机构服务质量方面的空白，成为我国养老机构服务质量管理的主要参考标准，划定了养老机构服务质量的基准线。

（三）养老机构等级划分与评定

为了对养老机构进行层级管理，从2019年7月1日开始，国家标准《养老机构等级划分与评定》实施。该标准规定了养老机构等级划分与标志、申请等级评定应满足的基本要求与条件、等级评定，适用于养老机构等级划分与评定工作。

养老机构的评定分为五个等级，从低到高依次为一级、二级、三级、四级、五级。级数越高，表示养老机构在环境、设施设备、运营管理、服务方面的综合能力越强。等级标志实行统一管理，等级标志的有效期为三年（自颁发证书之日起计算），到期应向评定机构申请复核。

《养老机构等级划分与评定》这一国家标准的出台，对养老的一些术语进行了标准的定义，对机构的环境、设施设备、运营管理、服务的基础等方面进行了基本的规范，保证了养老机构的服务质量。

（四）养老机构规范化管理，提升服务质量

目前，我国关于养老机构质量监控标准的制定还处于探索阶段，为了统一全国的养老机构服务质量监测和综合评价体系，完善养老服务质量治理和促进体系，推动养老机构服务质量总体水平得到显著提升，民政部等6部门在2017年3月印发《关于开展养老机构服务质量建设专项行动的通知》，计划用3～4年的时间基本建立全国统一的养老服务质量标准和评价体系，完善养老服务质量治理和促进体系，显著提升养老院服务质量总体水平。

为提高我国医养结合机构服务质量，规范医养结合机构服务内容，国家卫生健康委、民政部、国家中医药管理局于2019年联合印发了《医养结合机构服务指南（试行）》。《医养结合机构服务指南（试行）》主要包括六个方面的内容：一是明确对医养结合机构的基本要求，包括机构设置、科室设置、设施设备配备等要求。二是明确养老服务管理要求，医养结合机构制定并组织实施生活照护、基础照护、康复服务、心理支持、照护评估等方面的养老服务管理制度，并加强质量管理。三是明确医疗服务管理要求，包括医疗质量管理、医疗护理服务管理、医疗康复服务管理、安宁疗护服务管理、感染防控管理、传染

病管理、用药管理、病历管理。四是明确医养服务衔接管理要求，包括服务有效衔接和信息化管理。五是明确运营管理要求，包括人力资源管理、财务管理、行政办公管理、后勤管理、档案管理、外包服务管理、签约及投诉管理、收费管理。六是加强安全管理，包括突发事件应急管理、安全巡查管理、出入与人身安全管理、消防安全管理、食品安全管理、财产安全管理、信息安全管理、设施设备安全管理、安全教育与培训。

《医养结合机构服务指南(试行)》对医养结合机构应当提供的服务内容和服务要求作出了规范。服务内容根据目前我国大部分医养结合机构的服务能力和老年人需求确定，医养结合机构可以根据机构资质与服务能力拓展服务内容。

章末小结

　　本章学习重点是老年人自我健康管理、慢性疾病预防和管理、老年延续性护理的内容和特点、健康养老照护模式。学习难点是老年人的慢性疾病预防和管理。在学习过程中，理解老年人健康管理的相关理论，并学以致用。利用所学的知识，不断强化老年人自我健康管理的意识。注重培养护生的为老年人提供人性化养老照护服务的职业意识，树立尊重、关心、帮助老年人的社会风尚。

（杨　梅）

？ 思考与练习

1. 概述老年延续性护理的特点和内容。
2. 简述老年人慢性疾病预防遵循的原则。
3. 列出老年慢性疾病管理的步骤。
4. 归纳老年人自我健康管理的内容。
5. 简述我国医养结合的具体措施。

第四章 │ 老年人的日常生活及常见健康问题的护理

04章 数字资源

学习目标

1. 具有尊老、爱老、助老的职业情怀，以高度的责任心、爱心、细心、耐心对待老年人。
2. 掌握老年人日常生活护理的注意事项和皮肤清洁护理；老年人的饮食、吞咽障碍、排泄、睡眠障碍护理；老年人跌倒的预防与护理。
3. 熟悉老年人环境的要求与调整；老年人的营养与饮食；老年人衣着卫生及皮肤瘙痒症的护理。
4. 了解老年人的休息、活动护理；性需求和性生活的健康保健。
5. 学会老年人日常生活安全的评估；学会判断噎食并运用海姆利希急救法急救；学会正确指导老年人进行吞咽功能锻炼。

工作情景与任务

导入情景：

李奶奶，83岁，独居。患高血压、糖尿病20余年，长期服药控制血压、血糖。视力差，自理能力尚可，进食、行走速度慢，部分日常生活活动（如沐浴、上下楼梯等）需人协助。一年多来，李奶奶睡眠差，多梦，早醒。近日因天气变化，出现"咳嗽、咳痰、乏力"，门诊就医后遵医嘱口服消炎祛痰药物，加用艾司唑仑改善睡眠。

工作任务：

1. 列举李奶奶目前存在的日常生活安全问题，并为其制订详细的日常生活安全指导计划。
2. 对李奶奶实施正确的日常生活护理。

老年人的日常生活护理包括环境的安全、清洁与舒适、饮食与排泄、休息与活动、性需求和性生活卫生保健等方面内容。通过帮助老年人建立良好的生活方式、合理的膳食结构、健康的性生活，达到预防疾病、促进健康，提高生命质量的目的。

第一节　老年人日常生活护理的概述

老年人身体各方面的功能随着年龄的增大而逐渐衰退，尤其是感官系统功能的减退，导致老年人对周围环境信息的接受和判断能力下降，直接影响着老年人的安全，使意外事故的发生率远高于成年人。护理人员应根据老年人的个体情况，了解其精神状态、生活习惯、睡眠、活动、居住环境等特点，发现可能存在的安全隐患，并采取相应的护理措施加以预防。

一、老年人日常生活护理的注意事项

（一）保持老年人的自理能力

老年人由于老化或疾病导致无法独立完成日常生活活动时，需要部分协助或完全性护理。既要满足老年人的生理需要，还要充分调动老年人的主动性，最大限度地发挥其残存功能，尽量让其作为一个独立自主的个体参与家庭和社会生活，满足其精神需要。

（二）保护老年人的安全

1. 防跌倒/坠床　经评估有坠床危险的老年人入睡期间应有专人守护或定时巡视。对睡眠中翻身幅度较大、身材高大或意识障碍的老年人，床旁应有床挡，以防坠床摔伤。

2. 防烫伤　老年人对温度感觉迟钝，使用热水袋时应加用布套，水温低于50℃；避免摄入过热的食物，防止食管烫伤等。

3. 防止交叉感染　老年人免疫能力低下，对疾病的抵抗力弱，应注意预防交叉感染。

4. 注意用电安全　向老年人宣传用电安全知识，强调不要在电热器具旁放置易燃物品；及时检修、淘汰陈旧的电器；经常维护供电线路和安装漏电保护装置；在不使用和离开时应关闭电源；应尽量选择超时断电保护或鸣叫提醒功能的电器，减少因遗忘引发意外。

5. 心理护理　照护人员应熟悉老年人的生活规律和习惯，及时给予指导和帮助以满足其生活所需，特别注意要给予足够的尊重，尽量减少其无用感、无助感和自卑感。

（三）尊重老年人的个性和隐私

每位老年人都有不同的生活习惯、健康状况、家庭环境、经济基础及社会经历等，他们的价值观和生活方式也不尽相同。因此，护理工作者应当充分了解老年人的个性特点，遵循个性化护理的原则，尤其是在家庭访视和护理中，应根据老年人的家庭环境和具体情况，因人、因时、因地施护。日常生活中为了保护老年人的隐私，应为老人们提供独立的空间完成如沐浴、排便、性生活等。最好让老年人有单独的卫生间和卧室相连接，房间的窗帘应用双层，其中一层纱帘遮挡透视性，保护个人隐私，另一层遮光，有利于睡眠。

二、老年人环境的要求与调整

（一）家庭居室环境

1. 老年人居室环境设置原则　由于老年人在居室内活动的时间较多，居室环境设置以简约、方便、安全和实用为原则。

2. 老年人居室环境设施要求　居室环境设施总要求：老年人的房屋一般以平房或楼房的 1～3 层为宜，居室选择以朝阳、天然采光、自然通风、光线明亮、地面防滑、隔音效果好为佳。

（1）楼梯和台阶：两侧均安装扶手，台阶终止处要涂上醒目的颜色标记，必要时可设置适合轮椅行进的坡道，各室之间要保持平坦，无障碍物。

（2）门槛和坡度：为了保证老年人行走方便和轮椅通过，室内应避免出现门槛和坡度变化，必须有坡度的地方，高度不宜超过 2cm，并宜用小斜坡加以过渡。

（3）照明设备：应可以调节，以适应老年人的不同需求。走廊、楼梯及拐角暗处要经常保持一定的亮度，防止老年人因视力障碍而跌倒，可以安装声控灯。

（4）门的设计：最好采用推拉式门，下部轨道应嵌入地面以避免坡度。平开门应注意在把手一侧墙面留出约 50cm 的空间，以方便坐轮椅的老年人侧身开门。

3. 室内环境

（1）室内颜色：老年人因视觉退化，室内亮度应比其他年龄段的使用者高一些，房间宜用温暖的色彩，整体颜色不宜太暗太杂。

（2）室内家具：老年人因行动不便，家具、装饰物品宜少，应选择沉稳、不易移动、无棱角的家具。沙发不宜过软，椅子座面高度应等于人的小腿长度加上鞋后跟的高度，大约在 35～42cm 之间。家具宜紧靠房间墙面周边，不要放在室内中央，避免挡道。如使用轮椅，应注意在床前留出足够的供轮椅旋转和照护人员操作的空间。

4. 床单位　床是休息睡眠的地方，对卧床老年人更为重要。要选择软硬适宜的床，以保持身体均匀的支撑。床不可过高，要便于上下，以 45～50cm 为宜，必要时配床挡，床旁配备床头柜、床头灯、呼叫器，方便使用。

5. 厕所与浴室　最好邻近卧室或在卧室内，室内通风、环境隐蔽、有防滑及保暖设施。宜用坐式便器，高度 45cm 左右，便器旁有扶手、呼叫器等。浴盆安装应较低，浴盆旁边也应有扶手，浴盆内铺橡胶垫，以防滑倒。

边学边练

实训2：老年人日常生活安全的护理

（二）社区居住环境

社区是老年人生活和娱乐的主要场所，老年人需要长期在社区得到与护理密切相关的预防、保健、治疗、康复等照顾。

1. 加强老年人的安全教育　随着年龄的增加，慢性疾病的侵袭，老年人身体各器官功能减退，调节能力逐步下降，常伴有一种或多种日常生活自理能力下降，如行动不稳、动作不协调、视力障碍、听力障碍等，易发生跌倒等危险。社区医生与护理人员应根据老年人的需求，做好安全教育，利用老年人喜欢的宣传方式进行安全指导，如集中讲座、家庭指导、发放宣传小册子等，重点对老年人用药安全、跌倒预防、饮食健康、娱乐活动等内容进行指导，加强老年人自我防护意识，严格控制高危因素，纠正老年人生活中容易导致安全问题的不良习惯，改善居住环境，安装安全防护设施。同时，做好家庭照顾者安全知识的培训，预防各种不安全事件的发生。

2. 营造安全的社区环境　在老年人较集中的社区，应考虑到弥补老年人减退和丧失的功能，住宅区的道路系统、交通组织应以保护老年人的行动安全为基础。社区内宜采用人车分流或部分分流的道路交通结构，增加社区安全感。道路宽敞并设置路灯，有台阶的地方设置明显的标志，或将台阶改为坡道，以方便使用轮椅的老年人。合理安排适合老年人的公共服务项目，如老年活动中心、老年大学、棋牌、娱乐中心等，有足够面积的室外活动场所，保证老年人户外活动的需要。适当建造一些开阔平坦、无障碍物的绿地、喷泉、亭子、长廊等建筑，并配以桌椅、灯具等，为老年人散步、晨练、休息及社交活动提供场所。另外，还应考虑室外环境卫生，老年人活动区域应有良好的通风、日照，避免噪声和空气污染，力争营造一个舒适、安全、卫生、健康的社区生活环境。

3. 建立良好的邻里关系　老年人由于体质虚弱或慢性疾病，常常会成为不法分子的目标。如果在老年人住户多的社区里，邻里之间关系陌生，很容易使老年人面临意外事件时得不到救助。社区里的老年人之间应多沟通，加强了解，互留电话，做到互通信息，互相关心，有困难互相帮助，有病痛时互相看望慰问，建立良好的邻里关系，保障社区安全。

4. 运行紧急救助系统　社区应建立紧急救助系统，并落实人员和制度。安保工作人员应经常给予老年人安全常识的提醒及求救方法的指导，并注意观察老年人居室周围及老年人集中活动场所的情况，发现问题及时处理。

第二节　老年人的清洁与舒适的护理

一、老年人的皮肤清洁

老年人皮肤保存水分的能力减弱，皮脂腺和汗腺的分泌能力减少，导致皮肤干燥易脱屑，抵抗外界刺激的能力减弱，受伤后愈合能力下降。因此，在日常生活中应加强对老年人的皮肤保护，避免不良刺激对皮肤的伤害，注意皮肤的清洁卫生，尤其是皮肤皱褶部位如腋下、肛门、外阴等处的皮肤，可以通过沐浴清除污垢，保持毛孔的通畅。

（一）沐浴

通常可以根据地域特点和老年人自身习惯决定沐浴的频率。如夏季比冬季的沐浴次数多，南方比北方的沐浴次数多，皮脂腺分泌旺盛、出汗多的老人沐浴次数多等。沐浴时，室温应保持在24～26℃，水温宜在40℃左右；沐浴的时间不宜过长，以10～15min为宜，时间过长会发生胸闷、晕厥等意外；凡生活能自理的老人，可以采用淋浴、盆浴。为了避免老年人站立沐浴带来的不适和危险，可用沐浴椅（图4-1）。空腹或饱餐时不宜进行沐浴，应选择在饭后2h左右进行；单独沐浴时，浴室门勿反锁；年老体弱者须有人协助洗浴；绝对卧床者，家属应帮助擦浴；沐浴时应选用弱酸性硼酸皂、羊脂皂等，避免使用碱性皂液，保持皮肤pH在5.5左右；沐浴使用的毛巾应柔软，洗澡时须轻轻擦拭，以防损伤角质层。

（二）皮肤的特殊护理

气候干燥时，为了达到保湿效果，沐浴后应涂抹护肤油。晚间用热水泡脚，泡脚后可用带放大镜的指甲剪（图4-2）去除脚上过厚的角化层或剪掉过长的指（趾）甲，再涂上护肤霜以防皲裂；对于手足已皲裂的老年人，在用热水泡手脚后，涂抹护肤霜，再戴上棉质手套、穿上袜子睡觉，皲裂状况会得到有效的改善。

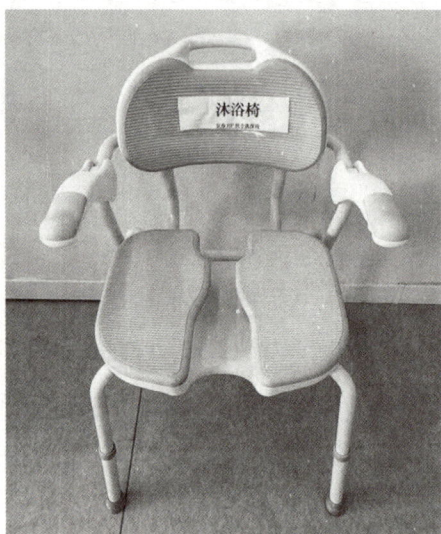

图4-1　沐浴椅

图4-2　带放大镜的指甲剪

（三）头发的护理

老年人的头发特点为：稀疏、发质脆、易脱落。由于每天头发皮脂腺分泌物的积累及头发上粘了许多灰尘和细菌，容易影响头发的健康。所以老年人应经常做好头发的清洁和保养，既可以减少头发的脱落、焕发活力，又能保持头发的健康。为老年人洗发应根据发质特征决定洗发的次数和选择洗发液。如干性发质可每周清洗1次，油性者可每周清洗2次。对于出汗较多或头发上粘有各种污渍的老年人，可增加洗发的次数，有头虱的老年人先进行灭虱处理再洗发。皮脂分泌较多的可用温水加中性肥皂清洗；头皮干燥、头发干枯者宜选用含脂皂或洗发乳清洗，洗后可适当用护发素或发膜等护发。洗发时水温要适中，洗发时间不要太长，洗发时不可用尖锐指甲抓头皮和头发。对卧床不起的老年人应用充气式洗头盆（图4-3）或仰卧式洗头盆（图4-4）帮助其在床上洗发。

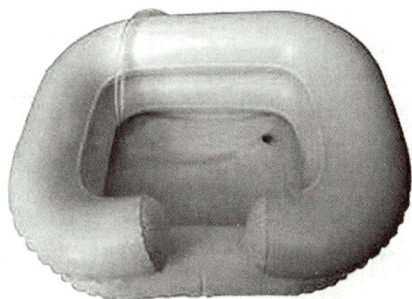

图4-3　充气式洗头盆

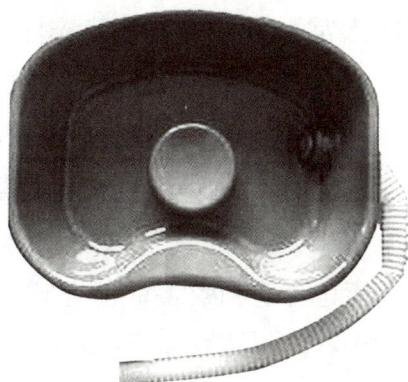

图4-4　仰卧式洗头盆

二、老年人的衣着卫生

老年人的服饰应考虑到实用性、方便性、安全性，要有利于健康和方便穿脱，需要遵循以下原则和注意事项。

（一）老年人服饰的原则

1. 随季节变化增减衣物　老年人因体温调节中枢功能下降，对寒冷的抵抗能力减弱，冬季气温下降需要及时添加衣物并佩戴厚帽子保暖；夏季时应穿薄料衣服，戴遮阳帽以防中暑。

2. 衣服的面料　老年人的衣物以质地松软、舒适为宜。内衣用透气性好、吸水性强、不刺激皮肤、柔软的棉质面料为佳；外衣可选用棉质、麻织品、丝绸织品和毛织品等。

3. 衣着的款式　老年人的衣服样式要求宽大，方便穿脱，不妨碍活动，便于体位更换，尤其要方便生活不能自理的老年人穿脱，如上衣多选择开衫，避免选套头衫，上衣的拉链应选有指环的，以便于老年人拉动，衣扣不宜过小，方便系扣，可选用魔术贴取代纽扣；裤子采用带松紧的，便于老年人穿脱；穿棉质袜子，足部保暖，避免脚受寒湿；选用方便穿脱、大小合适、具有防滑功能的鞋子，尽量不穿拖鞋及系鞋带的鞋子。

（二）注意事项

服装选择时应在尊重老年人习惯的前提下，考虑到服装的社会性和时尚性，结合老年人个性特征选择式样；注意服装的安全性，勿过长、过小；衣服的色彩要选择柔和、容易观察的浅色调。适当选择一些有色彩的服装搭配起来，会使老年人心情更舒畅，感觉更有朝气。

三、老年瘙痒症的护理

老年瘙痒症是老年人由于某些系统疾病、药物或皮脂腺分泌功能减退,皮肤干燥和退行性萎缩等因素引起的慢性皮肤瘙痒。老年瘙痒症是临床常见的皮肤科疾病,临床上老年人常以剧烈的皮肤瘙痒伴继发性抓痕、血痂、色素沉着及苔藓样改变等为主要表现。

【护理评估】

1. 健康史　询问老年人皮肤瘙痒发生的时间、部位、持续时间、缓解方式等;有无诱因刺激,如严冬时过冷或过热的刺激、干燥、湿度低,都易引起皮肤瘙痒;皮毛、化纤品、粗糙内衣也容易刺激瘙痒症发作;刺激性食物,如饮酒、喝浓茶、咖啡;鱼、虾、蟹等海鲜、辛辣食物等均可诱发瘙痒。既往是否有引起皮肤瘙痒的相关疾病,如糖尿病、肝肾疾病、寄生虫病、甲状腺功能异常、胆道疾病、肿瘤等。

2. 身体状况　皮肤瘙痒症表现为全身性和局限性。全身性瘙痒症以夜间为重,开始仅有痒感,无任何原发皮疹,由于搔抓出现条状或点状抓痕、血痂、色素沉着,致皮肤肥厚,可继发感染,如毛囊炎、疖肿等;局限性瘙痒症常发生在小腿、阴囊、外阴、肛门周围,局部仅自觉瘙痒,并无皮疹,日久可致皮肤增厚、湿疹样改变。重点检查皮肤的完整性、皮肤弹性、是否干燥、有无皮疹和溃疡、有无出血和抓痕等。

3. 心理-社会状况　剧烈皮肤瘙痒可使老年人烦躁不安、食欲减退、睡眠不佳、精神忧郁等,并随情绪好坏加重或减轻。皮肤瘙痒症会影响老年人的社会交往。

4. 辅助检查　全身性瘙痒症要注意检查血糖及甲状腺功能,判断有无糖尿病、甲状腺功能减退等疾病。

【常见护理诊断/问题】

1. 有皮肤完整性受损的危险　与瘙痒抓挠损伤皮肤有关。

2. 舒适的改变　与老年人皮肤瘙痒有关。

3. 焦虑　与皮肤瘙痒影响夜间睡眠质量及日常生活等有关。

4. 知识缺乏:缺乏对自身原有疾病的了解和保护皮肤及防止皮肤瘙痒的知识。

【护理目标】

1. 皮肤完整,没有抓挠导致的损伤。

2. 瘙痒症状减轻或消失、身体舒适、能正常生活及睡眠。

3. 焦虑缓解,能正确认识疾病。

4. 熟悉疾病相关知识及皮肤保护措施。

【护理措施】

1. 皮肤护理　保持皮肤完整性,预防皮肤继发感染,协助老年人剪短指甲,尽量避免搔抓,瘙痒难忍时用指腹按摩代替搔抓或用冷水湿敷;减少洗澡次数,沐浴时间不宜过长,合理调节水温,减少清洁剂、香皂的使用,浴后涂擦护肤霜或润肤油,改善皮肤干燥情况,缓解瘙痒症状;鼓励老人养成定时喝水的习惯,及时补充皮肤水分。

2. 用药护理　可使用低浓度类固醇霜剂涂擦皮肤,适当服用抗组胺类药物及温和的镇静剂以减轻瘙痒,防止皮肤继发性损害。

3. 心理护理　与老人共同分析瘙痒发生的可能原因,帮助其树立战胜疾病的信心。讲解和示范转移瘙痒的技巧和方法。如:①按摩疗法;②松弛疗法,听音乐、看电视、参加游戏活动等分散和转移注意力;③呼吸放松法,呼吸放松训练对病人减轻焦虑、控制瘙痒有良好作用;④皮肤刺激法,在不影响血运情况下,轻轻拍打瘙痒部位。

4. 饮食护理　老年人饮食宜清淡,多吃富含维生素的食物,少吃辛辣刺激性食物,戒烟、限酒,以免加重皮肤瘙痒;禁食海产品,鱼、虾、蟹等是皮肤瘙痒的过敏原,易使皮肤血管周围的活性物质释放出来,加重皮肤瘙痒;低脂饮食,减少皮肤油脂负担,从而减少皮肤表面毛孔发生堵塞的机会;低糖饮食,减少因高血糖刺激皮肤加重瘙痒。

5. 健康教育　向老年人及家属介绍皮肤瘙痒症的相关知识,治疗原发疾病如糖尿病、肝肾疾病等。保持环境适宜的温度和湿度,减少皮肤水分蒸发。养成良好的生活习惯,合理休息,劳逸结合,保证睡眠;加强体育锻炼,增强机体免疫力;保持积极乐观的心态,积极配合治疗。

【护理评价】

1. 老年人的皮肤是否完整。

2. 老年人的瘙痒症状是否减轻或消失。

3. 老年人的焦虑是否缓解,是否能正确客观认识疾病。

4. 老年人是否熟悉疾病相关知识及皮肤保护措施。

第三节　老年人饮食与排泄的护理

一、老年人的营养需求

科学合理的饮食是维护生命的基本需要,是恢复和促进健康的基本手段。老年人的饮食应注意营养素种类齐全、数量合适、比例恰当、烹调合理。平衡膳食已经成为老年人日常生活护理中的重要课题之一。

(一)营养素种类

1. 能量(热能)　由于老年人户外活动及运动量减少,基础代谢率降低,热能消耗减少,对能量的需求也减少,适当限制老年人总能量摄入是有益的。老年人应避免摄入过多热能而导致身体肥胖诱发疾病。热能的来源主要是脂肪、碳水化合物和蛋白质。

2. 糖类(碳水化合物)　因为老年人的胰岛素对血糖的调节作用减弱,导致对糖的耐受能力减退,所以老年人糖类的供给应适当调整。一般糖类供给能量占总热能供应的

50%～65%。老年人糖类的摄入来源以杂粮为宜,如谷类、薯类等。

3. 蛋白质　老年人以分解代谢为主,对蛋白质的吸收利用率降低,体内蛋白质的储备减少,所以应为老年人提供丰富易吸收的蛋白质,摄入的量以 55～65g/d 为宜。蛋白质供给能量占总热能的 10%～20%,优质蛋白质应占摄入蛋白质总量的 50% 以上,如鱼、虾、瘦肉、牛奶、蛋、禽、豆类等。

4. 脂肪　老年人体内的脂肪组织随着年龄增加而增多,加上老年人的胆汁分泌减少,脂酶活性降低,对脂肪的消化和利用减慢。因此,膳食中摄入过多脂肪会加重消化系统的负担,损害心血管系统。脂肪的供给能量占总热能的 20%～30%,尽量以富含不饱和脂肪酸的植物油为主,例如菜籽油、芝麻油、橄榄油、亚麻油等。同时还应减少胆固醇的摄入,含胆固醇高的食物有动物内脏、脑、奶油和蛋黄等。摄入的量以每天 25g 为宜。

5. 维生素和膳食纤维　一般老年人每天食用 3～5 种蔬菜、500g 薯类、100g 水果能满足对多种维生素和膳食纤维的需要。

（1）维生素:在维持身体健康、调节生理功能、延缓衰老过程中有着重要的作用。富含维生素 A、维生素 B、维生素 C 的饮食,可增强机体的抵抗力,特别是 B 族维生素有助于增加老年人的食欲。水果和蔬菜中含有丰富的维生素,应增加水果和蔬菜的摄入。

（2）膳食纤维:虽然不被人体所吸收,但有助于排便、吸附有毒物质、促进胆固醇代谢、预防心血管疾病、降低餐后血糖、减少热能摄入过多等。

6. 水和电解质

（1）水:是人体重要的组成成分,人体的含水量会随着年龄的增长而减少,70 岁比 25 岁时减少约 30%。缺水可导致口渴、皮肤干燥、尿少、大便干燥、血液黏稠、消化液减少等,严重时会发生水电解质紊乱;饮水过多会导致肾脏功能负担过重,通常老年人每天的饮水量 1 200～1 500ml,以白开水和淡茶水为宜。正确的饮水方法是主动少量多次饮水,每次 50～100ml,清晨一杯温开水,睡前 1～2h 一杯温开水。

（2）电解质:主要包括钙、铁、钠、钾等。钠的摄入量和高血压呈正相关,老年人每天的食盐(钠盐)摄入量 <6g;冠心病、高血压病人应 <5g。老年人钙与铁的消化吸收能力下降,容易患骨质疏松症、缺铁性贫血等疾病,应加强食物中钙和铁的供应。含钙高的食物有乳类、海产品、豆类、芹菜、油菜、紫皮洋葱、黑木耳、芝麻等;含铁高的食物有动物血、动物肝脏、瘦肉、禽、鱼等。老年人钙的摄入量 1 000mg/d;铁的摄入量 12mg/d。在饮食均衡的情况下不需要另外补充,但如果老年人消化吸收功能障碍或者其他疾病原因,则需要补充钙剂或铁剂,水剂钙较片剂钙容易吸收,补钙的同时需要补充维生素 D,以促进钙的吸收和利用。

（二）老年人营养代谢特点

其一是基础代谢率降低。从 20～90 岁,随着年龄增加,每增加 10 岁,基础代谢率下降 2%～3%,60 岁以上老人的基础代谢率为青年时期的 90%。其二是能量利用率下降。总体来讲,老年人的能量消耗是下降的。

（三）影响老年人营养摄入的因素

1. 生理因素　随着年龄的增加，味觉和嗅觉下降，老年人的口味变重；牙齿松动或缺失、咀嚼肌群的肌力下降，限制了老年人对食物的摄入和利用；唾液分泌减少、吞咽功能减弱等，影响老年人进食，甚至导致误咽或窒息；消化液分泌减少，消化吸收功能降低，导致老年人不能有效地吸收利用食物，尤其是当摄入大量的蛋白质和脂类时，容易腹泻；老年人易发生便秘，便秘除了引起腹部胀满，还可以使食欲低下，直接影响营养的摄入。

2. 心理-社会因素　老年人生活圈子窄，沟通较少，容易孤独寂寞。生活欲望低下、精神障碍的老年人，食欲也会有不同程度的减退。社会地位、经济实力、生活环境以及价值观等因素影响老年人的食欲；独居、高龄等因素也会影响老年人的食欲。

二、老年人的饮食护理

（一）饮食原则

1. 合理选择食物　食物的选择应根据老年人的生理特点，食物种类应多样化、营养丰富、食量适宜，食物宜荤素搭配，以素为主；粗细搭配，多食粗粮；干稀搭配，混合食用；生熟搭配，适量生食。摄食应做到"三高一低四少"，即高蛋白、高维生素、高纤维素，低脂，少盐、少油、少糖、少辛辣调味品。

2. 食物温度适宜　老年人的食管对食物温度的耐受性较弱，宜食用温热食物，不宜过烫，两餐之间加热饮料。

3. 食物易消化吸收　老年人的消化功能减弱，牙齿松动、咀嚼功能下降，直接影响了食物的消化和吸收，故老年人的饮食宜松、软、细；勿油腻、黏稠，少油炸。

4. 食量分配合理　老年人应注意控制体重，限制热量的摄入，三餐提倡"早餐吃好、午餐吃饱、晚餐吃少"的原则；根据老年人的生理特点，少食多餐，勿暴食、暴饮；两餐之间可加点心。

（二）饮食护理

1. 一般护理　环境整洁，通风良好，进餐前应摆放好桌布和饭菜，介绍食品，以增加老年人的食欲；老年人选择适宜的体位，进餐时最好坐位，协助老年人系好围裙，餐前可漱口，使口腔湿润，增加食欲。

2. 特殊护理

（1）轻度功能障碍的老年人：通过特殊餐具，比如床上餐桌（图4-5）或带吸盘的碗勺（图4-6）来维持老年人自己进食的能力。

（2）不能自行进食的老年人：需要喂食，尊重老年人的生活习惯，注意喂食速度。

（3）视力障碍的老年人：需先介绍餐桌上的食品种类和位置，帮助老年人用手触及具体位置以便确认，尤其要注意提示汤和茶水的位置以免发生意外，将鱼刺等坚硬食物剔除干净后再让老年人食用。

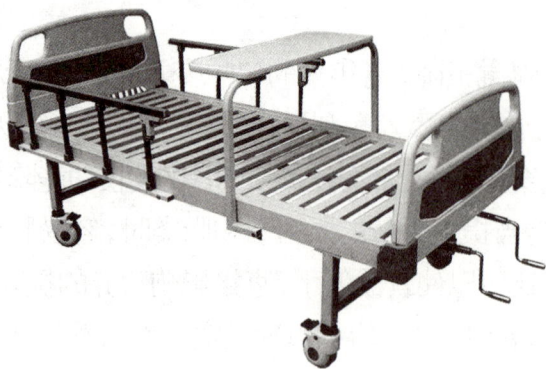

图 4-5　床上餐桌

图 4-6　带吸盘的碗勺

（4）吞咽功能低下和卧床的老年人：通常采用坐位或半坐位进食，以防止误咽。

（5）偏瘫的老年人：侧卧位进食，最好是健侧卧位。

边学边练

实训 3：帮助老年人进食的护理

三、老年人吞咽障碍的护理

吞咽障碍是指食物或液体从口腔到胃运送过程发生障碍，常有咽部、胸骨后或食管部位梗阻停滞感觉，是常见的老年综合征之一。吞咽活动分为口腔准备期、口腔期、咽期、食管期四个时期，任何一个阶段发生障碍都会导致吞咽运动受阻，进食困难。

国内研究显示，养老机构老年人吞咽障碍的发生率为 32.5%。居家老年人吞咽障碍的发生率为 10.63%；年龄≥80 岁、抑郁是吞咽障碍发生的危险因素，健康状况良好是吞咽障碍的保护因素。因此要加强对吞咽障碍的评估及干预，提高老年人群生活质量。

【护理评估】

1. 健康史

（1）一般资料：收集老年人的年龄、性别、文化背景等基本信息。

（2）口腔功能评估：观察舌运动、吞咽、呕吐反射、牙齿状态、知觉、味觉等。同时了解口腔保健情况。

（3）影响吞咽障碍的因素：衰老、疾病（如脑卒中、阿尔茨海默病、食管肿瘤、糖尿病等）、侵入性操作（如气管插管、气管切开）、镇静催眠药等均可使病人吞咽障碍的发生率增加。

（4）吞咽功能评估：对入院后所有老年病人，可采用唾液吞咽实验、内镜吞咽检查、洼田饮水试验等进行评估。特别是高龄、认知障碍、神经系统疾病者、自理能力下降者、口腔干燥者等。

（5）进食评估：摄食过程评估，评估咀嚼运动、吞送过程、口腔内残留情况等，留意有无胸口憋闷、食物反流等，并观察有无不良进食习惯。

（6）营养评估：可以使用简易营养筛查量表、体重指数（BMI）、监测生化指标（如白蛋白、水电解质、葡萄糖代谢等）进行评估。

（7）其他功能状态评估：注意有无体力、呼吸状态、脱水等方面的问题，确认病人是否属于适合摄食的状态；确认病人意识水平，观察其语言、认知、行为、注意力等，并了解病人有无脑损伤、肿瘤等疾病，可作为选择不同康复手段的参考依据。

（8）评估有无吸入性肺炎：注意观察病人有无发热、呼吸急促、气紧、呼吸困难、意识状态的改变等，及时发现吸入性肺炎相关症状体征。

2. 身体状况　由于吞咽障碍导致呛噎的病人常被误认为心绞痛发作，而延误最佳抢救时机，一定要正确评估、及时判断。呛噎的临床表现大致分为以下三个时期。

（1）早期表现：进食时突然不能说话、欲说无声，大量食物积存于口腔、咽喉前部，面部涨红，并有呛咳反射；如果食物吸入气管，大部分人会感到极度不适，常不自主地一手呈"V"字状紧贴于颈前喉部，并用手指向口腔，呼吸困难，甚至出现窒息的痛苦表情。

（2）中期表现：食物堵塞咽喉部或呛入气管，病人出现胸闷、窒息感，食物不能吐出，两眼发直，两手乱抓。

（3）晚期表现：病人出现满头大汗、面色苍白、口唇发绀、突然摔倒、意识模糊、烦躁不安，则提示食物已误入气管，不及时解除梗阻，可出现大小便失禁、鼻出血、抽搐、昏迷，甚至呼吸心跳停止。

3. 心理-社会状况　注意病人及家庭照顾者是否已出现焦虑和恐惧的心理问题。

4. 辅助检查　可采用吞咽造影、内镜、洼田饮水试验等评估老年人的吞咽功能。

🖐 知识窗

洼田饮水试验

洼田饮水试验是日本学者洼田俊夫提出的评定吞咽障碍的试验方法：让病人端坐，喝下30ml温开水，观察所需时间及呛咳情况。评价有如下五个级别。

1级：5s内能1次顺利将水咽下。

2级：5s内分2次以上将水咽下而无呛咳。

3级：5s内1次咽下，但有呛咳。

4级：5~10s内分2次以上咽下并有呛咳。

5级：10s内不能将水全部咽下并频繁呛咳。

1级为正常，2级为可疑异常，3~5级为异常。

注意事项：专人负责，做饮水试验时不要告诉病人，以免病人紧张，影响试验分级；测试者给病人喂水或告诉家属喂水时，剂量要准确，并根据病人平时呛咳的情况决定喝水的方法，以免给病人造成不适感觉。

【常见护理诊断 / 问题】

1. 气体交换受损　与缺氧有关。

2. 有窒息的危险　与摄食 – 吞咽功能减弱有关。

3. 有急性意识障碍的危险　与窒息有关。

4. 恐惧　与担心窒息而害怕有关。

5. 吞咽障碍　与老化、进食过快、食物过硬或过黏、疾病原因（如脑卒中、阿尔茨海默病）等有关。

6. 知识缺乏：缺乏误吸与呛噎的预防知识和救治方法。

【护理目标】

1. 安全进食，不发生气体交换受损。

2. 没有发生窒息。

3. 没有发生急性意识障碍。

4. 恐惧得以缓解。

5. 减少或避免发生呛噎。

6. 老年人及其家庭照顾者掌握误吸与呛噎的预防知识和救治方法。

【护理措施】

1. 治疗导致吞咽障碍的原发病　积极治疗原发病，可通过生物反馈、吞咽康复训练、营养干预治疗等缓解吞咽障碍。

2. 饮食护理

（1）进食体位：尽量半卧位，或端坐位前倾 15°；如果床上进食，抬高床头 30°～45°；意识障碍者头偏向一侧，防止误吸；进食后不宜立即平卧，需保持体位 30min，防止食物反流。

（2）进食注意事项：进食后 30min 内禁止吸痰；食物以细、碎、软为原则，避免过冷或过热；进餐时注意力集中，避免与老年人交谈、边进食边看电视、催促进食及谈论令人不悦的话题；鼓励老年人在餐厅进食，使用适当餐具，鼓励自我进食，调整进食的一口量及速度，一般先以汤匙的 1/3 试之，然后酌情增加。

（3）突发情况处理：一旦老年人发生呛咳立即停止进食，嘱休息片刻并密切观察；如有剧烈呛咳、呼吸困难等异常情况，立即就地抢救。

3. 现场急救　采用海姆利希手法进行急救。

4. 预防管理　在病区或养老机构中，吞咽障碍老人床头应有相应标识（如"防误吸与呛噎"），加强交班，做好防误吸与呛噎的知识宣教，严重吞咽障碍者施行鼻饲技术。

5. 心理护理　对老年人及家庭照顾者进行防误吸与呛噎的健康宣教，并加强相关指导，缓解焦虑紧张等负性情绪。

6. 健康指导

（1）生活方式：教会老年人正确的饮食习惯、食物制作加工方法（表 4-1）、饮食体位等。

（2）教会老年人及家庭照顾者自救方法和步骤：通常采用海姆利希手法进行自救和互救。

（3）吞咽功能锻炼指导：①面部肌肉锻炼：包括皱眉、鼓腮、露齿、吹哨、龇牙、张口、咂唇等。②舌肌运动锻炼：伸舌，使舌尖在口腔内左右用力顶两颊部，并沿口腔前庭沟做环转运动。③软腭的训练：张口后用压舌板压舌，用冰棉签于软腭上做快速摩擦，以刺激软腭，嘱病人发"啊、喔"声音，使软腭上抬，利于吞咽。

表4-1　吞咽障碍老年人的食物加工制作方法及建议

膳食分类	适合人群	食物描述	适宜食物	不适宜食物
软质饮食	轻度咀嚼障碍的老年人	细软、不散、不黏；食物颗粒≤1.5cm×1.5cm；容易咀嚼，可以用牙龈咀嚼	蒸煮烤易软烂的米面；易煮软的叶菜、薯芋、茄果类；松软的新鲜水果；去刺和骨的鱼虾畜禽肉类；碎软的坚果、豆类及制品；各类乳制品	煎、炸、烤的食物；坚硬、圆形及黏性大、易引起窒息危险的食物；带骨带刺的食物；未经碎软处理的蔬菜、豆类和坚果
半流质饮食	中度咀嚼障碍或轻度吞咽困难的老年人	食物湿润有形状，即使没有牙齿也可用舌头压碎，且容易形成食团，在咽部不会分散开，容易吞咽	蒸煮烤松软的半固体米面；易煮软的叶菜、薯芋类、茄果类；柔软切碎、食物颗粒≤0.6cm×0.6cm的水果；去刺去骨切碎鱼虾肉蛋类；各类乳制品	同软质饮食
糊状饮食	中度吞咽障碍的老年人	食物粉碎成泥状，无需咀嚼，易吞咽；通过咽和食管时易变形且很少在口腔内残留	各类食物蒸煮后，经机械粉碎加工成泥状；质地细腻均匀，稠度适中；不易松散，不分层，不粘牙，能在勺子上保持形状	有颗粒的米面食物和制品；未经粉碎鱼虾肉蛋类、蔬菜、水果、豆类及制品；含有果粒的酸奶

【护理评价】

1. 老年人气体交换受损是否得到缓解。

2. 老年人是否发生窒息。

3. 老年人是否发生急性意识障碍。

4. 老年人的焦虑、恐惧是否得以缓解。

5. 老年人是否减少或避免发生呛噎。

6. 老年人及其家庭照顾者是否掌握误吸与呛噎的预防知识和救治方法。

四、老年人排泄的护理

随着年龄的增长，机体生理功能的退化及慢性疾病的伴随，老年人排泄系统的健康问题严重影响老年人的生活质量。护理人员应根据老年人的病情、自理程度等实施正确的排泄护理，同时对老年人的饮食、排泄、如厕等方面做好健康指导。

老年人应合理安排饮水时间和量。白天适当多饮水；晚上限制饮水量，少喝浓茶、咖啡等刺激性饮料，睡前排空膀胱，减少夜尿的次数以保证睡眠的质量。长期卧床老年人在床上排尿；病情好转后在床边排尿。

老年人排便时宜使用坐便器，卧床老年人如情况允许可床边排便，可使用坐便椅或移动坐便器等，病情重的可在床上使用便器；如有心脑血管疾病的老年人排便时应备硝酸甘油、氧气等急救药品和物品。

（一）老年人尿失禁的护理

尿失禁指因膀胱括约肌损伤或神经功能障碍致使自控排尿能力丧失，尿液不自主地溢出或流出。尿失禁是影响老年人健康的最常见问题之一，发病率与年龄正相关，同时与老年人尿道老化及排尿方式改变有关，严重影响了老年人的生活质量。

【护理评估】

1. 健康史　询问老年人是否有尿频、尿急，咳嗽、打喷嚏，大笑时有无尿液滴出；是否身体虚弱、活动障碍；有无抑郁；是否有泌尿系统感染、前列腺增生、尿道狭窄、脑卒中等；是否使用易致尿失禁的药物。对女性老年人还要询问既往分娩史、有无阴道手术史。

2. 身体状况　尿道周围皮肤潮湿、瘙痒；会阴部皮肤可有红肿、发炎、破溃现象，易发生压疮。

3. 心理－社会状况　尿失禁造成的身体异味、反复尿路感染及皮肤糜烂等，容易给老年人及其家庭带来经济和精神负担，导致老年人出现心理问题。

4. 辅助检查　根据情况选择相应的辅助检查，包括尿常规、膀胱镜、B超、尿液动力学检查等，进一步明确病因。

【常见护理诊断／问题】

1. 压力性尿失禁　与雌激素水平下降、盆底肌群功能减弱有关。

2. 有皮肤完整性受损的危险　与尿液长期刺激局部皮肤有关。

3. 知识缺乏：缺乏尿失禁的相关知识。

4. 社交障碍　与尿失禁产生异味、尿频引起出行不方便有关。

【护理目标】

1. 能够控制或者改善尿失禁症状。

2. 保持皮肤完整干燥,涂润肤油保护皮肤。

3. 熟悉尿失禁的相关知识,熟练使用相关护理用具。

4. 自信乐观,无社交障碍。

【护理措施】

1. 良好的排尿环境　老年人的卧室应安排在距卫生间近的地方,最好安坐便器,旁边应有扶手。长期卧床老人在床上排尿;病情好转后在床边排尿。

2. 皮肤护理　注意观察老年人会阴部的皮肤有无红肿、溃疡以防压疮的形成,随时保持会阴部的清洁和干爽,必要时局部涂抹润肤油以保护皮肤。尿失禁的老年人应慎用留置导尿,病情需要时可短期使用。

3. 心理护理　照护人员应尊重、理解老年人,用心倾听,接纳并疏导老年人的不良情绪,缓解压力。

4. 护理用具的使用

(1)尿壶:对神志清楚的老年人可用尿壶接尿,用后及时倾倒干净,并冲洗尿壶以备下次使用。

(2)纸尿裤:能够有效地处理尿失禁,注意每次更换纸尿裤时应用温水清洗会阴和臀部。

(3)一次性导尿管和密闭式集尿袋:适用于尿失禁、尿潴留和躁动不安的老年人,需要定时消毒、更换尿管,定时更换集尿袋,以免长期使用致使泌尿系统感染,同时影响膀胱自主反射性排尿功能,尽量缩短留管时间,留置导尿管时应注意严格无菌操作。

5. 药物指导　了解药物的治疗作用和副作用,指导老年人遵医嘱正确用药。

6. 饮食指导　多食用高蛋白、高维生素、高纤维素、清淡易消化的食物。合理安排饮水时间和量。

7. 康复指导

(1)膀胱功能训练:鼓励老年人定时有规律地排尿。

(2)盆底肌肉训练(又称凯格尔运动):具体做法是先夹紧肛门与尿道口肌肉,夹紧5～10s,然后放松5～10s,就这样夹紧－放松,重复做10次,每天至少做3次,每次反复做15～30min。当方法正确时,阴道和肛门有上提的感觉。

🖐️⚙️ **知识窗**

凯格尔运动

凯格尔运动,又称为骨盆运动,于1948年被美国的阿诺·凯格尔医师公布,由重复缩放的骨盆肌肉(俗称"凯格尔肌肉")进行,包括中断尿流和缩肛、停止排便等动作,以增强耻骨尾骨肌功能。凯格尔运动常被用来降低妇女的产后尿失禁以及减少男性的早泄问题。

【护理评价】

1. 老年人是否控制或者改善尿失禁症状。

2. 老年人的皮肤是否保持完整干燥、是否涂润滑油保护皮肤。

3. 老年人是否熟悉尿失禁的相关知识,是否熟练使用相关护理用具。

4. 老年人是否自信乐观,无社交障碍。

（二）老年人便秘的护理

便秘指排便困难,粪便干结,排便次数每周少于三次,便后无舒畅感。便秘是老年人常见的症状之一,约占老年人群的 30%,长期卧床的老年人便秘发生率可达老年人群的80%。老年人便秘的常见原因有生理因素、不良生活习惯、心理社会因素等,便秘可导致局部及全身不适,甚至还可引起心血管系统、消化系统等疾病,直接威胁着老年人的生活质量。

【护理评估】

1. 健康史　询问老年人最近一次排便的时间、次数、性状、有无伴随症状;日常饮食量、种类、饮水量、活动、运动情况;是否患有可能导致便秘的疾病,如肠道疾病、神经性疾病、内分泌疾病等;是否正在服用易导致便秘的药物,如镇痛药、麻醉药、抗胆碱能药等;有无精神抑郁等。

2. 身体状况　可表现为左下腹胀痛,排便不畅。严重者可发生头晕、乏力、食欲差、恶心、口臭、精神淡漠等自体中毒的毒血症症状。左下腹可扪及粪块或肠型痉挛。直肠指检排除直肠、肛门的疾病。

3. 心理－社会状况　老年人由于长期便秘,焦虑不安、精神紧张、恐惧,进一步加重便秘的发生。

4. 辅助检查　纤维结直肠镜、钡剂灌肠等。

【常见护理诊断／问题】

1. 便秘　与生活习惯和生活环境改变、肠蠕动减少、药物的副作用等有关。

2. 舒适的改变　与排便困难、便后无舒适感有关。

3. 焦虑　与长期便秘有关。

4. 知识缺乏:缺乏预防便秘的相关知识。

【护理目标】

1. 排便次数增加,大便性状正常,便秘症状减轻。

2. 舒适度增加。

3. 焦虑缓解,能正确认识疾病。

4. 熟悉预防便秘的相关知识。

【护理措施】

1. 饮食护理　饮食规律,调整膳食结构,保持一定的食物量,粗细荤素搭配,多食水果蔬菜,增加膳食纤维,避免摄入辛辣、难以消化的食物。通常便秘老年人每天的饮水量应在 2 000～2 500ml。晨起空腹饮一杯温开水刺激肠蠕动。

2. 排便护理　为老年人创造隐秘的排便环境,床单位设置屏风等遮挡,满足老年人的私人空间需求。身体虚弱者可选择移动坐便椅(图 4-7);卧床者可使用带便器的床(图 4-8),同时训练床上排便,建立定时排便的习惯。如有心脑血管疾病的老年人排便时应备硝酸甘油、氧气等急救药品和物品。

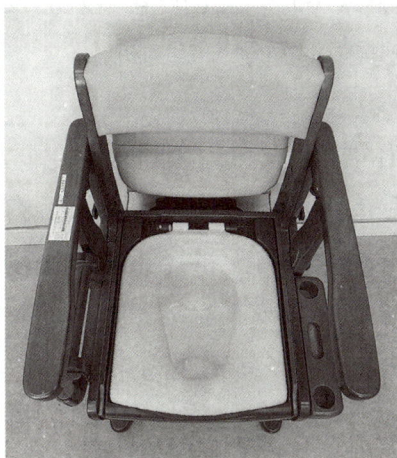

图 4-7　移动坐便椅

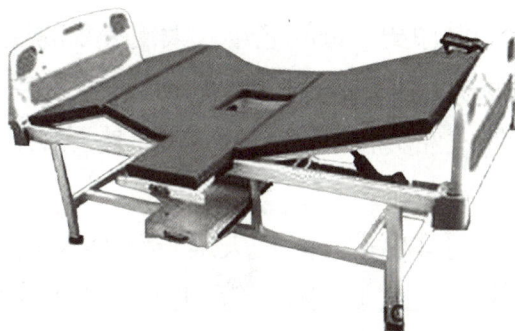

图 4-8　带便器的床

3. 用药护理　常用的泻药有容积型、润滑型、渗透型和刺激型 4 种,老年人尽量避免使用泻药,必要时遵医嘱使用。使用时以小量少次为原则,以减少老年人对药物的依赖性;对泻药的敏感性有个体差异,不可在服用泻药时,短期内未见排便而继续追加剂量;口服刺激性强的泻药容易导致腹泻和电解质紊乱;润滑型泻药可影响脂溶性维生素的吸收,不宜长期服用;用药过程中严密观察老年人的反应。此外,还可以使用灌肠法通便,无效时可采用人工取便法。

4. 心理护理　长期便秘的老年人易出现紧张、焦虑甚至恐惧心理,因此应给予鼓励、安慰,以消除排便的紧张情绪。同时为老年人提供隐蔽舒适的排便环境,当老年人排便时勿催促,以免加重紧张心理。

5. 健康指导

(1)知识宣教:向老年人介绍引起便秘的原因,提供有效的预防措施。

(2)环境指导:排便环境要清洁无异味、温暖、舒适、安全,便器清洁、勿过凉,体质虚弱的老年人可用坐便椅。

(3)饮食指导:均衡膳食,多食小米、燕麦、玉米、韭菜、芹菜等富含纤维素的食物,多食火龙果、香蕉、苹果、梨等水果,增加饮水量,可饮用温蜂蜜水,少饮咖啡和浓茶。

(4)活动指导:养成定时排便的习惯。鼓励老年人每天坚持锻炼,可以进行散步、慢跑、太极拳等方式,通常每次运动 30～60min 为宜。卧床老年人可通过转动身体、活动四肢来运动。

【护理评价】

1. 老年人便秘是否缓解或消失。

2. 老年人的舒适度是否增加。

3. 老年人焦虑情绪是否得到缓解。

4. 老年人是否能描述便秘的因素及相关知识。

（三）老年人大便失禁的护理

大便失禁指排便不受意识控制,粪便不自主排出的现象。65 岁以上的老年人的发病率是青少年的 5 倍,女性多于男性。大便失禁分为完全失禁和不完全失禁两种。

【护理评估】

1. 健康史　询问老年人大便失禁的性质、程度、每日的排便次数;排便的自控能力;是否有引起排便失控的疾病,如阿尔茨海默病、精神障碍;有无手术、产伤、外伤史,有无各种原发性疾病如肠炎、甲亢等;是否服用可致大便失禁的药物;有无神经系统的病变和损伤。

2. 身体状况　大便失禁表现为不同程度的不自主排便,可伴有粪便污染、溃疡、湿疹、黏膜突出、肛门扩张等,也可并发水电解质紊乱。轻度大便失禁,症状轻微,内裤偶尔有粪便,容易被忽视,应仔细询问。

3. 心理 – 社会状况　大便失禁的老年人,存在羞耻感、意志消沉、孤僻、害怕被发现等负性心理,如不及时防治,则会精神颓废,更加消极。

4. 辅助检查　直肠指诊、生理盐水灌肠试验、直肠镜检等。

【常见护理诊断 / 问题】

1. 排便失禁　与肛门括约肌失常、粪便嵌塞、神经损伤或病变有关。

2. 有皮肤完整性受损的危险　与粪便长期浸渍皮肤有关。

3. 社交障碍　与大便失禁引起的身体异味、自我形象紊乱有关。

【护理目标】

1. 排便失禁得到控制或改善。

2. 保持皮肤完整干燥,没有因为粪便浸湿导致损伤。

3. 自信乐观,无社交障碍。

【护理措施】

1. 护理原则　保持肛周皮肤清洁、无异味,观察病情、积极治疗原发病。

2. 观察病情　注意观察大便的颜色、性状、量,及时采集标本送检,同时观察生命体征的变化,有无脱水及电解质紊乱现象。

3. 皮肤护理　排便后及时清理粪便,保持肛周皮肤干爽清洁,有条件的便后坐浴,肛周皮肤涂氧化锌软膏,以保护局部皮肤;对破溃的皮肤可用烤灯照射局部,每日 2 次,每次20～30min；流淌不止的稀便可使用纸尿裤，勤更换床单和内衣，以免产生异味。

4. 重塑排便习惯　鼓励老年人适度活动，重塑正常的排便反射。具体的做法为：每天坚持按时排便，尽量采用坐姿，根据需要，可为老年人提供辅助器械（如拐杖、轮椅等）和床旁便器协助排便。也可如厕训练，建立良好的排便习惯，有粪便嵌塞者可用人工取便。

5. 饮食护理　宜进食少渣少油，易消化吸收，营养丰富的食物，避免进食粗糙、刺激性强、产气的食物；便秘时适量饮水；严重腹泻者可短期禁食或食用清淡流质饮食，如米汤、果汁等；恢复期进食少渣少油的半流质饮食，如菜泥、细汤面。

6. 心理护理　护理人员应多给老年人尊重、关爱和安慰，帮助老年人树立战胜疾病的信心，消除自卑、焦虑、社交障碍等心理问题。

7. 健康指导　坚持做收腹和肛提肌运动，积极进行相关疾病的健康知识教育。收腹和提肛肌运动：嘱老年人取坐位、立位或卧位，试着做排便动作，先收缩肛门，每次10s，再放松间歇10s，连续20～30次，每日数次，连续做4～6周可改善症状。

【护理评价】

1. 老年人的排便失禁能否控制或者改善症状。

2. 老年人皮肤是否保持完整干燥。

3. 老年人是否自信乐观，无社交障碍。

第四节　老年人休息、睡眠与活动的护理

一、老年人休息与睡眠的护理

老年人需要休息的时间相对较多，应提高休息的质量。充足睡眠，心理放松，生理舒适是有效休息的三个基本前提条件。

（一）老年人休息的特点

休息并不是不活动，而是变换活动方式，老年人需要较多的休息时间。休息方式有多种，如聊天、睡眠、闭目静坐、下棋、看电视、看书等。老年人要注意劳逸结合，掌握自己休息与活动的规律。

（二）老年人睡眠的特点

1. 睡眠时间　老年人睡眠总时间较少，高龄、超高龄老人睡眠时间会增加。60～80岁老年人，就寝时间每天7～8h，睡眠时间6～7h；90岁以上老年人每天睡眠10～12h。

2. 觉醒次数　老年人睡眠时易受声、光、温度等外界因素及自身疾病困扰，容易觉醒，尤其夜间觉醒次数多，导致睡眠断断续续。

3. 睡眠深度　深睡眠减少，浅睡眠增多，睡眠周期减少，大脑未得到充分休息。老年人年纪越大，睡眠越浅。

4. 睡眠习惯　老年人容易早醒，趋向早睡早起的睡眠习惯。

（三）老年人睡眠障碍的护理

睡眠障碍是指睡眠－觉醒过程中各种功能障碍。如睡眠不足、睡眠过度、入睡时间延迟、觉醒时间提前、睡眠浅而易醒、白天嗜睡、睡眠－觉醒周期紊乱以及发生在睡眠时的其他功能障碍。睡眠障碍是老年人常见的症状之一。

【护理评估】

1. 健康史　询问老年人睡眠情况，包括就寝时间、入睡时间、觉醒次数、再次入睡情况、是否打鼾、是否呼吸异常等；有无引起睡眠障碍的社会、心理因素存在等；有无高血压、糖尿病、冠心病、肺气肿等病史；有无服用引起睡眠障碍的药物；有无吸烟、饮酒和喝咖啡的习惯等。

2. 身体状况　老年人睡眠障碍可表现为：长时间（1个月以上）夜间有效睡眠时间缩短，每晚少于6h，白天瞌睡；睡眠浅，夜间觉醒次数增加，醒后感到疲乏，整日精神不振，昏昏欲睡；入睡困难或早醒，睡眠潜伏期大于30min，常感睡眠不佳。

3. 心理－社会状况　睡眠障碍影响一个人的心理状态，使人精神萎靡、情绪低沉、急躁紧张，记忆能力及思维的灵活性减低。

4. 辅助检查　目前国际上诊断各种睡眠障碍疾病的方法为多导睡眠图（PSG）检测。

【常见护理诊断/问题】

1. 睡眠型态紊乱　与焦虑、抑郁、疾病困扰、不适当的刺激因素有关。

2. 焦虑　与入睡困难、正常生活受干扰等因素有关。

【护理目标】

1. 老年人能描述睡眠障碍的原因和促进睡眠的方法。

2. 老年人焦虑减轻。

【护理措施】

1. 一般护理

（1）环境：以安静、舒适、安全、整洁为原则。睡前根据习惯调节房间的光线、温度、湿度，避免噪声等；注意卧具的清洁平整，棉被厚薄适宜，枕头高度合适。

（2）睡前安排：根据习惯做好就寝前的准备，如睡前淋浴、温水泡脚、背部按摩、喝牛奶或热饮料、放松练习等。尽量不用镇静催眠药，必要时应严格遵医嘱用药。

（3）睡眠指导：睡前不宜吃得过饱，饮水过多；不宜喝浓茶和咖啡；不宜从事紧张的脑力劳动和剧烈活动；不宜看情节惊险的电视或小说等。

2. 用药护理　当所有促进睡眠的方法都无效时，可服用镇静催眠药或抗精神病类药物。需要告知老年人遵医嘱服药的重要性，避免私自停药或改变药量，同时应注意观察药物有无宿醉反应和成瘾性。

3. 心理护理

（1）支持性护理：根据老年人的心理特征及影响心理状态的因素，护理人员应指导家庭成员主动参与改善老年人睡眠的工作。

（2）改善人际关系。

（3）帮助老年人转化角色、改变认知。

（4）行为疗法：松弛疗法、自身控制训练、生物反馈疗法等。

4. 积极治疗原发病　老年睡眠障碍常与躯体疾病或精神障碍相伴发生。因此，治疗原发疾病更为重要。

5. 健康指导　护理人员应向老年人讲解睡眠障碍的原因、性质，介绍睡眠的相关知识等。指导老年人建立良好的睡眠习惯，养成良好的行为和生活方式。

【护理评价】

1. 老年人能否得到充分的睡眠。

2. 老年人睡眠改善后焦虑是否得到缓解。

二、老年人活动的护理

活动对维持和促进人体各系统的功能，延缓衰老有着重要的意义，增加活动可使老年人和外界有更多的接触，增加老年人群体的互动，更好地融入社会，能降低老年人心理疾病发生率。

（一）老年人活动能力的评估

适当活动能促进健康，但过度活动会给老年人的健康带来损害。因此，在活动前应对老年人的活动能力给予正确地评估。评估有如下的具体内容。

1. 评估老年人的活动情况　询问过去的活动情况，包括活动项目、习惯以及对活动的态度和相关知识等；比较老年人活动前后的情况，如活动前是否做热身运动，活动后是否缓慢停止等；了解老年人活动耐受力，通过评价心率的变化、疲劳程度、呼吸情况等相关指标来评估老年人的活动能力。

2. 老年人基本的体格检查　检查老年人的身体状况，如骨骼系统、肌力情况、心血管系统、神经系统、呼吸系统、步态的协调能力等。

3. 评估运动环境　评估老年人的运动环境是否便利、安全等。

（二）老年人的活动原则

1. 循序渐进　老年人在活动时，运动强度应由小到大；运动动作应从简单到复杂，动作的幅度应从小到大，时间要逐渐增加。切忌一次性过度运动，以免损伤肌肉和关节，甚至引发心血管疾病。

2. 持之以恒　老年人的活动不必追求锻炼项目的多少，而贵在坚持。在合适的强度基础上，最好坚持每天锻炼 1~2 次，每次 0.5h 左右，每天的活动总时间不应大于 2h，活动量少的老年人，每周不宜少于 3 次，每次 30min 左右，合理安排运动时间。

（三）活动场所与气候

老年人尽可能选择空气新鲜、安静清幽的庭院、公园、湖滨等地进行活动，严寒酷暑、扬沙、雨雪、雾霾天气，建议老年人选择室内活动。

（四）老年人的活动量

通常老年人的活动量应根据个人的身体状况而定，每天活动所消耗的能量，如果在418kJ（100kcal）以上，能够达到强身健体、预防疾病的作用。

（五）老年人的活动强度

老年人应选择强度适宜的活动锻炼身体，如散步、慢跑、跳舞、游泳、太极拳、气功、球类活动等。判断活动强度是否适宜的重要指标是活动后心率（脉率）和自我感觉。

1. 活动后适宜心率判断　活动结束后在 3min 内心率恢复到活动前的水平，则表明活动量需要加大；活动结束后在 3~5min 内恢复到活动前的水平则说明活动适宜；在10min 以上才能恢复者，说明活动强度太大，需要减量。最简易的监测方法是以活动后的心率作为衡量标准，老年人活动后适宜的心率（次/min）= 170－年龄。计算活动时的心率应采用监测 10s 内的心率乘以 6 的方法，不能用直接测量 1min 的办法来计数心率。

2. 自我感觉监测　活动后全身有热感或微汗、感到轻松或稍疲劳、食欲增加、精力旺盛、睡眠良好，则表明活动强度适宜；活动后全身不发热或无汗、脉搏次数不增加或增加不多，则说明活动强度不够；活动时感到疲乏、头晕、胸闷气喘、甚至有心绞痛、心律失常等，则说明活动强度过大，需立即停止活动。

（六）老年人活动的注意事项

1. 活动前　选择宽松舒适的衣服；选择大小合适，底软、有弹性、防滑，鞋帮稍硬的运动鞋。勿喝浓茶和咖啡。饭后不宜立即活动，夏季高温炎热，户外活动要防止中暑；冬季严寒结冰，户外活动要防跌倒、感冒。患有急性疾病、心绞痛、呼吸困难、情绪激动、精神受到刺激应暂停活动锻炼。

2. 活动中　注意防止老年人跌倒。体弱的老年人，如出现胸闷、心慌、气促等不适，应立即就医。

3. 活动后　不宜立即停下、不宜蹲坐休息，要逐渐放松，慢走、做甩手等活动，直到心率降至比静息状态下的心率高 10~15 次/min 为止。勿立即洗澡，以防虚脱。

4. 家务劳动不能代替体育活动锻炼。

（七）特殊老年人活动的护理

老年人常因疾病困扰而导致活动障碍。因此，对各种患病的老年人，都要通过帮助其活动，以维持和增强日常生活的自理能力。

1. 偏瘫老年人的活动　需要借助辅助器械进行活动。助行器种类较多，支撑面积大且具有较好的稳定性，给行走不便的老年人增加了活动的安全性。老年人可利用助行器进行下肢的功能锻炼。一种带座助行器（图 4-9），适用能行走，但易疲劳的老年人；另一种可折叠助行器（图 4-10），适用于可站立但不能行走的老年人，能帮助训练老年人的行走能力，或者帮助不能行走的老年人站立。手杖（图 4-11）适用于偏瘫或单侧下肢瘫痪的老年人，肘杖（图 4-12）和腋杖（图 4-13）适用于下肢无力或截瘫老人。

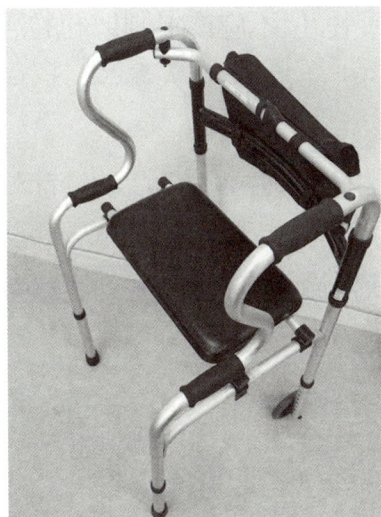

图 4-9　带座助行器

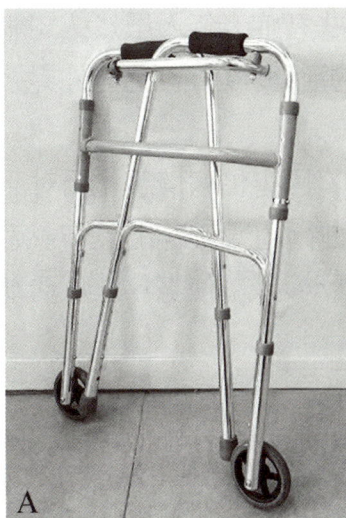

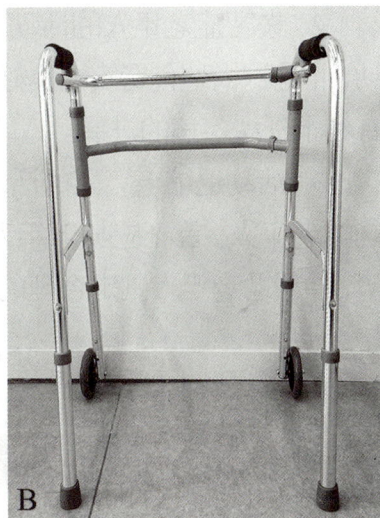

图 4-10　可折叠助行器

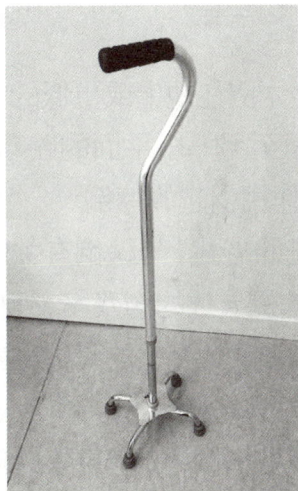

图 4-11　手杖

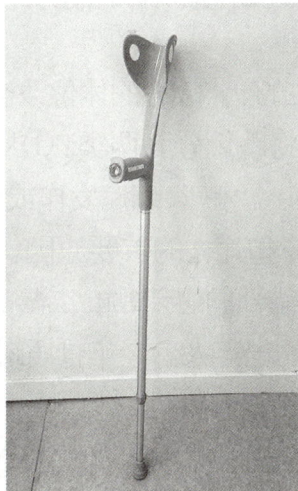

图 4-12　肘杖

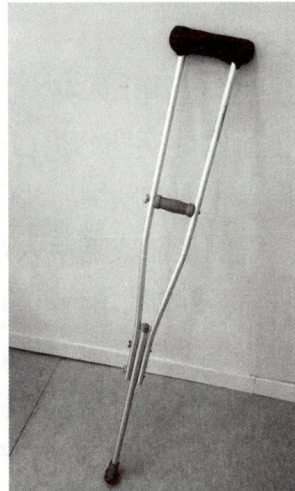

图 4-13　腋杖

拐杖(腋杖)步行及上下台阶方法

四点法:先向前移动患侧拐杖,迈健肢;再向前移动健侧拐杖,迈患肢;反复进行。

三点法:双拐同向前,先迈患肢,后迈健肢。适用于患肢不能负重的情况。

两点法:向前移动患拐的同时迈健肢;移动健拐的同时迈患肢;反复进行。

上台阶:身体靠近台阶,双臂用力撑拐,健肢迈上台阶用力伸直,身体前倾;然后患肢和双拐同时移到台阶上;反复进行。

下台阶:双拐平行放到下一台阶;患肢前移,双臂用力撑起;健肢屈曲移到下一台阶;双拐下移;反复进行。

2. 失智症老年人的活动　失智症老年人虽然认知能力低下,但不应该限制他们的活动,而是积极地创造安全良好的活动环境,创造与外界接触的机会,让老年人参与。这样有利于延缓疾病的进展。

3. 活动退缩老年人的活动　因害怕病情恶化而对活动退缩,不愿意参加活动。针对这类老年人,首先应与老年人进行沟通,说明活动对疾病的影响,提升老年人的活动欲望,并帮助老年人制定合理的活动计划,使老年人从活动中获得愉快感,从而主动愿意参与活动。

边学边练

实训5:老年人助行器的使用与指导

三、老年人跌倒的护理

跌倒是指个体突发的、不自主的、非故意的体位改变,导致个体倒在地上或更低的平面上。国际疾病分类(ICD-10)将跌倒分为两类:①从一个平面至另一个平面的跌落。②同一平面的跌倒。跌倒不包括由于瘫痪、癫痫发作或外界暴力作用引起的摔倒。

跌倒是造成老年人残疾、残障和死亡的首要原因。身体机能的老化,与跌倒有关的慢性病、药物使用等危险因素随年龄增加而增加,高龄老年人因跌倒导致的伤残率、死亡率等指标都显著高于其他年龄段的老年人。老年骨质疏松症会增加跌倒相关的骨折发生率,尤其是跌倒导致的髋部骨折。

因此,应当将高龄老年人作为跌倒健康教育的重点人群。多数情况下,老年人跌倒潜在危险因素是可预知的,可通过积极评估和干预进行跌倒预防并减轻损伤。

【护理评估】

跌倒后护理评估应尽早进行,及时了解其损伤程度及原因。

1. 健康史

(1)一般资料:跌倒者的年龄、性别、文化背景等基本信息。有研究报道,跌倒在老年女性中的发生率和死亡率更高,与女性身体机能较差、骨质疏松及干家务活关系密切。

(2)跌倒原因

1)内在风险因素

①生理因素:中枢神经系统,老年人的智力、肌力、反应能力及协同运动能力降低,步态不稳,使跌倒的风险加大;感觉系统,老年人的视力、听力、平衡能力降低,使跌倒的危险性增加;骨骼肌肉系统,老年人骨骼、关节、韧带及肌肉结构和功能退化易导致跌倒。

②病理因素:神经系统疾病,脑卒中、帕金森等;心血管疾病,直立性低血压、脑供血不足等;感觉系统疾病,白内障、青光眼等;运动系统疾病,骨质疏松症、风湿性关节疾

病；心理及认知因素，阿尔茨海默病、抑郁症；其他，如晕厥、眩晕、血氧饱和度下降、贫血、尿频、尿急、尿失禁等。

③药物因素：精神类药物，抗抑郁药、抗惊厥药、抗焦虑药等；心血管药物，降压药、利尿剂及血管扩张药；其他，如降糖药、镇静催眠药、非甾体抗炎药物等。同时服用多种药物会大大增加跌倒的发生率。

④心理因素：抑郁、焦虑、害怕跌倒使老年人活动能力降低，影响步态和平衡能力，增加跌倒风险；沮丧会削弱注意力，导致老年人对环境危险因素的感知和反应能力下降。

2）外在风险因素

①环境因素：占跌倒危险因素的30%～50%。室内环境，如昏暗的灯光、湿滑、不平坦的地面、障碍物、不合适的家具高度和摆放位置、楼梯台阶、卫生间没有扶栏及把手等；户外环境，雨雪天气、拥挤等。如居住环境改变、不合适的穿着和行走辅助工具等。

②社会因素：老年人的教育和收入水平、卫生保健水平、室外环境的安全设计，以及老年人是否独居、与社会的交往等都会影响其跌倒的发生。

概括起来跌倒主要有以下八大风险因素：头晕、眩晕、视力障碍；肌力、平衡及步态异常；直立性低血压；大小便失禁、紧急频繁的排泄；使用高跌倒风险的药物（镇痛药、抗惊厥药、降压利尿药、催眠药、泻药、镇静剂和精神类药物）；有跌倒史；携带导管；认知功能受损。

（3）既往史：了解老年人是否有跌倒史、有无惧怕跌倒的心理；既往疾病及用药等是否与跌倒有关。

（4）评估跌倒风险分级：先使用跌倒风险临床判断法（表4-2）进行评估。判断为跌倒低风险、中风险和高风险。该方法内容简洁、方便测评。当不符合跌倒风险临床判断法任何条目时，再使用Morse跌倒风险评估量表（量表11），根据分值评估跌倒的风险分级。

表4-2 跌倒风险临床判断法

跌倒风险等级	病人情况
跌倒低风险	昏迷或完全瘫痪
跌倒中风险	存在以下情况之一： 1. 过去24h内曾有手术镇静史 2. 使用2种及以上高跌倒风险药物
跌倒高风险	存在以下情况之一： 1. 年龄≥80岁 2. 住院前6个月内有2次及以上跌倒经历，或此次住院期间有跌倒经历 3. 存在步态不稳、下肢关节和（或）肌肉疼痛、视力障碍等 4. 6h内使用过镇静镇痛、安眠药物

2. 身体状况

（1）跌倒现场状况：主要包括跌倒环境、性质、跌倒时着地部位、能否独立站起、现场诊疗情况、其他人员看到的跌倒相关情况等。

（2）跌倒后身体状况：主要检查是否出现与跌倒相关的受伤。老年人跌倒后容易并发多种损伤，需要重点检查着地部位、受伤部位、有无软组织损伤、骨折；检查外伤及骨折的严重程度，同时进行头部、胸腹部、四肢等的全面检查；观察生命体征、意识状态，检查听觉、视觉、神经功能等。

3. 心理 - 社会状况　害怕再次跌倒使老年人外出活动减少，功能进一步减退，既增加了再跌倒的风险，又使老年人产生孤独、恐惧、无助等负性情绪，降低了生命质量。

4. 辅助检查　X线、CT等。

【常见护理诊断/问题】

1. 有受伤的危险　与跌倒有关。

2. 疼痛　与跌倒后软组织损伤/骨折损伤有关。

3. 恐惧　与害怕再跌倒有关。

4. 躯体活动障碍　与跌倒后软组织损伤/骨折有关。

【护理目标】

1. 不发生跌倒，或者跌倒后能得到正确有效的处理。

2. 疼痛减轻。

3. 避免跌倒，减轻或消除恐惧心理。

4. 老年人降低的活动能力得到恢复或改善。

【护理措施】

1. 紧急处理　老年人跌倒后，不要急于扶起，根据情况进行现场处理。

（1）确认伤情：①判断意识，意识不清者，立即抢救。呕吐者，将头偏向一侧，清理口、鼻腔分泌物，保持呼吸道通畅，必要时行胸外心脏按压；意识清醒者，询问老年人跌倒情况及对跌倒过程是否有记忆，如不能记起，提示可能为晕厥或脑血管意外，需要行CT、磁共振等检查确认。②检查是否有口角歪斜、言语不利、手脚无力等，如有提示可能为脑卒中。③检查有无骨折，查看有无肢体疼痛、畸形、感觉异常及大小便失禁等，适当处置（详见《外科护理》中相关内容）。

（2）相关处理：有外伤、出血者，立即止血、包扎并进一步观察处理。如需搬运应保证平稳，尽量保持平卧姿势。如果老年人试图自行站起，可协助其缓慢起立，坐位或者卧位休息，确认无碍后方可放手，并继续观察。

2. 一般护理

（1）病情观察：严密观察生命体征、意识、瞳孔大小及对光反射，有无口齿不清，警惕内出血及休克征象、颅脑损伤等。

（2）跌倒后的长期护理：①生活护理：根据老年人的日常生活活动能力，提供相应的基础护理，满足其日常生活需求。②预防并发症：做好相关防护，预防压力性损伤、肺部感染、尿路感染等并发症。③功能锻炼：指导并协助老年人进行相应的功能锻炼，预防失用性综合征。

3. 心理护理　重点人群是发生过跌倒的老年人。要设法唤起他们的积极情绪，并共同制订针对性的预防再跌倒措施，以减轻或消除恐惧心理。

4. 健康指导　跌倒的健康指导，重点在于预防再跌倒的发生。

（1）预防再跌倒的措施

1）防止跌倒：查找跌倒危险因素，评估跌倒风险，加强防跌倒知识和技能宣教，提高防跌倒意识，制订防治措施。跌倒预防措施包括风险程度及风险因素两大类（表4-3、表4-4）。

2）合理运动：适合老年人的运动包括太极拳、散步、慢跑、游泳、平衡操等。

3）正确用药：指导老年人按医嘱正确服药，了解药物的副作用，注意用药后的反应。

4）使用保护器具：合理使用助行器具、视力补偿设施、助听器等。

5）改变不良环境：①合适的楼梯、阶梯宽度以及日用品易于取放是预防多次跌倒的重要因素。②安装感应灯具，保持室内明亮。③保持地面干燥、平坦、整洁。④家具简洁、适用，沿墙摆放，边缘钝性。

表4-3　老年病人跌倒风险程度与预防措施

风险程度	预防措施
跌倒低风险（A）	1. 床边、就餐区、卫生间、盥洗间等跌倒高危区域及腕带上放置防跌倒警示标识 2. 日常用物、呼叫铃放在方便取用位置 3. 宜减少跌倒风险的因素，如协助肌力、平衡及步态功能训练改善步态不稳 4. 使用带轮子的床、轮椅等器具时，静态时应锁定轮锁，转运时应使用安全带或护栏
跌倒中风险（B）	1. 执行A的预防措施 2. 执行护理分级规定，确定病人需要照护的程度，按要求提供护理 3. 告知病人离床活动时应有他人陪同
跌倒高风险（C）	1. 执行A+B的预防措施 2. 专人24h看护，保持病人在家庭照顾者的视线范围内 3. 应每班床边交接跌倒风险因素及跌倒预防措施的执行情况

表 4-4　老年病人跌倒风险因素与预防措施

风险因素	预防措施
直立性低血压	1. 指导病人体位转换时速度缓慢，避免弯腰后突然站起，减少弯腰动作及弯腰程度 2. 指导病人卧位转为站位时，遵循"三部曲"，即平躺 30s、坐起 30s、站立 30s 再行走 3. 指导病人睡眠时抬高床头 10°～30°，以舒适为宜 4. 指导病人淋浴时水温以 37～40℃为宜 5. 对病人有计划进行有氧耐力训练，站立时可行间歇踮脚尖或双下肢交替负重训练 6. 协助下肢静脉曲张或静脉回流差的病人穿弹力袜、紧身裤或使用绷带等 7. 指导病人一旦发生直立性低血压，或体位改变、外出行走出现头晕、肢体无力等不适症状时，应立即就近坐下或搀扶平躺休息；指导陪同人员按摩四肢并立即呼救
头晕、眩晕	1. 将头晕、眩晕引起跌倒的可能性提前告知病人和／或家庭照顾者 2. 鼓励病人记录头晕、眩晕病史日记 3. 评估头晕及眩晕感受、诱发因素、持续时间和强度、性质、相关症状、缓解方法 4. 指导病人头晕及眩晕时及时蹲下或扶靠牢固稳定物体 5. 鼓励病人和（或）家庭照顾者参加由康复医师实施的前庭疗法
视力障碍	1. 如有不同用途的两副以上眼镜，应贴上相应的标签 2. 指导因视力减弱、曾有跌倒史或跌倒风险的病人使用单光眼镜 3. 护理偏盲病人时，宜站在盲侧，并通过声音等增强病人对空间、位置的感知 4. 发现病人存在尚未诊断的视力问题时，应报告医师
肌力、平衡及步态异常	1. 观察和询问病人在行走或平衡方面遇到的问题 2. 鼓励病人参加由康复医师制订的肌力、平衡及步态训练计划，并督促实施 3. 指导病人正确使用助行器等保护性器具 4. 严重骨质疏松、髋关节骨折的病人，可协助佩戴髋部保护器

风险因素	预防措施
大小便失禁、紧急频繁的排泄	1. 将病人安置在离厕所较近的区域，或在床旁提供洗漱和如厕的替代设施 2. 观察、识别病人大 / 小便失禁的原因 3. 对病人进行大小便自控能力训练 4. 制定如厕计划，对频繁如厕的病人，可使用大 / 小便失禁护理裤、护理床等
使用高跌倒风险的药物	1. 识别并明确告知病人和 / 或家庭照顾者可能增加跌倒风险的药物 2. 指导病人服用高跌倒风险药物时，在药效期内宜限制活动 3. 与医师沟通减少使用或及早停用高跌倒风险药物
认知功能障碍	1. 根据康复医师评定的认知功能受损情况提供帮助 2. 病人出现精神与行为症状时，应移除周围可能造成伤害的物品 3. 对产生幻觉并出现游走或夜间异常行为的病人，夜间可反锁门窗或实施保护性约束
携带导管	妥善固定导管、避免牵拉脱落，以免影响行走

6）改变生活方式：①衣着舒适、合身，穿防滑鞋。②改变体位时动作宜慢。③尽量不要登高取物。④保证良好的睡眠质量。⑤避免睡前饮水过多导致夜间反复如厕，晚上床旁尽量放置小便器。⑥上下楼梯、如厕时尽可能使用扶手。⑦避免在照护人员看不到的地方独自活动。⑧避免去人多及路面湿滑的地方。⑨走路时速度宜慢并避免携带重物。⑩乘坐交通工具时，应等车辆停稳后再上下车。⑪防治骨质疏松症，适当补充维生素 D 和钙剂。

（2）跌倒后自我处置与救助：老年人独自在家跌倒后，躺在地上无法起来，时间超过 1h，称为长躺。具体的自我处置与救助方法有：①如果是背部先着地，先弯曲双腿，挪动臀部到放有毯子或垫子的椅子、床旁，平躺，尽早向其他人求助。②无他人帮助，休息片刻后，调整体位，尽快找到支撑物，尽早想办法向外界求助（图 4-14）。

【护理评价】

1. 老年人跌倒后是否得到正确有效的处理。

2. 老年人的疼痛是否得到缓解。

3. 老年人对跌倒的恐惧心理是否好转或消除。

4. 老年人降低的活动能力是否得到恢复或改善。

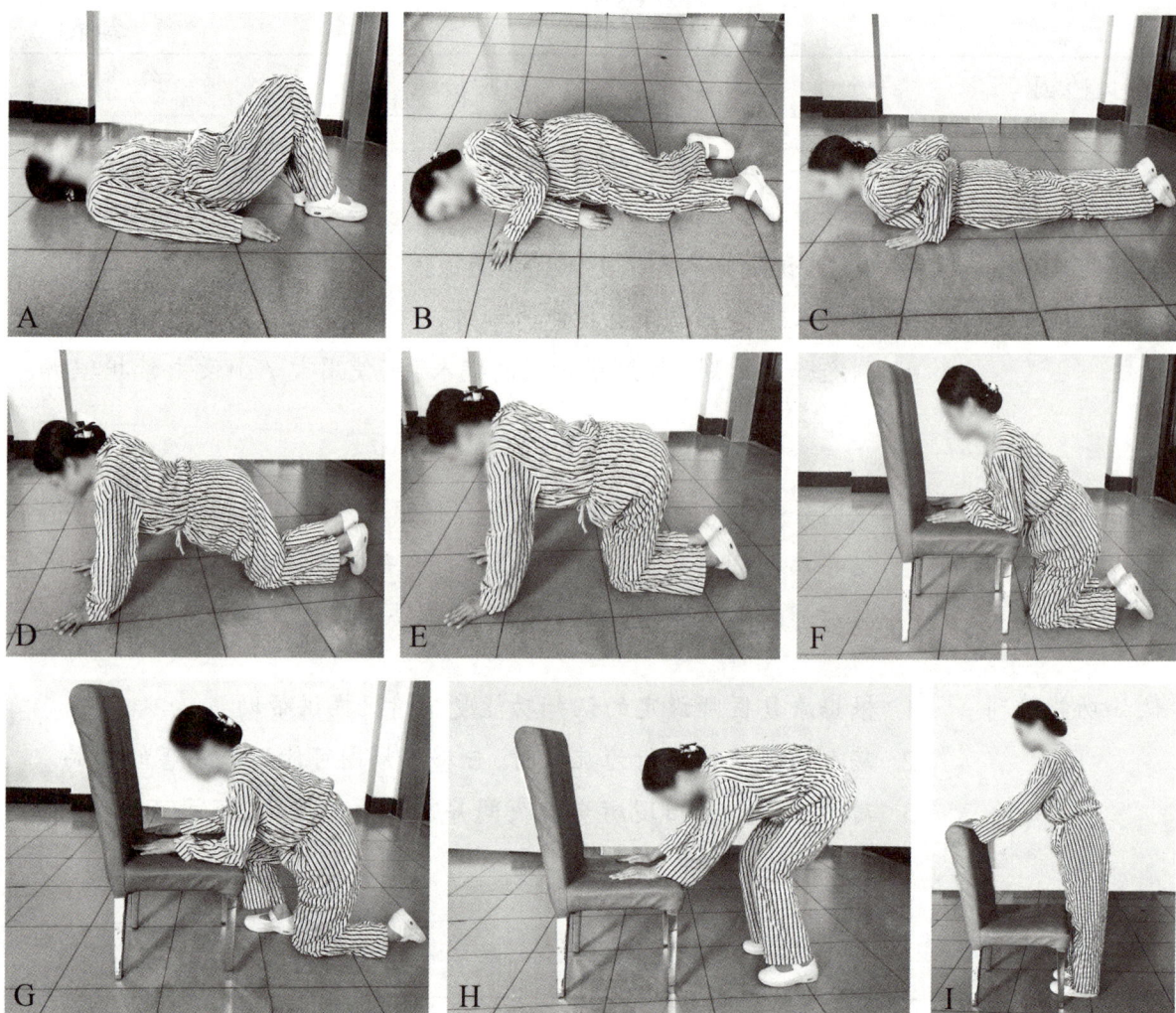

图 4-14 跌倒后自我处置与救助

实训 6：老年人跌倒的应对与护理

第五节 老年人的性需求和性生活健康

一、老年人的性需求与现状

人类对性的需求不会因为年龄的增加而消退。适度、和谐的性生活对于夫妻双方的生理、心理、精神健康都有好处，这是日常生活不可替代的。近年来，越来越多的人们认识到了满足老年人性需求的必要性，社会对老年人情感追求的包容度大幅度增加，这是社会进步的标志。

86

二、影响老年人性需求与性生活的因素

（一）生理功能衰退

1. 男性　表现为睾丸萎缩，雄性激素分泌减少，性欲下降等。
2. 女性　卵巢萎缩，雌激素分泌减少，外阴和生殖道萎缩等。

此外，在外观上因老年人头发花白、驼背、皮肤皱褶或老年斑、牙齿缺失、女性乳房下垂等外形的变化直接影响了老年人的性兴趣，但不会导致老年人性行为无法进行或无法感受性生活的美好。

（二）常见疾病和药品的影响

老年人常见的心肌梗死、慢性阻塞性肺疾病、糖尿病、高血压等都会影响老年人的性生活。尤其是心肌梗死的老年人对性生活常出现害怕的心理；糖尿病会导致女性老年人阴道感染，出现性交不适或疼痛，还会使男性老年人勃起功能障碍，性欲下降；帕金森病的老年男性，可出现阳痿等影响正常的性生活。长期服用降压药、抗精神病药、镇静催眠药等的老年人，容易导致性功能下降。

（三）性知识的缺乏

在老年人观念中，一部分认为性生活是年轻人的事情，如果自己还有性需求是不正常；另一部分认为自己的生理器官老化了，加上对性能力和性刺激反应降低，导致心理上恐惧，认为自己性能力丧失，于是不再和性伴侣有身体上的接触。老年人的性能力很大程度上受个人观念、性知识和性经历的影响。

（四）社会文化和环境因素的影响

在社区居家环境中，老年人如果没有自己独立的私人空间，不利于老年夫妻间亲密感情的表达，会影响老年夫妻性爱的实现。在多子女家庭，如果老人由不同的子女赡养，致使老年夫妻长期人为分居，会影响老年人的性生活。此外，我国养老机构居室的设计也往往忽略了老年人的性需求。在中国某些传统落后的价值观笼罩下，老年人性需求成为被人羞于提及的话题。

三、老年人性生活的健康指导

（一）一般措施

应针对性地对老年人进行性健康教育，帮助他们树立正确的性观念，客观地对待老年人的性需求。鼓励老年配偶或老年性伴侣间积极地沟通，提醒老年人要注重外观上的修饰和着装，可根据个人的喜好和习惯打扮，主张为老年人创造合适的私人空间，注重环境的隐蔽性，享受性乐趣。

（二）健康指导

1. **性生理健康指导**　包括性生活频度的调适、性器官的清洁以及性生活安全等。其中性生活的频度取决于健康状况和习惯，性器官的清洁在性健康中十分重要。男女双方在性生活之前要清洗外阴，以防不洁性生活导致双方的生殖系统感染。老年人在性生活的过程中还应注意必要的安全措施，如性伴侣的选择、安全套的使用。

2. **性心理健康指导**　适度的性生活可使老年人身心放松，对保持积极乐观的健康心理尤其重要。医学上有协助勃起障碍的老年人改善性功能的方法，满足性需求。对于有性生理需求但性功能障碍的老年人，或者高龄、残障、独居、丧偶老年人，无法进行性生理活动者，可以增加兴趣爱好、组织集体活动、观看影视娱乐节目等方式感受生活的乐趣及美好，弥补老年人失落、自卑、无能的负性情绪。

老年人最常见的性活动是抚摸。通过亲近、抚摸、亲吻、拥抱、倾诉等情感活动加强亲密感，获得生理、心理的满足，有效地减少孤独、寂寞、空虚等不良情绪，使老年人身心愉悦，有利于健康长寿。

> **章末小结**
>
> 　　本章重点是老年人日常生活护理的注意事项和皮肤清洁护理；老年人的饮食、排泄、睡眠障碍护理；老年跌倒的预防与护理。难点是老年人吞咽障碍的表现和急救、跌倒的预防和处理。在学习过程中加强对理论、知识、技能的理解和运用。培养学生尊老、爱老、助老的职业情怀和爱心、细心、耐心等职业素养。帮助学生树立以"指导老年人过独立的高质量健康生活"为护理目标的职业意识。

（李姮瑛　杨　娜）

❓ 思考与练习

1. 简述老年人家庭居室环境的设置原则及具体要求。
2. 概述老年人的饮食原则和护理措施。
3. 简述老年人便秘护理的健康指导。
4. 概述老年吞咽障碍的临床表现和现场急救。
5. 举例说明老年跌倒的原因及护理措施。

第五章 | 老年人的安全用药与护理

05章 数字资源

学习目标

1. 具有尊重和爱护老年人的职业素养和重视老年人安全用药的职业意识。
2. 掌握老年人常见的药物不良反应、原因及预防措施；老年人用药的基本原则；老年人用药情况的评估。
3. 熟悉老年人安全用药的指导。
4. 了解老年人药物代谢动力学、药物效应动力学的特点。
5. 学会运用老年人药物应用的相关知识和技巧，指导老年人安全用药。

第一节 概 述

老年期机体各组织器官结构与生理功能退化速度加快，影响机体对药物的吸收、分布、生物转化和排泄，影响组织器官特别是靶组织、靶器官中有效药物浓度维持的时间和药物的疗效。同时老年人病情复杂，多种疾病并存，往往需要同时使用多种药物治疗，加上老年人视力、听力减退，记忆力下降，对药物治疗的作用、服药时间、用法、用量常不能正确理解，致使药物不良反应的发生率增高。因此，安全、有效的药物治疗和护理，是老年人维护健康、治疗疾病、提高生活生命质量的重要措施之一。

一、老年人药物代谢动力学特点

老年人药物代谢动力学是研究药物在老年人体内的吸收、分布、代谢（生物转化）和排泄过程及药物浓度随时间变化规律的科学。绝大多数口服药物（被动转运吸收的药物）吸收不变，主动转运吸收的药物吸收减少。由于老年人肝肾功能减退，使药物代谢能力减弱，药物排泄功能降低，药物消除半衰期延长，血药浓度增高。同时，老年人血浆蛋白含量明显低于年轻人,游离型药物浓度增加,药物中毒风险提高。

(一)药物的吸收

药物的吸收是指药物从给药部位进入血液循环的过程。口服给药是最常用的给药途径。药物进入胃肠道后以三种形式被吸收,即主动转运、被动转运和胞饮作用。老年人胃肠道的组织结构及功能的变化,均会影响到药物的吸收。影响老年人药物胃肠道吸收的因素有下面几个方面。

1. 胃酸分泌减少 胃液 pH 升高,影响药物的溶解度、解离度。如弱酸性药物(阿司匹林)在胃内解离度增加,吸收减少,生物利用度降低。

2. 胃排空速度减慢 药物进入小肠的时间延迟,药物吸收延缓,速率降低,达到有效血药浓度的时间推迟,特别对于在小肠远端吸收的药物或肠溶片有较大影响。

3. 肠蠕动减弱 使肠内容物在肠道内移动时间延长,药物与肠道表面接触时间延长,可使药物吸收增加。但老年人胃肠道吸收面积和吸收细胞亦减少,吸收功能下降。

4. 胃肠道和肝血流减少 使药物的吸收速率下降,首关效应减弱。

(二)药物的分布

药物的分布是指药物吸收后随血液循环到各组织器官中的过程。药物的分布影响药物的起效时间、持续时间、作用强度和毒性。影响药物的分布有如下的主要因素。

1. 药物与血浆蛋白结合的量 老年人血浆蛋白浓度下降,使结合型药物减少,游离型药物增多。同样的血药浓度下,药物效应增强,毒副反应增大。

2. 机体组成成分 老年期细胞内液减少,使机体总水量减少,故水溶性药物如吗啡等分布容积减小,血药浓度增加。老年人脂肪组织增加,非脂肪组织逐渐减少,所以脂溶性药物如地西泮、利多卡因等在老年人组织中分布容积增大,药物作用持续较久,半衰期延长,易导致蓄积中毒。

3. 组织血液灌注量 老年人心排血量较中青年人低,血流灌注不足,直接影响药物在组织器官的浓度。此外老年人血管弹性减低、管腔狭窄,也会影响药物的分布。

(三)药物的代谢

肝脏是药物代谢的主要器官。老年人肝血流量仅是青年人的 40% ~ 50%,90 岁以上老年人肝血流量仅是青年人的 30%。随着年龄的增加,功能性肝细胞减少、肝血流量减少、肝药酶活性下降,导致对主要经肝脏代谢灭活药物(如氯霉素、利多卡因、普萘洛尔等)的代谢能力下降,血药浓度增高,半衰期延长,不良反应增加。

知识窗

血药浓度的监测

老年人肝脏代谢药物的能力改变不能采用一般的肝功能检查来预测,这是因为肝功能正常不一定说明肝脏代谢药物的能力正常。一般认为,血药浓度可反映药物作用强度,血浆半衰期可作为预测药物作用和用药剂量的指征。但是还应注意血浆半衰期并不能完全反映出药物代谢、消除过程和药物作用时间。如米诺地尔作为长效降压药,其血浆半衰期为 4.2h,但降压效果可持续 3～4d,这是由于药物与血管平滑肌结合,使其作用持续时间远远超过根据血浆半衰期所预测的时间。

(四)药物的排泄

肾脏是大多数药物排泄的主要器官。老年人肾功能减退,包括肾血流量减少、肾小球滤过率降低、肾小管的主动分泌功能和重吸收功能降低,使主要由肾以原形排出体外的药物清除率明显降低,半衰期延长,增加了药物蓄积中毒的危险性。因此,老年人用药剂量应减少,给药间隔时间应适当延长,特别是以原形排泄、治疗指数窄的药物,如地高辛、雷尼替丁、氨基糖苷类抗生素等需引起注意。老年人如有脱水、低血压、心力衰竭或其他病变时,可进一步损害肾功能,故用药更应谨慎,最好能密切监测血药浓度。

二、老年人药物效应动力学特点

药物效应动力学简称药效学,主要研究药物的效应、作用机制以及剂量与效应之间的规律。老年人药效学特点是指机体效应器官对药物的反应随年龄增长而发生的改变,主要表现为对大多数药物的敏感性增高,作用增强;对少数药物的敏感性降低,作用减弱;药物耐受性下降,加上用药依从性降低,故药物不良反应发生率增加。

(一)药物的敏感性

1. 对中枢抑制药物的敏感性　因老年人中枢神经系统功能减退,脑细胞数量、脑血流量和脑代谢均降低,因此,对中枢抑制药物很敏感。特别在老年人缺氧、发热时更为敏感。如镇静催眠药、抗精神病药、抗抑郁药、镇痛药等。如用年轻病人的常用剂量,易出现精神运动障碍甚至呼吸抑制等不良反应,故应酌情减量。

2. 对心血管系统药物的敏感性　老年人对强心苷类药物的正性肌力作用敏感性降低,但毒性反应敏感性增高,更易引起心脏毒性反应。同时,老年人血压调节功能降低,服用降压药、利尿药、β受体阻断药、硝酸酯类、吩噻嗪类药物,易引起直立性低血压。

3. 对血液系统药物的敏感性　老年人对口服抗凝血药华法林和肝素敏感性增高,一般治疗剂量即可引起持久的凝血障碍并有自发性内出血的危险。

4. 对肾上腺素的敏感性　老年人对肾上腺素的敏感性增加,小剂量肾上腺素对年轻人并不能引起肾血管明显收缩,而同样剂量的肾上腺素却可使老年人肾血流量降低50%～60%,肾血管阻力增加2倍以上,易损害肾脏。

5. 对耳毒性药物的敏感性　老年人对具有耳毒性的药物如氨基糖苷类抗生素、利尿药等敏感性增高,易引起听力损害,甚至导致永久性耳聋。

6. 对β受体激动药及阻断药的敏感性　由于老年人心脏β受体数目减少和结合力

下降,对 β 肾上腺素能受体激动药及阻断药的敏感性均减弱。如对 β 受体激动药沙丁胺醇、异丙肾上腺素等的敏感性降低,作用减弱,β 受体阻断药普萘洛尔的减慢心率作用减弱。

(二)药物的耐受性

1. 多药合用耐受性明显下降　老年人单一或少数药物合用的耐受性较多药合用要好,如利尿药、镇静催眠药分别服用,耐受性良好,能各自发挥预期疗效。若同时合用,则老年人不能耐受,易出现直立性低血压。所以,合并用药时,要注意调整剂量,尽量减少用药种类。

2. 对胰岛素和葡萄糖耐受性降低　老年糖尿病病人应用胰岛素时易发生低血糖,加之老年人大脑对低血糖的耐受能力较差,极易发生低血糖昏迷。

3. 对损害肝脏的药物耐受性降低　老年人因肝功能下降,对具有肝毒性的药物如异烟肼、卡马西平等耐受力下降,使用时易引起肝脏损害。

4. 对激素类药物耐受性降低　老年人长期使用糖皮质激素,不良反应发生率明显增高,较年轻人更易出现消化性溃疡和骨质疏松症。

5. 对易引起缺氧的药物耐受性降低　老年人使用麻醉性镇痛药、全身麻醉药等易引起呼吸抑制。

6. 对易引起电解质失调的药物耐受性下降　老年人使用利尿剂,更易出现电解质紊乱。

第二节　老年人常见药物不良反应和原因

📖 工作情景与任务

导入情景:

李爷爷,72 岁,患高血压病 10 年,服用硝苯地平、阿司匹林 6 年,平时血压波动在 130～145/80～95mmHg 之间。近日与家人产生矛盾,主诉头疼头晕,疑血压升高引起,擅自加量服用硝苯地平。1h 后,由坐位起立,突然感到眼前发黑、心悸、出虚汗,平卧数分钟后,症状缓解。

工作任务:

1. 正确评估李爷爷用药情况。

2. 正确指导李爷爷安全用药。

药物不良反应(adverse drug reaction,ADR)是指在预防、诊断、治疗疾病或调节生理功能的过程中,给予正常用法、用量的药物所出现的任何有害的或与作用目的无关的反应。包括副作用、毒性反应、后遗效应、变态反应、继发反应和特异性反应等。老年人不良反应发生率较年轻人高，而且一旦出现，其程度亦较年轻人严重，甚至导致死亡。护理人员应密切观察和预防药物的不良反应，提高老年人的用药安全性。

一、老年人常见药物不良反应

（一）精神神经症状

老年人中枢神经系统对某些药物敏感性增高，可引起焦虑、抑郁、精神错乱等精神神经症状。

（二）直立性低血压

老年人动脉粥样硬化明显，血管运动中枢调节功能减弱，不能灵活地调节血压，即使没有药物的影响，也会因为体位的突然改变而产生头晕。当服用降压药、三环类抗抑郁药和利尿药时，易发生直立性低血压，导致晕厥，发生跌倒甚至死亡。

（三）耳毒性

老年人内耳毛细胞数目减少，听力下降，容易受到药物的影响。如果使用易在内耳积聚损害第八对脑神经的药物，如氨基糖苷类抗生素、多黏菌素类等，将会导致永久性耳聋，故老年人避免使用此类抗生素和其他影响内耳功能的药物。

（四）尿潴留

老年人使用具有副交感神经阻滞作用的三环类抗抑郁药和抗帕金森病药时可引起尿潴留，尤其是伴有前列腺增生及膀胱颈纤维病变的老年人更易发生。

（五）出血反应

老年人服用抗凝药时，易发生自发性出血。应指导老年人密切注意在刷牙、排大便时有无出血的情况。

（六）变态反应

老年人常见的变态反应为过敏反应，主要有发热、皮炎、荨麻疹、血管神经性水肿等症状，严重者可出现过敏性休克。易发生过敏性休克的药物为β-内酰胺类抗生素。老年人过敏性休克发病凶猛，危害性严重，有的病人开始即表现严重休克或呼吸衰竭、持续性痉挛。如不及时抢救，可迅速死亡，故老年人慎用易导致变态反应的药物。

（七）反向作用

反向作用即用药后出现与用药治疗效果相反的特殊不良反应。如用硝苯地平治疗心绞痛反而加重心绞痛，甚至诱发心律失常。

（八）药物中毒反应

老年人各个重要器官的生理功能减退，60岁以上老年人的肾脏排泄毒物的功能比25岁时下降20%，70～80岁时下降40%～50%。肝脏血流60岁以上老年人比年轻时下降40%，解毒功能也相应降低。同时老年人心脏窦房结细胞数量减少，心脏传导系统易出现功能障碍，心功能减退等。因此，老年人用药易出现肾脏、肝脏、心脏毒性反应。

老年人不良反应表现形式比较特殊，除以上症状外，易出现的是老年病五联症：精神异常、跌倒、大小便失禁、不思活动和生活能力丧失。极易导致误诊和漏诊，故应该给予特别关注。

二、老年人药物不良反应发生率高的原因

（一）药物代谢动力学和药物效应动力学改变

老年人肝肾功能减退，药物代谢减慢、排泄减少，药物半衰期延长；血浆白蛋白降低，结合型药物减少，游离型药物增加；内环境稳定功能减退，对多数药物的敏感性增加，容易发生不良反应。

（二）多病共存与联合用药

老年人发病缓慢，往往多种疾病同时存在，且病程长、恢复慢、并发症多，联合用药机会与用药种类增多，易产生药物的相互作用，药物不良反应发生率增加。此外，老年人记忆力欠佳，药物种类过多，易造成多服、误服或漏服。

（三）迷信广告宣传，滥用药物

老年人过分相信广告宣传，不去医院就诊，盲目用广告药品，自行到药店购买药物，往往延误病情；滥用补药、保健药、抗衰老药和维生素。

（四）长时间用药或突然停药

有些老年人用药容易而停药难，总担心停药后病情加重或旧病复发。由于用药时间过长，超过疗程或剂量过大，很可能发生医源性疾病，造成严重后果。但某些慢性疾病（如高血压、糖尿病等）需要终身服药，有些老年人不重视长期服药的重要性，随意减药或停药，造成严重后果。

（五）长期用一种药

一种药物长期应用，不仅容易产生抗药性，使药效降低，而且会对药物产生依赖甚至成瘾。

（六）老年人用药依从性的情况

1. 过于依从　部分老年人过于重视健康，过于依从药物，长时间用药对身体不利并可能给社会和家庭带来经济负担。

2. 依从性差　有些疾病需长期服药，部分老年人做不到坚持服药，造成病情不稳定，出现严重的并发症。

三、老年人药物不良反应的预防措施

（一）合理选用药物

在明确诊断的基础上，根据老年人生理特点，选择安全、有效、经济、疗效确切的药物。

（二）制定个体化给药方案

根据老年人的生理特点，各器官的功能状况，结合其所患疾病的种类、严重程度，制定个体化的用药方案。

（三）严格控制预防用药

掌握预防用药指征，切忌随意滥用药物。

（四）提高用药依从性

老年人用药依从性下降主要与其年龄大，理解、记忆力减退；对用药重要性认识不足；同时用多种药物；经济收入低，无力购买药物；家属和照顾者的支持关心不够等有关。老年人记忆力下降，常常忘记服药或未按时服药，为防止这种情况，老年人应当在家属、亲友的协助和监护下用药。按医嘱服药是提高疗效和避免意外事故发生的重要保障，医护人员应做好用药随访工作，及时调整药物剂量及药物种类。

（五）纠正用药误区

部分老年人凭借自己"久病成医"的经验，自行更改药物剂量和种类，这种做法对体质较差或多病共存的老年人尤为危险。部分老年人听信广告用药，迷信名、贵、新药或保健品等，这些都不恰当。

（六）控制嗜好和饮食

老年人用药期间应该严格控制对烟、酒、糖、茶的嗜好，保证药物疗效。医护人员应该严格按照相关药品说明书的饮食禁忌，对老年人的生活习惯以及饮食结构进行相应的调整，使药物发挥最好的疗效。

（七）心理干预

人的心理状态和自身免疫力是相互影响的，因此心理干预在一定程度上会影响老年人的药物疗效。

第三节　老年人安全用药的护理

工作情景与任务

导入情景：

徐爷爷，72岁，喜欢晨练，患糖尿病8年，长期注射胰岛素控制血糖。近2天晨练后出现心悸、眩晕、冷汗等症状，休息并进食饼干后缓解。

工作任务：

1. 正确评估徐爷爷的用药情况。

2. 判断徐爷爷出现的状况，正确预防并及时处理。

一、老年人安全用药的原则

1998 年，国外专家提出老年人用药四大原则，即 5 种药物原则、半量原则(甚至考虑少量原则)、暂停原则、试验用药原则。国内专家在此基础上，针对老年人容易发生药物不良反应的特点，根据临床用药环节，提出了老年人用药六大原则。

（一）受益原则

受益原则首先要求老年人用药要有明确的适应证；其次，要求用药的受益/风险比值 > 1，只有受益 > 风险的情况下才可用药。虽有适应证，但用药的受益/风险比值 < 1 者不能用药。

（二）5 种药物原则

5 种药物原则是指老年人同时用药不宜超过 5 种。老年人往往多种疾病并存，故治疗时常多药合用。但药物的不良反应与用药的种类呈正相关。据统计，同时用药 5 种以下，药物不良反应发生率为 4%；同时用药 6～10 种时，药物不良反应发生率升至 10%；同时用药 11～15 种以上时，药物不良反应发生率达到 25%～30%；同时用药 16 种以上，药物不良反应发生率高达 50% 以上。由此可见，多药合用种类越多，不良反应发生率越高。因此，老年人用药时应注意：

1. 掌握药物的局限性　许多因老化引起的疾病无相应的有效药物，若用药种类过多，不良反应的危害反而大于疾病本身。

2. 抓住主要矛盾，选用主要药物治疗　凡是疗效不确切，耐受性差，无法按医嘱服用的药物，都可以考虑停用。

3. 选用具有兼顾治疗作用的药物。

4. 重视非药物治疗。

5. 减少或控制服用补药。

（三）小剂量原则

由于老年人特殊的药物代谢动力学特点，使用药物后可出现较高的血药浓度。目前药品说明书的剂量主要为成人剂量，并不完全适合老年人(特别是 70 岁以上的老年人)。60 岁以上老年人用药剂量通常为成年人剂量的 3/4。因此，为了稳妥起见，临床上对老年人用药多采用小剂量原则，即从小剂量开始，然后逐渐增量，以获得更大疗效和更小的不良反应为准则。

（四）择时原则

择时原则就是选择最佳的时间服药。根据时间生物学和时间药理学的原理，选择最合适的用药时间进行治疗，以提高疗效和减少不良反应。许多疾病的发作，加重和缓解都具有昼夜节律的变化，如夜间容易发生变异型心绞痛、脑血栓和哮喘，类风湿关节炎常在清晨出现关节僵硬。同时药物代谢动力学和药物效应动力学也有昼夜节律的变化。进行择时治疗时,主要根据疾病的发作、药物代谢动力学和药物效应动力学昼夜节律变化来确定最佳用药时间(表5-1)。

表5-1 老年人的常用药物最佳用药时间

药物名称	用药时间
降压药	治疗非杓型高血压,应在早、晚分别服用长效降压药 治疗杓型高血压,应在早晨服用长效降压药
抗心绞痛药	治疗变异型心绞痛,主张睡前服用长效钙通道阻滞药 治疗劳力性心绞痛,应早晨服用长效硝酸酯类、β受体拮抗药及钙通道阻滞剂
降血糖药	格列本脲在饭前半小时服用 二甲双胍应在饭后服用 阿卡波糖与食物同服
调节血脂	他汀类晚上睡前服用 贝特类早上服用

(五)暂停用药原则

老年人在用药期间,应密切观察病情变化,一旦出现新的症状或体征,包括躯体、认知或情感方面的症状,应考虑为药物的不良反应或者是病情进展。但两种情况的处理截然不同,前者应停药,后者则应加药。在不确定的情况下,停药受益明显高于加药受益。暂停用药原则是保证老年人用药安全最简单、最有效的干预措施之一。

(六)及时停药原则

老年人长期用药会增加不良反应的发生风险。据临床观察和统计,老年人及时停药受益大于加药受益。很多老年病难以治愈,在通常情况下,药物达到预期治疗目的时,应及时停药。

二、老年人用药情况的评估

随着年龄的增长,老年人记忆力减退,学习新事物的能力下降,对药物的治疗目的、服药时间、服药方法常不能正确理解,往往影响老年人用药安全和药物治疗的效果。因此,指导老年人正确用药是护理人员一项重要的护理服务。

(一)老年人用药史评估

详细评估老年人的用药史并建立完整的用药记录,包括既往和现在的用药记录、药物的过敏史、引起毒副作用的药物以及老年人对其所用药物的作用、不良反应、注意事项等情况是否了解。

（二）老年人内脏功能评估

评估老年人主要器官的功能情况，如吞咽能力、胃肠的消化吸收功能、心脏功能、中枢神经系统功能、呼吸系统功能、肝肾功能等。

（三）老年人服药能力评估

评估老年人的理解能力、阅读能力、记忆能力、识别药物变质的能力，评估老年人能否说出服药方法、能否区分药物、能否坚持服药；评估老年人的视力、听力、吞咽能力、口腔状态、双手功能，如是否有能力自己准备药物（从药袋或药瓶中取出药物、计算用量、开关瓶盖、辨认刻度），服药后能否对可能出现的情况进行识别（作用与不良反应）等。

（四）老年人心理–社会状况

了解老年人的文化程度、家庭经济状况；对当前治疗方案和护理计划的了解、认识程度和满意度；家庭的支持情况；对药物有无依赖、期望或持怀疑、反感、恐惧等态度；是否因经济困难而自行节省药物用量或减量服用；对医护人员的信任度及对治疗和护理方案的依从性等。

三、老年人安全用药指导

（一）老年人临床用药指导

1. 老年住院病人用药安全隐患

（1）护士方面：极少数护士违反操作规程、医嘱执行制度及查对制度；护士缺乏全面的药理知识。

（2）病人方面：老年病人由于年龄因素、记忆力差，常易漏服、忘服、错服甚至多服药；用药的依从性偏差，部分老年病人不按时服药、私自停药、减药或加药；老年病人文化和知识水平程度不一，缺乏系统用药的健康知识。

（3）其他因素：老年人用药种类繁多，给护士核对药名、规格、剂量造成一定难度；药品更换频繁，致使护士对药品的规格、剂量不能完全掌握；老年病人服药种类多，药物间相互作用发生率增加，易出现药物不良反应。

2. 采取有效的临床用药安全管理措施

（1）强化护士的用药安全意识：对护士进行持续有效的安全教育和法制教育，定期组织质量控制会议，对工作中存在或潜在的不安全因素，及时提出整改办法。

（2）加强药理知识学习：及时收集新药说明，采取集中和分散学习相结合的方法，督促护士学习药理知识。

（3）选择合理给药途径：患慢性疾病老年人，可选用口服给药；患急性疾病、慢性疾病急性发作或危重病人，则需要静脉途径给药。静脉途径给药时，一定要考虑老年人心脏的功能，减慢给药速度，减少液体量。

3. 加强老年病人药物依从性的管理　采取各种用药指导方式，如板报宣传、集中用药指导、个体化指导等，反复交代用药目的、作用及注意事项；重视护士在用药中的监督作用，发药时应发药到手、服药到口，对因故暂时不能服药者，严格交接班，督促服药。

（1）提醒病人按时服药的对策：增强护士工作责任心，严把服药到口的每个环节。全面评估老年病人，针对个体差异采取相应措施：行动不便者，护士按时将药物送到床前，并照顾其服下；生活自理的予以提醒、指导。

（2）服用自带药物的对策：告知病人口服自带药物须征得主管医师同意，方可服用。

（3）漏服、重服药物的对策：向病人、家属和陪护人员说明其危险性，取得配合，减少服药安全隐患。

（4）特殊病人的用药管理：精神异常或不配合治疗的老年人，协助和督促其服药，并确定是否将药物服下；吞咽障碍与神志不清的老年人，鼻饲管给药；神志清楚但吞咽障碍的老年人，可将药物制作成糊状再服用；外用药物，外贴红色标签，注明不可口服，并告知家属。

4. 加强老年人用药的健康教育

（1）加强老年人用药的解释工作：护理人员用通俗易懂的方式解释药物的种类、名称、用药方法、药物剂量、药物作用、不良反应和有效期等。必要时，在药袋（盒、瓶）上用醒目的颜色标记。

（2）鼓励老年人首选非药物治疗：指导老年人如果能以其他方式缓解症状，暂时不要用药，如失眠、便秘和疼痛等。

（3）指导老年人不随意购买及服用药物：老年人一般不需要特别服用滋补药、保健药、抗衰老药和维生素。只需注意平衡膳食、适量运动、规律作息、良好心态，就可达到健康长寿的目的。对体弱多病的老年人，要在医生的指导下，辨证施治，适当服用滋补药物。

（4）加强家属的安全用药知识教育：重视对家属的安全用药知识教育，教会其正确协助和督促老年人用药，防止发生用药不当造成的意外。

知识窗

用药依从性的评价

国外学者推荐采用 4 个问题评价病人的用药依从性，已广泛应用于慢性病人用药依从性的评价研究，4 个问题为：

1. "您是否有忘记用药的经历？"
2. "您是否有时不注意用药？"
3. "当您自觉症状改善时，是否曾停药？"
4. "当您用药自觉症状更坏时，是否曾停药？"

评价标准：4 个问题的答案均为"否"，即为依从性佳，4 个问题只要有 1 个或 1 个以上的回答为"是"，即为依从性差。

（二）老年人家庭用药指导

我国家庭用药知识总体水平偏低，不合理用药的现象仍较普遍，值得广大医护人员、病人及家属重视。

1. 老年人家庭用药的安全隐患

（1）盲目联合用药：家庭用药时，老年人为求疾病早愈，没有寻求医生的指导，存在一药多治、一病多药等盲目用药现象，发生药物不良反应的概率增加。

（2）服用方法不当：不同药物有不同的服用方法，方法不当会影响药物疗效。如控释剂型、缓释剂型需整片吞服；乳酸菌素片、硫糖铝片等需嚼碎后吞服，不可服热水。

（3）服药时间不正确：疾病的发作、加重与缓解具有昼夜节律的变化，药物代谢动力学、药物效应动力学也有昼夜节律变化。所以根据时间生物学和时间药理学的原理，应选择最合适的用药时间进行治疗。

（4）过分信任广告宣传：部分老年人盲目相信广告或他人的用药经验，自行购药使用。

（5）随意停用药物：部分老年人认为长期服用药物会产生耐药性，当感觉疾病好转时即自行停药。

（6）追求贵药：部分老年人有"价高质更好"的不良心态，认为价格贵的药物疗效一定比价格低廉的药物疗效明显。

（7）认为保健药对身体无害：部分老年人认为凡是保健药都能强身健体、延年益寿，多吃有益无害。实际上滥用保健药，反而会扰乱人体的内平衡，造成新陈代谢紊乱。

2. 老年人家庭用药的选择　老年人家庭用药是指老年人出院带回家的药物以及可直接购买、使用的非处方药，其中以后者居多。护理人员应对老年人家庭用药的选择给予指导。

（1）选药要有针对性：购药之前，应仔细阅读药品说明书，或在执业药师指导下对症购买，以减少购药和用药的盲目性。如果病情复杂、严重，应到医院诊治，以免延误治疗。

（2）合理选用药物：选药时，应根据老年人病情、体质以及当时当地的条件选择效果好、毒副反应小、价廉、易得的药品。

（3）避免一次购买过多药物：购买时应清楚药物的使用期限，不可一次购买过多，避免失效浪费。

（4）注意配伍禁忌：当老年人需同时服用2种以上药物时，护理人员应予指导，注意配伍禁忌，使老年人的家庭用药安全、有效、合理。

（5）慎用保健品：保健品疗效不确切，不宜滥用。

3. 老年人家庭用药的注意事项

（1）掌握用药的剂量与剂型：老年人用药应遵从用药原则，从最小剂量开始。药物的名称、用法、用量要书写正规、醒目、简明扼要，不要用代号、符号、字母表示。告知老年人及其家属，不可自行加大剂量或随便增加用药次数。老年人吞服片剂、胶囊有困难时可选用冲剂、口服液等，必要时改注射给药。

（2）掌握用药的最佳时间：向老年人及家属解释清楚，按照人体的昼夜节律变化服用药物，能更好地发挥药物的疗效，减少药物不良反应。

（3）注意药物之间的相互作用：指导老年人应注意各药物之间的相互作用，避免药物之间的协同作用或拮抗作用对疗效的干扰及对机体造成的损伤。尤其中西药同用时，应在医师或药师指导下酌情使用。

（4）防止老年人用药期间发生意外：观察老年人用药后的反应，防止发生意外。

（5）加强老年人用药的人文关怀：对空巢、独居的老年人用药需加强社区护理干预。如家属或社区护理人员将老年人每天需要服用的药物按时放置在服药提醒器内（图5-1、图5-2），每小格标注清楚早、中、晚服药的时间，并将药品放置在安全、醒目、随手可得的位置，便于老年人服用。

图5-1　一般服药提醒器

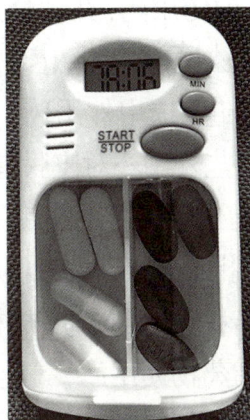

图5-2　电子服药提醒器

（6）提醒老年人不能补服药物：如果老年人漏服、忘服药物，不能将药物加在下一次共服以求弥补，这样会因"过量服药"而产生药物不良反应。

4. 老年人家庭用药的保管　协助正确保管药品，帮助老年人及家属定期整理药柜。常用的药品保管方法如下：

（1）避免影响药物稳定性的因素：药品放于避光、干燥、密封、阴凉、安全处。有些特殊药品要求冷藏（温度2～10℃）保存。

（2）常用药品分类保管存放：内服药与外用药应分开保管存放，并将外用药在醒目处涂上红色标记，以免老年人因视力不好错拿、误服，发生危险。

（3）所有药品应保存原始外包装：对外包装或内备的说明书字体较小的，还应重新用老年人能看见的字体标明药品名称、规格、作用、用法、用量及注意事项、有效期等内容。

（4）定期检查药物的保质期：发现药物过期和变质的一律丢弃。

🧠 边学边练

实训7：老年人安全用药的指导

（三）老年人非处方药物的用药指导

非处方药（over-the-counter drug，OTC）的消费人群越来越多，它常用于一些易于自我诊断、自我治疗的常见轻微病。非处方药大多都是病人在自行诊断的情况下按说明书服用，存在很多安全隐患，值得引起注意。

1. 非处方药物使用误区

（1）听信广告：老年人容易听信药品广告自行购买药品，不遵从医嘱，会干扰医生的诊断、治疗。

（2）滥用"补药"：很多人把中药里的人参、灵芝、黄芪等中药饮片及其制剂以及西药的维生素当作补药，长期使用的情况非常普遍。这种无病用药不但会引起药物不良反应，而且造成了整个社会药品资源的浪费。

（3）模仿用药：在部分文化素质局限、医药学知识缺乏的老年人群中时有发生。此类老年人不去医院诊断，感觉症状与他人相似便盲目跟风用药。

（4）随意选用外用药：部分老年人认为外用药不会造成药物不良反应，可以随意用，却不知有些外用药对皮肤有刺激性，如长期使用含有激素的药物会导致激素依赖性皮炎。

2. 指导老年人正确使用非处方药

（1）指导老年人按说明书用药：在购买非处方药时，要详细阅读说明书，了解药物的通用名称、主要成分、规格、作用、适应证、用法、用量、不良反应、注意事项和禁忌证。"禁用"指药物使用后，一定会产生药物不良反应；"忌用"指使用后，很可能发生药物不良反应；"慎用"是指可以使用，但需密切注意有无药物不良反应，一旦出现应立即停用。

（2）查看药物的有效期：正规厂家出产的药品说明书都有出厂日期和有效期，如抗生素有效期一般为1.5～3年，购买时最好是选择近期出厂的药品。

（3）注意识别伪劣药品：批准文号是药品生产合法的标志。例如，国药准字Z×××××号，其中"Z"是代表中药，"B"是保健品，"H"是化学药品，"S"是生物制品，"J"是进口药品等。没有批准文号的是伪劣药品，应避免购买和使用。

（4）注意服用剂量：根据老年病人的性别、年龄、体重等因素遵照说明书掌握用法、用量、次数、疗程。

（5）注意服用方法：服用时最好用温开水送服，胶囊剂、片剂一般是吞服，含片一般要求含化而不能吞服，以免降低疗效。

（6）注意服药时间：一般可分为空腹（指清晨空腹），睡前服（指睡前15～20min），饭前服（指餐前30～60min），饭后服（指饭后15～30min）。

（7）尽量避免多药联用：部分老年人对用药存在贪多心理，并以为用的药物品种越多，则保险系数就越大。药物配伍不当，不但使疗效降低，还会增加药物的不良作用。用药期间应密切注意身体各方面变化，如有无药物不良反应，若用药后不见效，或有病情加重现象，甚至有皮疹、瘙痒、高热、哮喘以及其他异常现象，应立即停药，去医院诊治。

本章学习重点是老年人用药常见的不良反应、原因及预防措施；老年人用药的基本原则；老年人用药情况的评估；老年人安全用药指导。学习难点是老年人药物效应动力学和药物代谢动力学的特点。在学习过程中要注重将药物的作用、不良反应、用药的原则、注意事项与老年人用药的安全性紧密联系，重视对老年人安全用药的健康指导。注意培养尊老、敬老、爱老、耐心、细心对待老年人的职业素养。

（刘军英）

思考与练习

1. 概述老年人用药常见的不良反应的类型、原因及预防措施。
2. 简述老年人用药的原则。
3. 简述老年人用药评估的内容。
4. 论述老年人家庭用药指导的重要性。
5. 列出老年人用药依从性下降的原因。

第六章 | 老年人常见心理问题与精神障碍的护理

学习目标

1. 具有维护和促进老年人心理健康的职业意识，以高度的责任心、爱心、耐心、细心，尊重和关爱有心理问题和精神障碍的老年人。
2. 掌握维护与促进老年人心理健康的原则和措施；老年人心理健康的标准；老年人离退休综合征、空巢综合征、老年抑郁症的护理措施；阿尔茨海默病的安全护理。
3. 熟悉老年人的心理特点；阿尔茨海默病的临床分期。
4. 了解老年人心理变化的影响因素；老年人常见心理问题和精神障碍的原因。
5. 学会运用维护与促进老年人心理健康的原则对老年人正确实施护理；学会运用各种评估方法和科学的临床思维能力为有心理问题和精神障碍的老年人制订相应的护理计划。

进入老年期，各种生理功能逐渐衰退，机体对复杂变化的应对能力及对挫折的承受能力均明显降低，老年人面对疾病和死亡、离退休、空巢、丧偶、好友丧亡等生活事件，常产生焦虑、恐惧、无助、悲观、抑郁等复杂的心理变化。这些变化直接影响其老化过程、健康状况、老年疾病的防治和预后，最终影响老年人的生活和生命质量。所以，正确评估老年人的心理和精神状况，采取有针对性的护理措施，维护和促进老年人的心理健康显得十分重要。

第一节　老年人的心理特点及影响因素

一、老年人的心理特点

人的心理活动包括心理过程和人格两部分。心理过程包括感知、记忆、思维、情绪情感、意志等内容。人格也称个性，指个体在自然素质的基础上与社会环境交互作用，在成长发展的适应过程中形成的独特人格倾向性和比较稳定的人格心理特征的总和，包括能力、气质、性格、需要、动机、兴趣、价值观等。老年人的心理特点主要表现在以下几方面。

（一）感知觉的特点

感知是心理过程的初始阶段，是最简单的心理活动。由于感觉器官老化、功能衰退，导致老年人的视、听、嗅、味、触等感觉功能下降，使老年人出现反应迟钝、行为迟缓、注意力不集中、易跌倒等表现，使其产生悲观、孤独、冷漠、猜疑等心理，与周围环境产生隔绝感。但是老年人感知功能的衰退个体差异较大，有些老年人耳聪目明，反应灵活，其原因除了有遗传因素的影响外，主要得益于勤学习、勤锻炼、勤保养。

（二）记忆的特点

记忆的改变是老年人心理变化易于被发现和较敏感的指标。老年人随着年龄的增长，记忆能力减退。老年人记忆的特点为：有意记忆为主，无意记忆为辅；近事容易遗忘，远事记忆尚好；再认能力尚好，回忆能力较差，表现在能认出熟人但叫不出名字；老年人意义记忆较好，但机械记忆能力下降，如老年人对需要机械记忆的某些历史年代、门牌号码等缺乏意义联系材料的记忆能力下降，对与生活事件有关的或有逻辑联系的内容记忆保持较好。另外，老年人在规定时间内速度记忆衰退。老年人需加强记忆的训练，掌握提高记忆的方法，保持稳定的情绪，才能有效延缓记忆的衰退。

（三）思维的特点

思维是人类认识过程的最高形式，是一种最复杂的心理过程，思维的衰退一般出现较晚。由于老年人感知、记忆能力的减退，使其概念形成、逻辑推理、问题解决的思维能力受到影响，思维能力有所减退。思维的敏捷性、流畅性、灵活性、创造性下降尤为明显。应鼓励老年人加强身心保健，多进行娱乐性的益智活动和思维能力的训练，从而保持其良好的思维能力。

（四）情绪的特点

老年人的情绪变化因生活条件、文化素质、自我评价、社会地位变化的不同而存在较大差异。老化过程中情绪相对稳定，老年人能较理智地控制自己的情绪，但负性情绪产生后难以改变，多与疾病、死亡、各种生活事件有关。老年人应树立正确的生死观，保持乐观的情绪。

（五）智力的特点

人的智力受个体因素（如遗传、身体状况等）、社会环境因素（文化水平、职业等）的影响。有国外专家将智力分为两类，即液体智力和晶体智力。液体智力主要与神经系统的结构和功能有关，例如，思维的敏捷度、近事记忆力、注意力和反应速度等有关的能力。成年后，液体智力随增龄而减退较早，老年人下降更为明显。晶体智力是指通过掌握社会文化经验而获得的智力。如词汇概念、言语理解、常识等以记忆存储为基础的能力。成年后晶体智力并不随增龄而减退，有的反而会有所提高，老年人的晶体智力相对稳定。

由于两类智力变化的不同步，老年人应利用优势智力类型来补偿劣势智力类型，通过不断的学习、训练，并利用机体的可塑性延缓智力衰退。

（六）人格的特点

多数研究表明，老年期个体的人格总体趋于稳定。但由于人体老化使生理功能逐渐衰退，疾病、退休、丧偶等导致的负性情绪困扰着老年人的生活，老年人必然重新面临着对新的社会生活的再适应，在此过程中，老年期人格也会发生相应变化，如对健康与经济的过分关注与担心产生的焦虑与不安；各种能力下降产生的保守；因交往减少而产生的孤独；把握不住现状而产生的怀旧与发牢骚等。老年人需要不断完善自己的人格。

美国心理学家通过对 2 000 多名 70～79 岁的老年人进行长达 15 年的追踪研究，把老年人的人格适应模式分为以下四种类型。

1. 整合良好型　是大多数老年人的类型。其特点是：成熟，能正视新的生活，有高度的生活满意感，有良好的认知、自我评价能力。根据个体的角色活动特点又分为以下三种亚型。

（1）重组型：此型老年人退而不休，继续广泛参加各种社会活动。

（2）中心型：此类型老年人会在一定范围内有选择地参加比较适合自己的各种社会活动。

（3）离退型：此型老年人人格整合良好，离退休后表现出活动低水平，生活满意，满足于逍遥自在。

2. 防御型　此型老年人对衰老完全否认，雄心不减当年，刻意追求目标。此型又分为以下两个亚型。

（1）坚持型：表现为继续努力工作，保持高水平的活动，活到老，干到老，乐在其中。

（2）收缩型：为保持自己的外观、体型，致力于饮食、保养、身体的锻炼。

3. 被动依赖型　分为以下两个亚型。

（1）寻求援助型：表现为老年人强烈需要得到他人的帮助，寻求外界的援助，以帮助自己适应老年生活。

（2）冷漠型：此型老年人和他人没有相互作用的关系，对周围事物不感兴趣，几乎不从事任何社会活动。

4. 整合不良型　此型老年人有明显的心理障碍，不善于调控情绪，生活满意度低，需要家庭照顾和社会组织的帮助才能生活，是最差的人格类型。

二、老年人心理变化的影响因素

（一）各种生理功能减退

随着年龄的增长，各种生理功能减退，如感觉系统、运动系统、神经系统功能均明显减退，导致反应迟钝、记忆力减退、行动缓慢、注意力涣散、精神活动减弱，这些正常的衰老变化使老年人难免有力不从心的感受,悲观、孤独、抑郁的不良情绪随之而来。

（二）社会地位的变化

由于老年人离退休而导致社会地位、社会角色、社会关系的改变,使一些老年人难以适应,认为自己没用了,进而产生空虚感、孤独感、失落感、无用感;产生抑郁、烦躁、沮丧等负性情绪,这些负性情绪情感又会加速身体的老化。

（三）家庭人际关系和经济状况的改变

离退休后,家庭成为老年人主要的生活环境。家庭成员之间的关系,对老年人影响很大,如子女对老年人的态度、代际冲突的产生、老年夫妻之间的关系等均会对老年人的心理产生影响。退休后经济收入的减少,不仅使老年人产生失落感,也常使老年人感到焦虑不安。

（四）丧偶

临床表明,丧偶是一个重大的精神刺激。夫妻恩爱是老年人心情愉快的重要条件,伴侣感是老年夫妻关系的核心内容。对于老年人来说,丧偶后极度的悲哀对身心健康可造成严重的损害。

（五）疾病

疾病会对老年人的心理状态直接或间接产生影响。如缺血性脑血管疾病,导致脑组织供血不足,引起脑功能减退,记忆力下降加重,晚期甚至会引发阿尔茨海默病,直接影响老年人的心理状态。还有一些疾病,使老年人长期卧床,生活不能自理,以致间接产生悲观、绝望等心理状态。

第二节　老年人心理健康的维护与促进

一、老年人的心理健康

（一）心理健康的概念

第三届国际心理卫生大会将心理健康(mental health)定义为:心理健康是指在身体、智能以及情感上与他人的心理健康不相矛盾的范围内,将个人心境发展成最佳状态。基于以上定义,心理健康包括两层含义:一是与绝大多数人相比,其心理功能正常,无心理疾病;二是能积极调整自己的心理状态,顺应环境变化,充分发挥自己的能力,完善自我,过有效率的生活。心理健康不仅是没有心理疾病,还意味着个人的良好适应和充分发展。

（二）老年人心理健康的标准

综合国内外心理学专家对老年人心理健康标准的研究观点,老年人心理健康的标准可从以下六个方面进行界定。

1. 智力正常　智力正常是人正常生活所应具备的最基本的心理条件,是心理健康的首要标准。老年人智力正常主要体现在:感知觉正常,判断事物不常发生错觉;不总是要人提醒该记住的重要事情；思路清晰，回答问题时条理清楚明了；想象力丰富，不拘于现有的框框；具有一定的学习能力，不断适应新的生活方式。

2. 情绪健康　情感反应适度，能适当地表达和控制自己的情绪，积极的情绪多于消极的情绪。乐观开朗，知足常乐，随遇而安。

3. 意志坚强　办事有始有终，不轻易冲动。能经受得起各种意外的精神打击，面对精神刺激或压力有较强的承受能力。

4. 关系融洽　能与周围的大多数人保持人际关系和谐。既有稳定而广泛的人际关系，又有知己的朋友。乐于帮助他人，也乐于接受他人的帮助。能与家人保持情感上的融洽，有充分的安全感。

5. 适应环境　老年人退休在家，有着过多的空闲时间，常常产生抑郁或焦虑情绪。如能以积极处事的态度与外界环境保持接触，既可以对社会现状有较清晰正确的认识，又可以丰富自己的精神生活，及时调整自己的行为，以便更好地适应环境。

6. 人格健全　人格中的能力、兴趣、需要、性格、气质等人格心理特征和人格倾向性和谐而统一。充分地了解自己，能够客观分析自己的能力，并作出恰如其分的判断，有限度地发挥自己的才能与兴趣爱好，体验成功感和满足感。另外，个人的基本需要应得到一定程度的满足，当个人的需求能够得到满足时，就会产生愉快感和幸福感。

7. 行为正常　能坚持正常的生活、学习、工作，一切行为与多数同龄人相一致，并符合自己的身份和角色。

对于老年人心理健康的标准，我们要从动态的、发展的角度进行分析，切忌由于某项标准的轻微或短暂不符就断定老年人心理不健康，进而带来负面影响。

二、老年人心理健康的维护与促进

（一）维护与促进老年人心理健康的原则

1. 适应原则　心理健康强调人与环境的和谐一致。人与环境能否达到动态平衡，不仅依靠个体对环境的被动顺应、妥协，更主要的是个体能积极、主动、能动地适应并改造环境。因此，应指导老年人学会面对环境中的不良刺激并设法减轻其对身心的影响；学会协调各种人际关系，发挥自己的潜能，以维护和促进心理健康。

2. 整体原则　人是一个身心统一的整体，身心相互影响。因此，老年人应通过积极的体育锻炼、卫生保健和培养健康的生活方式来增强体质和生理功能，促进心理健康。

3. 系统原则　人是一个开放系统，受到所处自然环境和社会环境的影响。要维护人的心理健康，需关注家庭、群体、社区、社会对机体的影响。为了促进老年人的心理健康，创建良好的家庭或群体心理氛围也很重要。所以，只有从自然、社会文化、道德、人际关系等多方面、多角度、多层次考虑和解决问题，才能达到系统内外环境的协调与平衡。

4. 发展原则　人的心理健康状况是一个动态发展的过程，应充分考虑到人的心理状况在不同年龄阶段、不同时期、不同身体状况、不同环境中的可变性和可塑性。所以，不仅要了解老年人现有的心理健康水平，而且要重视他们过去的经历，挖掘他们的潜能，以发展的观点促进其心理健康。

（二）维护与促进老年人心理健康的措施

1. 帮助老年人正确认识生、老、病、死

（1）树立正确的衰老观：古往今来没有人可以长生不老，如果总处于一种年龄增长、生命垂暮、死亡将至的心理状态，就会加速心理及生理的衰老。如在思想上有所准备，承认现实并能够正确对待衰老，泰然处之，就会产生一种青春活力，促进健康。老年人应客观地意识到岁月不饶人，不能逞强，也不应把自己贬得一无是处。虽然社会和家庭不再是靠老年人来支撑，但老年人阅历丰富、知识广博，可以为社会继续发挥余热，从而使老年人获得心理上的满足和平衡。

（2）树立正确的疾病观：有些老年人不能实事求是地评价自己的健康状况，过度担心自己的疾病和不适，对待疾病焦虑烦躁，忧心忡忡，悲观失望，这种心理状态会加重疾病和躯体不适，加速衰老，对健康十分不利。只要老年人能正确对待疾病，积极配合治疗与护理，保持乐观，养成良好的生活方式，积极进行身心保健，是完全可以延年益寿的。

（3）树立正确的生死观：死亡为生命的一个自然阶段，是生命有机体的自然变化。有些老年人到晚年或身患重病时，出现对死亡的恐惧，愁绪满怀、忧心忡忡，进而自暴自弃，消极悲观，这样反而影响健康，加速死亡的到来。只有树立正确的生死观，克服对死亡的恐惧，才能以无畏的勇气面对将来生命的终结，也才能更加珍惜生命，使生活更有意义和乐趣，提高生存质量。

2. 帮助老年人树立老有所为、老有所乐的观念

（1）帮助老年人正确看待离退休问题，树立老有所为的观念：老年人到了一定的年龄从工作岗位上退下来，这是一个自然的、正常的、不可避免的过程。老年人退休后社会联系骤然减少，会觉得冷清寂寞。为避免退休后心理失去平衡，在离退休前就要做好心理准备，如经济上的收支计划、生活上的安排等，以实现平稳过渡。为避免离退休后无所事事，产生孤独、抑郁，老年人应积极参加社会活动，做些力所能及的工作，继续发挥余热，实现老有所为的理想，这不仅有利于社会，而且有益于健康。

（2）帮助老年人保持乐观、豁达的心态，实现老有所乐：人的情绪波动对身体健康的影响是巨大的。快乐与豁达是一种宝贵的资源，当情绪稳定、乐观、心情愉悦时，大脑神经中枢会持续不断地分泌快乐激素，这些快乐激素能提高机体免疫力，使人延年益寿。所以老年人应保持乐观的情绪，保持好奇心，与时俱进，保持积极进取的人生态度，进而提高其生活质量，提升其人生的价值。

3. 指导老年人老有所学　研究表明，对老年人的视、听、嗅、味等的感觉器官进行适当的刺激，可增进其感知觉功能，提高记忆力、想象力、思维力等认知能力。老年人仍然需要学习，科学用脑，丰富精神生活，延缓大脑衰老。应组织老年人上各种老年大学，指

导老年人根据自身的具体条件和兴趣学习和参加一些文体活动,如绘画、音乐、舞蹈、园艺、健身操等。学习老年常见疾病的防治知识,了解老化带来的生理及心理的变化及适应方法,从而做到自我保健。同时还要了解国内外大事,学习新知识,更新观念,更新自己的专业知识和技能,紧跟时代的步伐,要活到老,学到老。

4. 指导老年人建立良好的家庭关系　家庭是老年人生活的主要场所,老年人的心理状态与家庭关系、家庭氛围息息相关。亲情最能表达人性之美,给人带来温馨和快乐。一方面作为老年人要以宽容大度的胸怀处理好与晚辈的关系。另一方面作为晚辈应该理解老年人的心理状态,充分体谅他们各种能力的衰退现象以及当前的处境与心情,更多地给予安慰、体贴和照顾,让他们轻松愉快地欢度晚年。夫妻恩爱有助于老年人保持舒畅的心理状态,有利于双方的健康,老年夫妻间要相互关心、相互照顾,更要注重情感交流。家庭成员要为老年人的衣、食、住、行、学、乐等创造条件,为老年人提供必要的经济和物质上的帮助,让老年人感到老有所依。总之,家庭关系和睦,家庭成员互敬互爱则有利于老年人的健康长寿。

5. 指导老年人在日常生活中进行心理保健

(1)培养广泛的兴趣爱好:有些老年人,兴趣与爱好越来越少,日子长了,可产生"活着无意义"的悲观情绪。怎样把闲逸的生活时间安排得饶有乐趣、丰富多彩,对维护老年人的心理健康至关重要。老年人要根据自己的情况,有意识地培养一两项兴趣爱好,如养鸟、种花、摄影、园艺、烹调、旅游、钓鱼等。广泛的兴趣爱好既可以开阔视野、丰富生活内容、扩大知识面、激发对生活的兴趣、有效地帮助自己摆脱孤独和抑郁等不良情绪,又可以协调、平衡神经系统的活动,使神经系统更好地调节全身各个系统、器官的生理活动,对延缓衰老起积极作用,促进生理及心理的健康。

(2)培养良好的生活习惯:危害老年人健康的心血管疾病、脑血管疾病和癌症等疾病与不良的生活方式和行为习惯密切相关。良好的生活习惯的建立还有利于老年人的心理健康。老年人应力求做到饮食有节、起居有常、戒烟限酒、修饰外表、装饰环境,多参与社会活动,扩大人际交往,多接触大自然,这些都有助于克服消极心理,振奋精神。

(3)坚持适量运动:老年人参加各种体育运动能增强自己的体质,延缓增龄所带来的各器官功能的衰退;提高老年人独立生活的能力,减轻老年生活的孤独、抑郁和失落的情绪。老年人可根据自己的体质和兴趣,有选择地进行运动。运动包括体力运动和脑力运动。跑步、打球、爬山、打太极拳等是体力运动,下棋、打牌等则是脑力运动,适当进行脑力运动能延缓大脑功能的衰退。

6. 建立良好的社会支持系统

(1)树立尊老、敬老的社会风尚:尊老敬老是中华民族的传统美德,也是我国老年人心理健康的良好社会心理环境。目前,虽然大多数人能够做到孝敬父母、赡养老年人,但遗弃、虐待老年人的也不乏其人。为促进健康老龄化的实现,促进社会和谐稳定发展,应加强宣传教育,继续大力倡导尊老、敬老。

（2）维护老年人的合法权益：应加强老龄问题的科学研究，为完善相关法律提供依据。老年人权益保障的法律法规为增强老年人安全感、解除后顾之忧、安度晚年提供社会保障。

（3）发展老年人服务事业：为方便老年人的生活和保健需要，须改造不适应人口老龄化的住宅、社区、环境，提供适合老年人的衣、食、住、行、用、文等各种消费品，建立高服务水平的老年公寓、老年人门诊、老年人社区护理站，加强老年人的社会保险，完善老年人综合福利设施。

第三节　老年人常见心理问题与精神障碍的护理

工作情景与任务

导入情景：

李奶奶，69 岁。于半年前出现失眠，有时整夜睡不着觉，食欲下降，情绪低落，自述脑子坏了，反应慢，什么也干不了，自己的病也好不了。过分自责，认为一家人全让她给拖累了，整天担心孩子及家人的生活，有时坐立不安、心慌、口干、烦躁、易怒，见什么都烦，在家自己打自己，打完后就哭，症状晨起较重，晚上较轻，经常觉得活着没意思，曾企图上吊自杀未遂。李奶奶在家人陪同就诊后，住进精神卫生中心。

工作任务：

1. 对李奶奶进行正确的护理评估并列出相应的护理诊断。

2. 针对李奶奶的疾病状况制订科学的护理计划。

一、老年人常见心理问题的护理

当老年人对生理、心理、社会变化适应不良时，常产生老年期适应障碍。常见的心理问题有焦虑、抑郁、孤独、离退休综合征、空巢综合征等。

（一）离退休综合征

离退休综合征是指老年人由于离退休后不能适应新的社会角色、生活环境和生活方式的变化而出现的焦虑、抑郁、悲哀、恐惧等消极情绪，或因此产生偏离常态行为的一种适应性的心理障碍。从社会心理学的观点来看，主要是由于这些离退休老年人不能很好地进行角色转换，即不能很快地从工作状态转换到休闲状态所致。

1. 原因

（1）心理调适：老年人无心理准备而突然离退休下来，不能很好地调适自己的心理状态，易产生强烈的情绪体验，从而破坏机体内环境的稳定，导致中枢神经功能和内分泌功能失调。

（2）人格特点：平素工作繁忙、事业心强、严谨、固执、急躁、过度内向的人易患离退休综合征，因为他们过去每天都紧张忙碌，突然变得无所事事，再加上人格的原因，容易出现心理失调。

（3）个人爱好：离退休前无特殊爱好的人容易发生离退休综合征，因为这些人离退休后失去了精神寄托，生活变得枯燥乏味、缺乏情趣。而那些离退休前就有广泛爱好的老年人则不同，工作重担卸下后，他们反而可以充分享受兴趣爱好所带来的生活乐趣，自然不易出现心理异常。

（4）社会支持：老年人离退休后，作为社会支持者的亲朋好友和社会团体成员与老年人的来往如果明显减少，老年人人际交往不良，烦恼无处倾诉，情感需要得不到满足，易使老年人产生孤独、寂寞、空虚等不良情绪，导致离退休综合征。

（5）职业性质：离退休前职务较高的领导干部易患离退休综合征，因为这些人随着职业角色的消退和权力影响力的下降，心理落差较大。离退休前无一技之长的人也易患此综合征，因为他们想再就业的难度较大。

2. 主要表现

（1）焦虑症状：表现为坐卧不安，行为重复，犹豫不决，无所适从。有时出现强迫性定向行走。注意力不能集中，常做错事。性格变化明显，容易急躁和发脾气，对什么都不满意。多疑，烦躁不安，常猜疑别人有意刺激自己。平素颇有修养的当事者有时候也会一反常态，而不能客观地评价外界事物。

（2）抑郁症状：表现为情绪低落，郁闷、沮丧，意志消沉、萎靡不振；有强烈的失落感、孤独感和衰老无用感，对未来生活感到悲观失望，自信心下降，行为退缩，兴趣减退，不愿主动与人交往。

（3）躯体不适：表现为头痛、头晕、失眠、胸闷、乏力、全身不适等症状，现有躯体疾病无法解释这些症状。

绝大多数老年人在一年内恢复，性情急躁而固执的老年人则需较长时间。应警惕离退休综合征转化为抑郁。

（二）空巢综合征

空巢是指无子女或子女成人后相继离开家庭，形成中老年人单独居住的状况，特别是单身老年人家庭。空巢综合征是指老年人生活在空巢环境中，由于人际疏远而产生被疏离、舍弃的感觉，出现孤独、空虚、寂寞、伤感、精神萎靡、情绪低落等一系列心理失调和躯体不适综合征。

1. 原因

（1）老年人独居时间增多：①许多老年人希望自己有更多的自由空间而选择与子女分居。②部分老年人因对久居的社区怀有深厚感情，自身不愿意离开熟悉的环境，从而选择与子女分开生活。③部分因子女赡养老年人的观念淡薄，嫌弃老年人，不愿与老年人住在一起。④随经济的迅速发展，子女外出打工、经商、出国等人口流动增多。⑤住房制度的改革和住房水平的提高，许多子女结婚后都有条件拥有住房，使得老年人与子女分开生活越来越多。

（2）自身人格的原因：一般性格内向，人际交往较少，兴趣爱好不多的老年人，一旦儿女离开身边，易患空巢综合征。

2. 主要表现

（1）心理社会方面：子女离家之后，老年人从原来多年形成的紧张有规律的生活，突然转入松散的、无规律的生活状态。精神空虚、无所事事，无法很快适应，因而出现情绪不稳、烦躁不安、消沉抑郁、孤独、悲观，加之社会交往减少，对自己存在的价值表示怀疑，陷入无趣、无欲、无望、无助状态，甚至出现自杀想法和行为。

（2）生理方面：①躯体化症状，受空巢影响产生的不良情绪，可导致一系列的躯体症状和疾病，如失眠、早醒、睡眠质量差、头痛、畏食、心慌气短、消化不良等。②疼痛泛化：老年人本身常患有一些慢性疾病，引起疼痛，但并不是非常严重，空巢综合征可能使疼痛加重，使老年人的生活质量受到很大影响。

【护理评估】

1. 健康史　询问老年人家庭成员情况、独居时间、社会交往情况；有无头痛、头晕、失眠、心悸、胸闷、乏力、畏食、全身不适等症状；评估老年人有无躯体疾病；评估老年人自我照顾能力。

2. 身体状况　详细进行体格检查，及时发现躯体疾病的体征。

3. 心理－社会评估

（1）心理功能状态：评估老年人对离退休、空巢家庭的态度和适应能力；老年人情绪的强度和紧张度，对未来的态度；社会活动情况；了解老年人的性格与兴趣爱好，有无爱静、孤僻、离群、懒散等人格变化现象。

（2）社会支持系统：评估老年人有无可依靠的子女、亲属和朋友，老年人与家人、邻居、同事、朋友之间相处是否融洽，亲疏程度。

（3）生活环境：评估老年人是否独居，子女的状况，居住环境是否安全，有无老年人社交活动场所及合适的空间，有无关心老年人的组织结构，社区配套、服务状况。

（4）家庭功能：评估家属是否有足够的时间和人力长期支持和帮助老年人，来满足老年人生存、安全等生理、心理、社会方面的基本需要；评估老年人在家庭中的情况，包括情感方面、家庭角色、与家庭成员的关系及家庭地位。

4. 辅助检查　可借助于汉密尔顿焦虑量表（量表5）、状态－特质焦虑问卷（量表6）、汉密尔顿抑郁量表（量表7）、老年抑郁量表（量表8）评估老年人的焦虑、抑郁程度；还可用 APGAR 家庭功能评估表（量表9）、社会支持评定量表（SSRS）（量表12）评估老年人社会支持水平。

【常见护理诊断/问题】

1. 焦虑　与老年期老化改变、离退休、空巢、尊重和自尊的需要未得到满足有关。

2. 个人应对无效　与对离退休及空巢缺乏足够的心理准备、适应能力差、缺乏社会支持和资源有关。

3. 社交障碍　与老年人机体功能衰退、社会交往减少、居住高楼、体弱多病、缺乏可靠的亲属和朋友及社交活动的场所有关。

4. 家庭作用改变　与离退休后收入减少、家长地位与作用发生改变、对家庭的精神寄托与心理依赖受到影响有关。

5. 自尊紊乱　与机体功能老化改变、生活能力下降、离退休角色转换障碍有关。

6. 精神困扰　与角色转变不适应有关。

【护理目标】

1. 老年人能主动适应老年期老化改变，积极应对离退休、空巢，进而使焦虑得以缓解。

2. 老年人能做好心理准备，主动寻求支持。

3. 老年人能扩大社会交往，培养广泛的兴趣爱好。

4. 老年人能多和子女进行思想和情感的交流，获得价值感和幸福感。

5. 老年人能接纳自己的老化改变，热爱生活，提高自信心和自尊感。

6. 老年人能主动适应角色的转变，精神困扰得以减轻。

【护理措施】

1. 正视离退休和空巢，提前做好计划和心理准备　只有积极正视，才能有效防止离退休和空巢带来的不良影响，产生安全感，泰然处之，较快适应新的生活方式和生活环境。

2. 引导老年人调整心态，顺应规律　积极应对离退休和空巢。衰老是不以人的意志为转移的客观规律，离退休也是不可避免的。这既是老年人应有的权利，也是国家赋予老年人安度晚年的一项社会保障制度，要将离退休生活视为另一种绚丽人生的开始，重新安排自己的工作、学习和生活。老年人应把子女长大离家看作自己抚养的成就，把独自生活当作自己锻炼社会适应能力的机会，从而战胜空巢综合征。

3. 子女要多关心父母　子女要充分认识到老年人在生理和心理上可能遇到的问题，做到心中有数，有的放矢地为父母做一些实事，经常与父母通过各种方式进行情感和思想的交流，创造条件常回家看看，给老年人精神上的慰藉。

4. 政府部门重视并采取有效措施　建设老年服务中心和老年护理中心等养老设施，向老年人提供稳定、规范化的服务。在社区设立专业的老年人心理咨询场所和服务热线，普及老年人心理学知识，及时缓解老年人的心理压力。开展有利于老年人参与的社会活动，改变老年人孤立生活的环境。改善老年人居住环境，充分考虑老年人的特殊需求。各级政府和有关部门应互相配合，齐心协力做好老年人养老保险、退休金、医疗保障、老年文化活动等合法权益的维护工作。

5. 必要的心理和药物治疗　老年人出现身体不适、心情不佳、情绪低落时，应该主动寻求帮助，切忌讳疾忌医。对于患有严重的焦虑不安和失眠的老年人，可在医生指导下进行心理治疗，并适当给予药物治疗。

【护理评价】

1. 老年人是否能主动适应老年期老化改变,积极应对离退休、空巢,进而使焦虑得以缓解。

2. 老年人是否做好心理准备,主动寻求支持。

3. 老年人是否扩大社会交往,培养广泛的兴趣爱好。

4. 老年人是否多和子女进行思想和情感的交流,获得价值感和幸福感。

5. 老年人是否接纳自己的老化改变,热爱生活,提高自信心和自尊感。

6. 老年人是否主动适应角色的转变,精神困扰得以减轻。

此外,老年人常见的心理问题还有丧偶综合征、高楼住宅综合征等。

知识窗

高楼住宅综合征

高楼住宅综合征是指长期居住于高层闭合式住宅里,与外界很少接触,也很少到户外活动,从而引起一系列生理和心理的异常反应,多发生于离退休的老年人。在冬春季,由于老年人的活动量少,免疫能力下降,尤其多见。

高楼住宅综合征主要表现有:体质虚弱,四肢无力,面色苍白,不易适应气候变化,不爱活动,性情孤僻、急躁、难以与人相处等;还会导致肥胖症、糖尿病、骨质疏松症、高血压病及冠心病等,此综合征出现后极易产生老年人与子女之间关系的紧张。

二、老年人常见精神障碍的护理

(一)老年期焦虑症

焦虑是一种很普遍的情绪反应。适度的焦虑可以促使个体更好地适应变化,以适当的方式应对压力源。但持久过度的焦虑则会严重影响个体的身心健康。随着年龄的增长,老年人的焦虑心理日益突出。老年期焦虑症是指发生在老年期以广泛和持续焦虑或反复发作的惊恐不安为主要特征的神经症性障碍。老年期焦虑症病人常有易烦恼、紧张、过分自责、适应能力差、敏感等人格特征。

导致老年期焦虑症可能的原因为:①各种生活事件,如离退休、丧偶、空巢、再婚、经济窘迫、家庭关系不和、对疾病过分担忧等。②疾病或药物副作用,如抑郁症、疑病症、肾上腺肿瘤、甲状腺功能亢进症、低血糖、直立性低血压;某些药物的副作用,如抗胆碱能药物、咖啡因、β-受体阻滞剂、皮质类固醇等,均可引起焦虑反应。③老年人体弱多病,行动迟缓,力不从心。

【护理评估】

1. 健康史　询问老年人有无惊恐、紧张不安、心烦意乱、坐卧不安等症状;持续时间长短等；有无潮热、多汗、口干、面手发麻、头痛、头晕、失眠、心悸、胸闷、乏力、畏食，全身不适等症状；了解老年人的人格特征、有无生活事件发生、有无躯体疾病；评估老年人自我照顾能力。

2. 身体状况　焦虑包括指向未来的恐惧不安和痛苦的内心体验、精神运动性不安以及伴有自主神经功能失调表现三方面症状，分急性焦虑和慢性焦虑两类。

急性焦虑主要表现为急性惊恐发作。发作时突然感到不明原因的惊慌伴失控感或濒死感，表现为紧张不安、心烦意乱、坐卧不宁、激动、哭泣，常伴有胸闷、心悸、多汗（手掌为甚）、四肢麻木、血压升高、尿频等躯体症状。部分病人可以产生妄想和幻觉。一般持续 5～20min，往往不超过 1h 即可自行缓解，病人意识清醒，事后能够回忆。

慢性焦虑的焦虑情绪持续较久，表现为经常提心吊胆，有不安的预感，注意力不集中。平时比较敏感，生活中稍有不如意就心烦意乱，易与他人发生冲突等。

持久过度的焦虑可使食欲和消化功能下降，影响到各种营养素的供给、消化和吸收，加之头痛、失眠等症状，这些不良影响通过各种生理生化机制，使免疫功能下降，易于罹患各种慢性疾病，损害老年人的身心健康。危害更甚的是焦虑可能成为某些老年人自杀的重要诱因。因此，焦虑对老年人的危害应引起足够的重视。

3. 心理－社会评估　评估老年人的人格特点，有无易烦恼、过分自责、适应能力差、敏感多疑等人格特征；对生活事件的应对方式，如有无认知方式消极、对人对事过于敏感，行为有无患得患失、犹豫不决；评估老年人的家庭、婚姻、子女、生活环境及社会支持系统对老年人的影响。

4. 辅助检查　可借助于汉密尔顿焦虑量表（量表 5）、状态－特质焦虑问卷（量表 6）评估老年人的焦虑程度；还可用 APGAR 家庭功能评估表（量表 9）、社会支持评定量表（SSRS）（量表 12）评估老年人社会支持水平。X 线胸部摄片、心电图等检查有助于发现引起焦虑的躯体疾病。

【常见护理诊断/问题】

1. 焦虑　与老年期老化改变、负性生活事件等有关。
2. 舒适的改变　与焦虑伴随的自主神经功能紊乱有关。
3. 部分自理缺陷　与紧张恐惧、不能料理日常生活、诸多躯体不适有关。

【护理目标】

1. 老年病人焦虑得到缓解。
2. 老年病人焦虑伴随的头晕、胸闷、心悸等症状有所减轻。
3. 老年病人逐渐恢复自理能力。

【护理措施】

1. 一般护理

（1）为老年人提供安静、安全、舒适、无刺激的环境：室内光线要柔和。病室、居室及床单位要简单安全。严重惊恐发作时，应有专人看护。

（2）部分自理缺陷者，护理人员应为其制定日常生活计划：护理人员督促检查日常生活计划执行情况，必要时协助完成。老年人如有食欲减退、体重下降等情况时，鼓励其进食，帮助选择营养丰富、易消化、可口的食物。

2. 对症护理

（1）评估焦虑程度：观察记录焦虑的行为与语言表现，全面评估躯体状况、引起焦虑的原因以及目前正在使用的控制焦虑的应对技巧。

（2）同理老年人的感受：让老年人对疾病有一定的自制力，以便主动调整行为。鼓励老年人表达自己的情绪和不愉快的感受，充分理解老年人的焦虑状态，用支持性语言帮助其渡过危机，并有效地适应和面对。

（3）减轻紧张情绪：运用各种方法，分散老年人的注意力，减轻紧张度，如缓慢地深呼吸，放松全身肌肉、听音乐、静坐等，必要时护理人员可与老年人一起体验。

（4）社会支持：帮助老年人尽快适应新生活、新角色。开展心理疏导，协助老年人家属解决具体问题。护理人员要协助分析老年人可能存在的家庭困扰，确定正向的人际关系，并寻求解决方法，如家庭治疗或夫妻治疗。根据其生活习惯、受教育程度来指导老年人采取有效的应对方式减轻焦虑，如松弛疗法。

3. 用药护理　老年焦虑症治疗以心理疏导为主，严重者需采用药物治疗。常用药物有苯二氮䓬类，如地西泮、阿普唑仑、氯硝西泮等。但抗焦虑药物一般不宜超过6周。抗焦虑药物最大的缺点是易产生耐受性和依赖性，突然停药可产生戒断综合征。用药后注意评估药物的疗效和观察不良反应。

4. 健康教育　教育老年人正确对待生活事件，指导老年人学会自我疏导和自我放松。耐心地向病人讲解本病的有关知识，消除顾虑。定期进行健康检查，积极治疗能引起焦虑的原发疾病，做到早发现、早治疗，尽量减轻疾病对身心的危害。

【护理评价】

1. 老年病人的焦虑是否得以缓解。

2. 老年病人焦虑伴随的头晕、胸闷、心悸等症状是否有所减轻。

3. 老年病人是否逐渐恢复自理能力。

（二）老年期抑郁症

抑郁症是一种以持久的心境低落为特征的情感性精神障碍，主要表现为情绪低落、焦虑、迟滞和躯体不适等，但这些症状又不是器质性病变引起。抑郁是个体失去某种其重视或追求的东西时产生的态度体验，是一种常见的情绪反应，短暂的抑郁情绪不是抑郁症。老年期抑郁症泛指存在于老年期这一特定人群的抑郁症，是老年期最常见的情感性精神障碍。由于老化给老年人的生理、心理、社会文化带来了重大的影响，使老年人易于产生抑郁情绪，且较为严重。老年人的自杀通常与抑郁有关。世界卫生组织提出，21世纪预防老年抑郁是重要的心理卫生任务之一。

导致老年期抑郁症的病因不是很明确，可能由生物、生理、病理等多方面因素引起：

①生物因素,老化造成中枢神经系统活动改变,一些神经递质减少,对老年期抑郁症起着重要作用。②生理病理因素,老年人常患多种躯体疾病,同时老年人对疾病的耐受力减退,疾病的压力是本病常见的诱因。③心理－社会因素,老年人遭受的心理社会事件较多,如退休、丧偶、子女分居,与社会联系减少、对事物消极的认知评价等,造成老年人空虚、寂寞、孤独、消极以致发生苦闷、抑郁。加之老年人生理和心理的老化,使其承受和缓冲精神创伤的能力下降。这往往是本病发生发展的重要因素。

【护理评估】

1. 健康史 询问老年人有无紧张、焦虑、头痛、头晕、失眠、心悸、胸闷、乏力、畏食、全身不适等躯体症状,何时发病,有无诱因,持续时间长短等。评估老年人有无躯体疾病,评估上述症状与现存躯体疾病的关系。

2. 身体状况

(1)精神症状:主要包括情绪低落、思维迟缓和行为活动减少三个主要方面,以情绪低落最常见。

(2)躯体症状:常见有头痛、心悸、胸闷、失眠、嗜睡,有食欲增加和减少、腹胀、便秘等。其中最常见的是睡眠障碍,表现为早醒、多梦、易醒等。常被误诊为消化系统疾病、冠心病、神经症等。

老年期抑郁症的特点:①躯体症状多见,且病人往往对躯体症状过分关注,因此怀疑自己患上某种躯体疾病。②焦虑,表现为坐立不安、搓手顿足、惶惶不可终日。③妄想多见,如疑病妄想、被害妄想、关系妄想等,这类妄想往往与老年人的心理状态有关。④自杀倾向,老年人自杀倾向高于一般人群,原因之一是抑郁。

3. 心理－社会评估 评估老年人的人格特点,适应能力;评估有无与老年人有关的生活事件,老年人对生活事件的心理应对方式,如有无认知方式消极;评估老年人的家庭、婚姻、子女、生活环境及社会支持系统对老年人的影响。

4. 辅助检查 可借助于汉密尔顿抑郁量表(量表7)、老年抑郁量表(量表8)评估老年人的抑郁程度;还可用 APGAR 家庭功能评估表(量表9)、社会支持评定量表(SSRS)(量表12)评估老年人社会支持水平。通过实验室及其他检查有助于发现躯体疾病。

【常见护理诊断／问题】

1. 有自杀的危险 与严重抑郁、悲观情绪、自责自罪观念、消极观念和无价值感有关。

2. 个人应对无效 与不能满足角色期望、无力解决问题,对未来丧失信心,不合理使用心理防御机制有关。

3. 思维过程紊乱 与消极认知态度有关。

4. 睡眠形态紊乱 与精神压力有关。

【护理目标】

1. 老年病人自责自罪观念减轻,无自杀行为。

2. 老年病人能合理使用心理防御机制,能解决生活中的实际问题,对未来有信心。

3. 老年病人思维过程紊乱得以缓解,妄想和幻觉得以消除。

4. 老年病人生活有规律,睡眠紊乱得以改善。

【护理措施】

1. 一般护理

(1)保持合理的休息和睡眠:生活要有规律,鼓励病人白天参加娱乐活动和适当的体育锻炼,睡前避免看过于刺激的电视节目或会客。为病人创造舒适的入睡环境,确保病人有充足的睡眠。

(2)饮食护理:给予营养丰富、易消化、清淡的饮食,多食新鲜蔬菜、水果,少吃油腻、淀粉类食物。

2. 严防自杀 自杀观念与行为是抑郁症最严重的危险症状。病人往往事先计划周密,行动隐蔽,并不惜采取各种手段与途径以达到自杀目的。

(1)识别自杀动向:首先应与病人建立良好的人际关系,在与病人的接触中,应能识别自杀动向,如在近期曾有过自我伤害或自杀未遂行为;或焦虑不安、失眠、沉默少语或抑郁的情绪突然"好转",在危险处徘徊,拒餐,卧床不起等,此时应给予心理上的支持。

(2)环境布置:病人住处应光线明亮,空气流通,整洁舒适。墙壁以明快色彩为主,室内摆放适量鲜花,以利调动病人积极良好的情绪,焕发其对生活的热爱。

(3)专人守护:对有强烈自杀企图者,要专人24小时看护,不离视线,必要时经解释后予以约束,以防意外。

(4)工具及药物管理:凡能成为自杀、自伤的工具都要管理好。妥善保管好药物,以免病人一次大量吞服。

3. 用药护理 本病用药时间长,常有药物不良反应,病人往往对治疗信心不足或不愿服药。要耐心说服病人严格遵医嘱服药,不可随意增减药物,更不可中途停药。

目前临床上常用的抗抑郁药有:①三环类和四环类抗抑郁药,如多塞平、阿米替林等。不良反应有口干、便秘、视物模糊、直立性低血压、嗜睡、皮疹等,老年病人不作为首选。②选择性5-羟色胺再摄取抑制剂(selective serotonin reuptake inhibitor, SSRI),如氟西汀、帕罗西汀、舍曲林等。不良反应轻微,有头痛、畏食、恶心等,多发生在服药初期,之后可消失,不影响治疗。

4. 心理护理

(1)阻断负向的思考:老年期抑郁症病人常会不自觉地对自己或事情保持负向看法,护理人员应首先协助病人确认这些负向看法,并逐渐加以取代和减少;其次可以帮助病人回顾其优点、长处、成就,增加正向看法。

(2)鼓励表达:在接触语言反应较少的病人时应耐心地通过缓慢的语言以及非语言的方式,逐渐引导病人注意外界,同时利用沟通技巧,协助病人表达其看法。

（3）学习新的应对技巧：为老年期抑郁症病人创造接触外界的机会。协助病人改善处理问题及人际互动的方式，增强其社会交往的技巧，并教会病人亲友识别和鼓励病人的适应性行为，忽视不适应行为，以改变病人的应对方式。

5. 健康教育

（1）回归社会：教育老年期抑郁症病人不脱离社会，培养兴趣，合理安排生活，多与社会保持联系，积极参加力所能及的活动。

（2）亲情慰藉：鼓励子女与老年人同住，子女对老年病人不仅要在生活上给予照顾，同时要在精神上给予关心。

（3）社会支持：社区和老年护理机构等要创造条件，让老年病人互相交往和参加一些集体活动，针对老年期抑郁症的预防和促进心理健康等开展讲座，进行心理健康教育和心理指导。

【护理评价】

1. 老年病人的自责自罪观念是否减轻，不发生自杀。

2. 老年病人是否能合理使用心理防御机制，是否能解决生活中的实际问题，对未来有信心。

3. 老年病人的思维过程紊乱是否得以缓解，妄想和幻觉得以消除。

4. 老年病人是否生活有规律，睡眠紊乱得以改善。

（三）老年期痴呆

老年期痴呆（dementia in the elderly）是指老年期由于大脑的退行性病变、脑血管病变和脑外伤、肿瘤、感染、中毒或代谢障碍等病因所致的以痴呆为主要临床表现的一组疾病。老年期痴呆主要包括老年性痴呆，又称阿尔茨海默病（Alzheimer's disease，AD）、血管性痴呆（vascular dementia，VD）、混合性痴呆（mixed dementia，MD）和其他类型如脑外伤、颅内血肿、帕金森病等引起的痴呆。临床以阿尔茨海默病和血管性痴呆多见，占老年期痴呆的70%～80%。老年期痴呆不仅严重影响老年人的生活质量，而且给家庭和社会带来沉重的负担。下面重点介绍阿尔茨海默病。

阿尔茨海默病又称老年性痴呆，是多种因素所致慢性、渐进性发展的神经变性疾病。以弥漫性大脑皮质萎缩为特征。临床表现为记忆能力、视觉空间关系能力、语言能力、抽象思维能力、学习能力、计算能力和行为能力不同程度下降，人格和精神行为异常，出现严重的认知障碍。主要病理特征是老年斑、神经原纤维缠结、胶质细胞增生的炎症反应、突触功能异常和丢失、神经元变性和死亡、淀粉样血管病变。

病因至今不明，一般认为与下列因素有关：①高龄，是脑组织退行性病变唯一的明确危险因素。②遗传因素，从家系及孪生子的调查以及遗传流行病学的调查资料表明，阿尔茨海默病有家族聚集性，大约10%的病例有阳性家族史，并发现多项基因，如ApoE4（载脂蛋白E4）、前体蛋白（SPP）、早老素-1（SP-1）、早老素-2（SP-2）、巨球蛋白等与阿尔茨海默病有关。③神经生化改变，神经递质如乙酰胆碱减少，影响记忆和认知功能。

④脑血管疾病,有研究表明老年性痴呆与脑血管供血不足有关,脑血管疾病可直接造成血管性痴呆,也可导致老年性痴呆。⑤脑外伤,较重的脑外伤病史。⑥其他,叶酸和维生素B_{12}的缺乏,可导致认知功能减退;内分泌疾病如甲状腺功能减退可导致认知功能障碍;酒精中毒、一氧化碳中毒、金属铝中毒对脑功能都有一定的损害和影响;丧偶、文化水平低下、独居、经济困难、重大生活事件等心理社会因素。

【护理评估】

1. 健康史　评估病人的认知功能,如记忆、思维、理解力、注意力、应答力、分析综合能力等有无改变。有无行为、人格改变。了解老年人有无阿尔茨海默病发病的可能因素,如脑外伤、心脑血管疾病、糖尿病、吸烟、酗酒以及一氧化碳、铝元素接触史等。家族中有无类似病人。

2. 身体状况　本病起病隐匿,为特点性、进行性病程,无缓解,由发病至死亡的病程为8～10年,但也有些病人病程可持续15年或以上。应注意和血管性痴呆进行区分(表6-1)。

表6-1　阿尔茨海默病与血管性痴呆的鉴别

	阿尔茨海默病	血管性痴呆
起病	隐匿	较急,呈发作性,有高血压病史
病程	缓慢,持续不可逆性进展	波动或呈阶梯式进展
早期症状	近记忆力障碍 全面性痴呆	脑衰弱综合征 以记忆障碍为主的局限性痴呆
精神症状	判断力、自知力丧失 早期即有人格改变 情感欣快或淡漠	判断力、自知力较好 人格相对完好 情感脆弱
神经系统	早期多无局限性症状和体征	有局限性症状和体征
脑影像学	脑萎缩	多发脑梗死或脑软化灶

阿尔茨海默病根据病情演变,一般分为三期。

第一期(遗忘期,即初期):①首发症状为记忆减退,尤其是近期记忆减退明显,不能学习和保留新信息。②语言能力下降,不能用合适的词语表达思维内容,甚至出现孤立性失语。③定向力障碍,空间定向不良,易于迷路。④抽象思维和判断能力受损。⑤情绪不稳,情感幼稚,易激惹,偏执、急躁、缺乏耐心、易怒等。⑥人格改变,如主动性缺乏、活动减少、孤僻、自私、对周围环境兴趣减少、对人缺乏热情,敏感多疑。本期能保持日常生活自理能力,一般不需特别照顾。病程可持续1～3年。

第二期(混乱期,即中期):①完全不能学习和回忆新信息,远期记忆受损但未完全丧失。②注意力不集中。③定向力进一步丧失,常去向不明或迷路,并出现失语、失认、失用、失写、失计算。④日常生活能力下降,如洗漱、梳头、进食、穿衣及大小便等需要别人协助。⑤人格进一步改变,如兴趣更加狭窄,对人冷漠,言语粗俗,无故打骂家人,不知整洁,缺乏羞耻感和伦理感,行为不顾社会规范,甚至发生违法行为。⑥行为紊乱,如精神恍惚,无目的地翻箱倒柜;收藏废物,怕被盗窃;无目的徘徊,甚至出现攻击行为;动作日渐减少。本期病人不能独立生活,需要特别照顾,是护理照护中最困难的时期,多在起病后的2~10年。

第三期(极度痴呆期,即末期):①生活完全不能自理,卧床不起,大小便失禁。②智能完全丧失。③无自主运动,缄默不语,不会吞咽,成为植物人状态。常因吸入性肺炎、压疮、泌尿系感染等并发症而死亡。本期多在发病后的8~12年。

3. 心理-社会评估　一方面,阿尔茨海默病病人大多数时间被限制在家里,因而常感到孤独、寂寞、抑郁、消极厌世,甚至有自杀行为。另一方面,因老年人患病时间长、自理缺陷、人格障碍等,需要家人付出大量时间和精力进行照顾,常给家庭带来很大烦恼,也增加了社会负担,因而有些家属会失去信心,甚至冷落、嫌弃老年人。评估时应注意老年人的情绪、自理能力及家属对老年人的照顾情况。

4. 辅助检查

(1)认知量表检查:简易智力状态检查量表(MMSE)(量表3)、长谷川痴呆量表可用于筛查痴呆;记忆障碍测量用韦氏记忆量表和临床记忆量表;智力测查用韦氏成人智能量表。通过量表检查可判断是否痴呆、痴呆程度以及痴呆类型。

(2)影像学检查:X线电子计算机断层扫描或磁共振可显示脑萎缩,脑室扩大,脑回变窄,脑沟变宽变深。还有助于发现有脑血管病变、腔隙性脑梗死、脑肿瘤等。

(3)其他:T_3、T_4检查可了解甲状腺功能,因老年人甲状腺功能减退可引起认知功能下降。

【常见护理诊断/问题】

1. 有受伤的危险　与认知障碍、运动障碍有关。

2. 自理缺陷　与认知、行为障碍有关。

3. 思维过程紊乱　与认知、记忆缺陷和对环境错误判断有关。

4. 语言沟通障碍　与思维障碍有关。

5. 照顾者角色紧张　与病情严重和病程不可预测及照顾者知识缺乏、身心疲惫有关。

【护理目标】

1. 老年病人能通过改善认知和运动功能的训练及创设安全的环境不发生跌倒、外伤。

2. 老年病人能通过生活技能的训练,进行部分的自我照顾。

3. 老年病人能通过思维能力的训练,减轻思维紊乱。

4. 老年病人能借助一些工具和方法,提高语言沟通能力。

5. 照顾者能学习自我放松方法,主动寻求社会支持,缓解身心压力。

【护理措施】

1. 一般护理

（1）阿尔茨海默病病人的日常生活护理及照顾：指导病人穿衣、进食、如厕、合理的睡眠。

（2）自我照顾的训练：对不同疾病阶段的老年阿尔茨海默病病人采取不同的训练方式，早期尽量鼓励病人参加社会活动，中期鼓励做力所能及的事情，保留尚存功能，防止废用，晚期做好病人的生活护理，注意翻身和营养的补充，防止感染等并发症的发生。

2. 认知、思维障碍者的护理　协助老年人确认现实环境；诱导正向行为；积极开发智力，如记忆训练、智力训练、理解和表达能力训练、数字概念和计算能力训练；积极进行社会适应能力训练。

3. 用药护理　遵医嘱指导阿尔茨海默病病人服药，应注意以下几个方面。

（1）全程陪伴：老年病人常有忘记服药、服错药或拒绝服药的情况，因此服药时必须有人陪伴，耐心说服，解释，必要时将药研碎拌在饭里吃下。重症病人最好将药溶于水中，昏迷病人由胃管注入药物。

（2）密切观察药物不良反应：病人服药后常不能诉说不适，要细心观察及时报告医生，调整给药方案。

（3）尽量减少镇静剂的使用：对于兴奋躁动的病人，使用镇静剂可导致病人因肌肉松弛致跌倒骨折，卧床，病程延长，病情加重，脑功能退变加速。此外使用镇静剂会导致病人咳痰能力下降，合并肺炎。

（4）药品管理：对伴有抑郁症、幻觉和自杀倾向的病人，要把药品管理好，防止意外的发生。

4. 安全护理

（1）提供相对安全固定的生活环境：尽可能避免搬家，家里的摆设尽量简洁，少放镜子，以防病人打破发生意外。家里尽量摆放一些老年人熟悉的老物件、老照片等，增加老年人的安全感。

（2）佩戴标志：病人外出最好有人陪伴或佩戴写有病人姓名、家庭地址、联系方式的身份识别卡。

（3）防止意外发生：病人常发生跌倒、走失、烧伤、煤气中毒、烫伤、误服等意外。照顾者应注意防止这些意外事件的发生。

5. 心理护理

（1）维护老年病人的自尊：尊重与爱护阿尔茨海默病病人，护理照顾时会遇到困难，不能反复采取规劝的态度，应走进病人的世界，换位思考进行疏导。多鼓励、赞赏老年病人在自理和适应方面的成绩。避免和病人争执，遇事可采取分散、转移病人注意力的方法。

（2）家庭照顾者的支持指导：教会家庭照顾者自我放松的方法，合理休息，同时寻求社会支持。组织有阿尔茨海默病病人的家庭照顾者和家属进行交流，相互鼓励支持。

（3）鼓励老年病人参加有益的文娱活动和力所能及的社会、家庭活动。

6. 健康教育

（1）及早发现阿尔茨海默病：开展科普宣传，普及阿尔茨海默病的相关知识。重视对症状的早期发现，鼓励有记忆明显减退的老年病人及早就医，定期做体格检查。

（2）早期预防阿尔茨海默病：积极防治心脑血管疾病、糖尿病、甲状腺疾病等慢性疾病。注意大脑营养供给，适当补充 B 族维生素及维生素 E，适当食用健脑益智的坚果类食物及海产品。科学用脑，劳逸结合。改变不良嗜好，戒烟、限酒，培养广泛的兴趣爱好及改善社交能力。尽量不用铝制品。合理用药，尽量减少镇静剂及抗抑郁药等的使用。

【护理评价】

1. 老年病人是否能通过改善认知和运动功能的训练及创设安全的环境不发生跌倒、外伤。

2. 老年病人是否能通过生活技能的训练，进行部分的自我照顾。

3. 老年病人是否能通过思维能力的训练，减轻思维紊乱。

4. 老年病人是否能借助一些工具和方法，提高语言沟通能力。

5. 照顾者是否能学习自我放松方法，主动寻求社会支持，缓解身心压力。

章末小结

　　本章学习重点为维护与促进老年人心理健康的原则和措施；老年人心理健康的标准；老年人常见心理问题与精神障碍的护理；老年人离退休综合征、空巢综合征、老年抑郁症的护理措施；阿尔茨海默病的安全护理。学习难点为老年抑郁症的护理措施；阿尔茨海默病的安全护理。在学习过程中，学会比较老年人常见心理问题与精神障碍的护理评估要点、常见护理诊断／问题、护理措施及健康教育，提高分析问题和解决问题的能力。运用维护和促进老年人心理健康的原则，关注老年人的内心感受和心理需求，尊重和关爱老年人。

（葛珊珊　张小燕）

? **思考与练习**

1. 简述老年人的心理特点。

2. 阐述老年人的心理健康标准。

3. 概述维护和促进老年人的心理健康的原则。

4. 归纳老年焦虑症和老年抑郁症的健康教育内容。

5. 列出阿尔茨海默病的安全护理内容。

第七章 │ 老年常见疾病病人的护理

07章

07章 数字资源

学习目标

1. 具有"以老年人为本"的护理职业观，以高度的责任心、爱心、细心、耐心，尊重和关爱老年病人。
2. 掌握老年人的患病与护理特点；老年慢性阻塞性肺疾病、老年人高血压、老年冠心病、老年胃食管反流病、老年糖尿病、老年性骨质疏松症、老年脑卒中、老年帕金森病、老年性白内障等老年常见疾病病人的护理评估内容及护理计划的制订和健康指导。
3. 熟悉老年肺炎、老年慢性胃炎、老年尿路感染、老年前列腺增生、老年痛风、老年退行性骨关节病、老年性耳聋等病人的护理评估及护理要点。
4. 了解老年各系统的生理变化特点。
5. 学会制订周密的护理计划，正确实施护理措施；并运用沟通技巧，对老年病人进行健康宣教和自我护理的指导。

  随着人体的衰老和生理、免疫功能的减退，老年人患各种疾病的风险也愈来愈高。2018年《中国老年疾病临床多中心报告》显示，我国老年人前五位常见慢性疾病依次是：恶性肿瘤、高血压、缺血性心脏病、糖尿病、脑血管疾病，其中，缺血性心脏病合并高血压居首位，恶性肿瘤合并高血压增长速度较快。此外，因老化导致的慢性退行性疾病也较常见。与成年人相比，老年人患病率高、种类多、病情复杂，如未能早期诊断、治疗及护理，容易发生并发症，影响生活质量和健康期望寿命。因此，护理人员应密切关注老年病人的身心和病情变化，及时发现并处理问题，提高老年人生存质量。

第一节　老年人的患病与护理特点

一、老年人的患病特点

（一）护理评估困难

老年人视力降低，听力减退，近期记忆力下降，语言表达和理解能力降低，思维迟缓，对疾病的敏感性降低，一般不能准确、全面地表述身体的状况，护理评估资料采集比较困难，参考价值较小。

（二）症状与体征不典型

老年人感受性降低，起病隐匿，无明显自觉症状，临床表现不典型，非特异性症状多见，容易造成漏诊和误诊。例如老年人发生甲状腺功能亢进可能以低热、腹泻或者阵发性房颤的症状出现。

（三）多病共存

因全身各系统存在不同程度老化，防御功能和代偿功能降低，容易同时患有两种或两种以上疾病，且同一脏器可发生多种病变。同时，各系统与器官间存在相互影响，各种症状的出现及损伤的累积效应也随着年龄的增长而增加，使病情错综复杂，给诊断和治疗带来困难。

（四）病程长、恢复慢，并发症多

由于免疫力低下，机体防御能力与组织修复能力差，导致病程长、恢复慢。由于老化及各器官代偿能力降低，容易出现意识障碍、多器官功能衰竭，水、电解质和酸碱平衡紊乱等并发症，预后不良。

（五）常伴发各种心理反应

老年人患病后，在发病初期多以焦虑为主要表现，当病情有波动时主要表现为恐惧，如果疾病长期未愈则又会表现出抑郁、绝望等心理反应，影响疾病的康复。

（六）易引起药物不良反应

老年人对药物的敏感性降低、耐受性差、代谢和排泄速度迟缓，多种药物同时使用，且用药依从性降低，容易引起药物不良反应。

（七）与不良生活习惯有关

老年人味觉减退，饮食常喜过甜或过咸食物，从而加重糖尿病、高血压的病情；老年人运动量减少，习惯久坐，容易引起踝部水肿、消化不良，加重心肺疾病等。

二、老年病人的护理特点

（一）全面护理评估

由于生理功能的衰退、感知功能的缺损以及认知功能的改变，老年人接受信息和沟通的能力均会有不同程度的下降。因此对老年病人进行评估时，要注意正确运用沟通技巧，通过观察、交谈、体格检查、辅助检查等手段，获取全面、客观的资料，准确判断老年人的健康状况和功能状态。

（二）细致观察病情

老年人患病后常缺乏典型的症状和体征，甚至不表现出临床症状。因此，护士应具有较高的专科护理技术及强烈的责任心，仔细观察病情微小变化，及时发现问题，避免或减轻并发症。

（三）注重整体护理

护理工作中应树立整体护理的理念，研究多种因素对老年人健康的影响，提供多层次、全方位的护理。

（四）注重心理护理

护理工作中要善于通过观察与倾听了解老年病人的心理需要，耐心解释病人提出的问题。技术操作时动作轻柔，尽量减轻老年病人的疼痛和紧张情绪。

（五）强调安全用药

老年病人用药宜慎重，尽量简化治疗方案，减少用药种类和用药次数，护士应熟悉药理学知识，结合病情，根据所用药物的特点设计科学、合理的用药护理程序，确保老年人用药安全。

（六）注重康复护理

实施疾病护理的同时，鼓励老年人最大限度地发挥残存功能，不断增强自护能力，减轻老年人依赖心理，维持基本的生活自理能力，增强信心，保持自尊。

（七）重视健康指导

积极向老年病人和家属普及、宣教老年疾病的预防和护理知识，指导老年人培养良好的生活方式，做好老年自我保健，提高老年人生活质量。

第二节　老年呼吸系统疾病病人的护理

工作情景与任务

导入情景：

张爷爷，79岁。患慢性支气管炎20余年，慢性阻塞性肺疾病10余年。近3年来冬季咳嗽、咳痰、气喘加重，伴双下肢水肿，多次住院治疗。近日因天气转凉，咳、痰、喘明显加重，伴呼吸困难，痰液呈黄色黏稠状，不易咳出。查体：体温37.8℃，脉搏116次/min，呼吸28次/min，神志清楚，慢性病容，口唇轻度发绀，桶状胸，触觉语颤减弱。

工作任务：

1. 分析张爷爷目前存在的护理问题。

2. 对张爷爷实施正确有效的护理措施。

一、老年人呼吸系统的生理变化

（一）鼻、咽、喉

老年人鼻黏膜变薄，腺体萎缩且分泌功能减退，防御功能下降；咽部黏膜和淋巴组织萎缩，容易发生呼吸道感染；咽喉肌肉发生退行性变或神经通路传导障碍，吞咽功能失调，进食时容易发生呛咳、误吸甚至窒息。

（二）气管、支气管

老年人气管和支气管黏膜上皮萎缩、鳞状上皮化生，纤毛倒伏，防御能力降低；小气道杯状细胞数量增多，分泌亢进；气管软骨钙化，弹性降低，平滑肌萎缩，纤毛运动功能减弱，咳嗽反射减弱，清除能力降低，容易发生呼吸道感染。

（三）肺

老年人肺组织萎缩，体积变小，重量减轻；肺泡萎缩、弹性回缩能力下降，肺不能有效扩张，通气不足；肺泡数量减少、肺泡融合、肺泡腔增大，气体交换面积减少，换气效率降低。

（四）胸廓与呼吸肌

老年人胸廓呈桶状；肋软骨钙化，胸廓顺应性变小，肺活动度受限；呼吸肌和膈肌萎缩，在体力活动后容易出现胸闷、气促、呼吸困难。

二、老年慢性阻塞性肺疾病病人的护理

慢性阻塞性肺疾病（COPD）是一种以持续存在的呼吸道症状和气流受限为特征的慢性肺部疾病，其气流受限不完全可逆且呈进行性发展。慢性阻塞性肺疾病是老年常见的慢性呼吸系统疾病，也是当前危害老年人最为严重的呼吸系统疾病，其患病率和死亡率随年龄的增长而增高。

本病病因较复杂，与慢性支气管炎和肺气肿密切相关，一般认为是遗传和环境因素相互作用导致的疾病，其中，吸烟是慢性阻塞性肺疾病的重要发病因素，感染是其发生发展的重要因素，环境暴露因素例如生物燃料和空气污染也是重要的危险因素。

【护理评估】

1. 健康史　询问有无慢性支气管炎、支气管哮喘、支气管扩张、肺气肿等肺部原发疾病病史；有无吸烟、感染、理化因素、气候和过敏因素等致病因素；有无反复发作史；咳嗽、咳痰、气促的发生发展情况，持续时间，缓解方式等。

2. 身体状况　慢性阻塞性肺疾病的主要症状有慢性咳嗽、咳痰、伴或不伴喘息、逐渐加重的呼吸困难，急性期可有发热；体格检查可见典型肺气肿体征：桶状胸、语颤减弱、呼吸运动减弱、呼气延长、肺底可闻及干、湿啰音，叩诊呈过清音。老年慢性阻塞性肺疾病病人随着年龄的增长，以下特点更突出：

（1）呼吸困难加重：老年人气道阻力增加，呼吸代偿能力明显降低，轻度活动甚至安静状态时胸闷、气促加剧，严重时可出现呼吸功能衰竭。

（2）机体反应差，症状体征不典型：急性发作期可能体温不升高，白细胞计数不增加，咳嗽、喘息不明显。体格检查仅见一般状况差，精神萎靡、面色发绀、呼吸音减弱或肺部干、湿啰音等。

（3）反复感染，并发症严重：老年慢性阻塞性肺疾病病人容易并发反复感染、肺源性心脏病、休克、电解质紊乱、呼吸性酸中毒、肺性脑病、弥散性血管内凝血等并发症，其中，心血管系统并发症是导致老年病人死亡的重要原因。

3. 心理－社会状况　本病病程长，反复发作，治疗效果不佳，且呈逐年加重趋势，老年病人可出现焦虑、抑郁、失眠等表现，社会活动减少。

4. 辅助检查　肺功能检查、影像学检查、血气分析、血液常规检查、痰液检查等。

【治疗要点】

急性发作期以控制感染、保证呼吸道通畅、纠正缺氧为主；稳定期以祛除病因、预防诱发或加重因素、长期家庭氧疗、呼吸功能锻炼为主。

【常见护理诊断／问题】

1. 气体交换受损　与呼吸道阻塞及肺组织弹性降低、通气和换气功能障碍有关。

2. 清理呼吸道无效　与分泌物过多、黏稠及无效咳嗽有关。

3. 焦虑　与病情反复、呼吸困难引起自理能力降低有关。

4. 潜在并发症：肺源性心脏病、肺性脑病、休克、自发性气胸等。

【护理目标】

1. 老年病人能有效进行呼吸肌功能锻炼，肺功能有所改善。

2. 老年病人能有效排痰，保持呼吸道通畅。

3. 老年病人情绪稳定。

4. 老年病人的并发症得到有效防治。

【护理措施】

1. 增强呼吸功能

（1）氧疗护理：呼吸困难伴低氧血症者，给予氧疗，尤其是严重的老年病人应长期家庭氧疗。一般采用鼻导管或鼻塞持续低流量吸氧，流量 1～2L/min，浓度 28%～30%，吸氧时间每天 10～15h，维持老年病人在静息状态下的 $PaO_2 \geqslant 60mmHg$ 和／或 $SaO_2 \geqslant 90\%$。

（2）呼吸功能锻炼：指导病人进行缩唇呼吸、腹式呼吸、吸气阻力器的使用等呼吸训练。因腹式呼吸可增加能量消耗，仅在疾病恢复期或出院前进行训练。

2. 保持呼吸道通畅　具体的护理措施有：①鼓励老年病人多饮水，促使痰液稀释易于排出。②雾化吸入，尤其是无力咳嗽、体弱或痰液较多的老年病人。③酌情采用胸部叩击、体位引流、吸痰等措施，但伴有严重心血管疾病或体弱的老年病人不宜体位引流。④协助病人翻身、拍背，以利于分泌物的排出。

3. 用药护理

（1）老年病人用药：宜充分、疗程稍长、治疗方案根据监测结果及病情变化进行及时调整。

（2）抗感染治疗：一般首选静脉滴注给药，肾功能减退时慎用氨基糖苷类和第一代头孢菌素类药物。

（3）支气管扩张剂：①β_2受体激动剂大剂量可引起心动过速、心律失常。②抗胆碱能药同β_2受体激动剂联合吸入，慎用于前房角狭窄青光眼的老年病人或前列腺增生的老年病人。③茶碱类药物可引起恶心、呕吐，需密切监测血药浓度。

（4）糖皮质激素：可引起老年病人高血压、白内障、糖尿病、骨质疏松症及继发感染等。

（5）止咳药：老年病人，尤其是痰多者，不宜使用强效镇咳剂，如可卡因，以免加重呼吸道阻塞。

（6）祛痰药：咳嗽无力、体弱或痰液较多的老年病人，以祛痰为主。盐酸氨溴索不良反应轻；溴己新偶见恶心、转氨酶增高，伴有胃溃疡的老年病人不宜应用。

4. 心理护理　应倾听老年病人的叙述，指导放松技巧，疏导心理压力，并引导老年病人以积极心态面对疾病，必要时请心理医生协助。

5. 密切观察病情　观察呼吸频率、节律、深度变化；观察咳嗽、咳痰的情况，准确记录痰液性质、量；观察体温变化；监测动脉血气分析和水、电解质、酸碱平衡情况；观察有无胸痛、呼吸困难加重等并发症症状，一旦出现，立即通知医生。

6. 健康教育

（1）疾病相关知识：告知病人及家属，积极预防和治疗可以减少急性发作、改善呼吸功能、延缓病情、提高生活质量；教会病人及家属病情监测的方法。

（2）生活指导：保持室内空气流通，室温宜按季节调整，湿度宜 50% ~ 60%，改善环境卫生，消除烟雾、粉尘，避免刺激性气体的吸入，教育和督促病人戒烟是最重要的预防措施；注意保暖，防止受凉；指导病人适当休息，避免劳累，活动时以不感到疲劳、不加重症状为宜，如散步、太极拳及家务劳动等；饮食宜高热量、高蛋白、高维生素，补充适量的水分，尽量避免辛辣刺激、油腻、产气、容易引起过敏或便秘的食物；告知病人及家属家庭氧疗的方法和注意事项。

（3）康复训练：教会病人及家属呼吸运动锻炼方法。

【护理评价】

1. 老年病人呼吸功能是否得到改善，能否有效排痰。

2. 老年病人焦虑、抑郁、睡眠是否得到改善，能否最大限度地保持日常生活自理能力，人际交往是否有所改善。

3. 老年病人并发症是否得到防治。

4. 老年病人能否说出诱发病情加重的因素,是否学会正确的预防方法,能否接受并主动参与制定饮食计划,能否做到家庭氧疗并正确实施,是否掌握呼吸运动锻炼方法。

边学边练

实训8:老年人的叩背排痰方法

三、老年肺炎病人的护理

老年肺炎是指老年人终末气道、肺泡和肺间质的炎症,是老年人最常见、最重要的感染性疾病。

本病的发生与老年人机体老化、长期吸烟、伴有基础疾病和免疫功能低下等有关。病原体以细菌感染最常见,多为肺炎链球菌和革兰氏阴性杆菌,但高龄、衰弱、意识障碍或吞咽障碍等有误吸倾向的老年病人多合并厌氧菌感染。

【护理评估】

1. 健康史　有无慢性阻塞性肺疾病、糖尿病及肿瘤等基础疾病;有无吸烟、上呼吸道感染、受凉、饥饿、疲劳及酗酒等诱发因素;有无呼吸机应用、抗生素或激素等药物的不合理应用;有无咳嗽、咳痰、胸痛等。

2. 身体状况

(1)起病隐匿:多表现为食欲减退、体重减轻、乏力、头晕、精神萎靡等非特异性症状;也可为基础疾病突然恶化或恢复缓慢,如心力衰竭在适当的治疗中仍复发或加重。

(2)症状与体征多不典型:个体差异较大,一般无发热、胸痛、咳嗽、咳痰等典型症状,多为呼吸频率增加、呼吸急促或呼吸困难,肺底部可闻及干、湿啰音。

(3)并发症多且重:老年病人容易并发呼吸衰竭、心力衰竭、败血症或脓毒血症、休克、弥散性血管内凝血、电解质紊乱和酸碱失衡等并发症,其中呼吸衰竭、心力衰竭及多器官功能衰竭是老年肺炎病人死亡的重要原因。

3. 心理－社会状况　老年病人会因病程长而引起烦躁、焦虑或抑郁等情绪反应,往往不配合治疗。

4. 辅助检查　血常规、影像学检查等。

【治疗要点】

一旦确诊应立即住院治疗。主要目的为祛除诱因,改善呼吸道防御功能;采取以抗感染治疗为中心的综合治疗方案;积极防治并发症,降低死亡率。

【常见护理诊断/问题】

1. 气体交换受损　与肺炎所致的呼吸面积减小有关。

2. 清理呼吸道无效　与痰液黏稠、无效咳嗽有关。

3. 焦虑　与病程长、恢复慢有关。

4. 潜在并发症：呼吸衰竭、心力衰竭、感染性休克等。

【护理目标】

1. 老年病人呼吸困难减轻或消失。

2. 老年病人能掌握有效排痰的方法，保持呼吸道通畅。

3. 老年病人情绪稳定。

4. 老年病人的并发症能够得到有效防治。

【护理措施】

1. 纠正缺氧　一般采用鼻导管或面罩供氧，氧浓度多为 40%～60%，伴有二氧化碳潴留者采取低浓度供氧；重症肺炎病人应尽早应用呼吸机治疗；并发休克者给予 4～6L/min 高流量吸氧。

2. 促进排痰　鼓励老年病人多饮水，雾化吸入，定期翻身、改变体位，深呼吸、协助拍背，促进痰液排出。

3. 用药护理　氨基糖苷类药物和第一代头孢菌素可引起肾功能损害；大环内酯类药物可引起胃肠道反应和肝功能损害；喹诺酮类药物可导致头晕、意识障碍等。

4. 密切观察病情　观察老年病人的意识、呼吸、血压、心率及心律等变化，警惕呼吸衰竭、心力衰竭、休克等并发症的发生。

5. 心理护理　关心、安慰老年病人，耐心倾听病人的主诉，细致解释其提出的问题，消除不良情绪。

6. 健康教育

（1）疾病相关知识：向老年病人及家属介绍肺炎发生的病因和诱因，药物的副作用及注意事项等。合并糖尿病或慢性疾病、免疫功能减退的老年病人，注射肺炎球菌免疫疫苗。告知复诊时间及复诊时应该携带的相关复诊资料。

（2）生活指导：保持室内空气新鲜，温湿度适宜；住院早期应卧床休息；戒烟、忌酒；保持口腔清洁卫生；饮食宜高热量、高蛋白、高维生素、清淡易消化，少量多餐；进食时要采取适当体位，防止呛咳。

（3）康复训练：老年病人如合并慢性呼吸衰竭、呼吸肌疲劳无力、有效通气量不足，应指导病人腹式呼吸，每日 3～5 次，以不产生疲劳为宜。也可配合步行、老年体操等全身运动，提高通气功能。

【护理评价】

1. 老年病人呼吸功能是否得到改善。

2. 老年病人呼吸困难是否减轻或消失，能否有效排痰，保持呼吸道通畅。

3. 老年病人不良情绪是否消失。

4. 老年病人并发症是否得到防治；机体抵抗力是否增强；能否说出诱发因素。

第三节　老年循环系统疾病病人的护理

工作情景与任务

导入情景：

王爷爷，70岁。半年前体检时发现血压170/100mmHg，偶有头晕、头痛，未服用降压药物。平素饮酒量多，不吸烟，喜食肉类，喜看电视、报纸，偶尔散步，无其他体育活动。

工作任务：

1. 全面评估王爷爷的健康状况。

2. 对王爷爷进行有效的健康指导。

一、老年人循环系统的生理变化

（一）心脏

老年人心脏增大，左心室肥厚，心肌细胞纤维化、脂褐质沉积、胶原增多、淀粉样变，重量增加。心脏瓣膜纤维化，易产生狭窄及关闭不全。心肌兴奋性、自律性、传导性均降低，心脏神经调节能力下降，心脏节律细胞数目减少，心脏传导障碍，容易出现心律失常。心肌收缩能力下降，心排血量减少，容易导致各脏器缺血。

（二）血管

动脉内膜增厚、胶原纤维增加、弹性蛋白减少、动脉粥样硬化，使收缩压增高，脉压增大。

二、老年人高血压病人的护理

老年人高血压是指60岁以上老年人在安静、未服用降压药物情况下，血压持续或非同日3次以上收缩压（SBP）≥140mmHg（18.7kPa）和/或舒张压（DBP）≥90mmHg（12.0kPa）。若收缩压≥140mmHg，而舒张压＜90mmHg，则为单纯收缩期高血压（isolated systolic hypertension，ISH）。

目前老年人高血压的发病原因尚不明确，可能与遗传、年龄、长期或反复较明显的精神紧张、焦虑、食盐摄入量增加、嗜酒、吸烟、肥胖、胰岛素抵抗、低钙、低镁及低钾等有关。

【护理评估】

1. 健康史　询问是否长期处于精神紧张状态；有无运动少、长期饮酒和高脂、高盐饮食等不良生活方式；有无高血压家族史；药物治疗史及治疗效果；注意体型是否肥胖等。

2. 身体状况

（1）收缩压增高，脉压增大：老年人高血压中单纯收缩期高血压多见，收缩压随着年龄增长而增高，舒张压降低或不变，从而导致脉压增大。

（2）血压波动增大：①昼夜节律异常，夜间血压下降幅度＜10%或＞20%。②收缩压1天内波动达40mmHg，舒张压波动达20mmHg。③血压晨峰现象增多。④餐后低血压多见。⑤容易发生直立性低血压，且恢复的时间较长。⑥冬季较高、夏季较低。

（3）症状少而并发症多：起病隐匿，进展缓慢，半数以上老年人高血压病人在靶器官明显损害前无症状，多于体检时发现，容易并发冠心病、脑卒中等。

（4）多病并存：老年人高血压常与动脉粥样硬化、糖尿病、高脂血症、前列腺增生、肾功能不全等疾病共存、相互影响。

3. 心理 - 社会状况　老年病人可出现不同程度的紧张、焦虑、抑郁等心理反应，尤其是治疗不当或效果不佳时，会使其丧失信心，产生恐惧心理。

4. 辅助检查　24h 动态血压监测，判断血压程度及血压波动情况。根据血糖、血脂检测、内分泌检查、心电图、X 线检查、CT 检查及眼底检查等了解靶器官受损情况。

【治疗要点】

治疗目的是最大限度降低老年病人心血管并发症的发生及死亡的危险，提高生活质量。采取综合性治疗措施，使血压降至 140/90mmHg 以下，年龄≥80 岁者降至 150/90mmHg 以下为宜。

【常见护理诊断 / 问题】

1. 慢性疼痛：头痛　与血压升高有关。

2. 有受伤的危险　与眩晕、视物模糊、意识障碍或降压药引起低血压反应有关。

3. 知识缺乏：缺乏高血压的相关治疗与保健知识。

4. 潜在并发症：心力衰竭、高血压危象、脑血管意外等。

【护理目标】

1. 老年病人能有效控制血压，头痛等症状缓解。

2. 老年病人学会自我防护知识，能够避免意外及身体伤害。

3. 老年病人能正确描述高血压的相关知识。

4. 老年病人并发症得到有效防治。

【护理措施】

1. 一般护理　为老年人提供安全、安静、舒适、温暖的环境。治疗护理应相对集中，尽量减少探视，避免病人出现劳累、精神紧张。根据老年人高血压病人危险性分层确定活动量。告知老年病人改变体位时，动作要缓慢，以防直立性低血压引起晕厥。

2. 病情观察　老年人血压波动较大，应严密监测血压变化，同时注意有无靶器官损伤的征象。一旦发现血压急剧升高、剧烈头痛、呕吐、烦躁不安、视物模糊、意识障碍及肢体运动障碍，立即报告医生并配合处理。

3. 用药护理　老年人服用降压药物宜从小剂量开始,逐渐增加剂量;宜用长效剂型;坚持长期用药;注意观察药物的不良反应,常用降压药及不良反应见表7-1;血压下降速度不宜过快;监测24h动态血压,确定最佳的服药时间;睡前不宜服用降压药物,可能诱发脑卒中。

表7-1　老年人高血压药物的选用及不良反应

种类	老年人高血压病人适应证	主要不良反应
利尿剂	适用于单纯收缩期高血压治疗,噻嗪类利尿剂是治疗老年人高血压的一线药物	乏力、血尿酸及血糖增高、低钾血症等
钙通道阻滞药	对老年人高血压尤其有效	头痛、心悸、下肢水肿等
血管紧张素转换酶抑制药(ACEI)	可降低心脏前后负荷,不增加心率,不降低心脑肾血流量,适用于各型老年人高血压	干咳、血管神经性水肿、味觉异常等
血管紧张素Ⅱ受体拮抗药(ARB)	强效、长效、平稳,适用于单纯收缩期高血压治疗	轻微而短暂的头痛、眩晕、心悸、腹泻等
β受体拮抗药	适用于老年性高血压伴发冠心病且心率偏快者,以及心肌梗死后的二级预防	负性肌力作用、心动过缓

4. 心理护理　对老年病人进行及时有效的心理疏导,帮助其树立战胜疾病的信心。

5. 健康教育

(1)疾病相关知识:坚持规范化治疗。学会正确测量血压的方法,监测血压的变化,定期门诊复查,血压升高或病情变化时及时就医。

(2)生活指导:生活规律,保证充足的睡眠,避免过度劳累和剧烈运动;保持情绪稳定;少钠盐、少糖、少脂肪、少咖啡,多食蔬菜和水果,补充钙和钾盐,控制体重;戒烟、限酒。

【护理评价】

1. 老年病人能否有效控制血压,头痛等症状是否缓解。

2. 老年病人是否学会自我防护知识,能够避免意外及身体伤害。

3. 老年病人能否描述高血压的防治知识。

4. 老年病人并发症是否得到有效防治。

三、老年冠心病病人的护理

冠状动脉粥样硬化性心脏病简称冠心病,是指冠状动脉粥样硬化使血管腔狭窄或阻塞,和/或因冠状动脉功能性改变导致心肌缺血、缺氧或坏死而引起的心脏病,是老年人最常见的心脏病,其患病率和死亡率随年龄的增加而增多。

本病的发生除与年龄增加有关外，还与高血压、高血脂、高血糖、吸烟、饮酒、肥胖及缺少运动等因素有关，老年女性冠心病的增多还与雌激素水平下降有关。

临床上将冠心病分为5型，以下重点介绍老年心绞痛和老年急性心肌梗死（AMI）的护理。

【护理评估】

1. 健康史　询问有无劳累、激动、饱餐、受寒、炎热、感染等诱因；有无烟酒嗜好、缺乏体育锻炼等危险因素；有无高血压、糖尿病、高脂血症等病史。

2. 身体状况

（1）老年冠心病病人的临床特点：①病史长，病变多累及多支血管，常有陈旧性心肌梗死和不同程度的心功能不全。②多无典型症状，可表现为慢性稳定型心绞痛，也可以急性冠脉综合征（包括不稳定型心绞痛、急性心肌梗死和冠心病猝死）为首发症状。③常伴有高血压、糖尿病、慢性阻塞性肺疾病等慢性疾病。④多存在器官功能退行性病变。

（2）老年心绞痛：疼痛部位、性质、诱因等多不典型；多无阳性体征；多有心律失常，如快速房颤、室速、室颤、心动过缓等。

（3）老年急性心肌梗死：①多在发病前数日有乏力、活动时心悸、气促、烦躁等前驱症状。②胸痛表现不典型，气促和意识障碍增多，尤其是伴有糖尿病的高龄老年人可无胸痛。③并发症多，如室壁瘤、心律失常、全身性血栓等。④全身症状明显，如发热、乏力、恶心、呕吐、腹胀、畏食等。⑤无Q波性心肌梗死（NQMI）较多，再梗死及梗死后心绞痛发生率高，且易发生心肌梗死扩展。

3. 心理-社会状况　老年病人可因疾病发生产生焦虑、恐惧和抑郁的心理反应，常不敢活动、担心突然死亡；家属常紧张、害怕、恐慌。

4. 辅助检查

（1）心电图检查：老年心绞痛病人常见非特异性ST-T段或间期改变；老年急性心肌梗死病人的心电图可仅有ST-T改变，而无病理性Q波。

（2）血清心肌坏死标记物及心肌酶测定：老年急性心肌梗死病人表现为肌钙蛋白（cTn）出现，特异性高。

（3）其他检查：放射性核素检查，血糖、血脂、血沉检查，冠脉造影等。

【治疗要点】

老年心绞痛的治疗目的是改善冠脉供血和降低心肌耗氧量，预防心肌梗死和猝死，改善预后。老年急性心肌梗死的治疗目的是尽快恢复心肌血液灌注，挽救濒死心肌，防止梗死面积扩大，及时处理并发症，防止猝死。

【常见护理诊断/问题】

1. 疼痛　与心肌缺血、缺氧或坏死有关。
2. 活动无耐力　与心排血量减少有关。
3. 恐惧　与胸痛产生的濒死感、担心预后有关。

4. 潜在并发症：心肌梗死、心律失常、心源性休克、心力衰竭。

【护理目标】

1. 老年病人疼痛缓解或消失。

2. 老年病人生活自理能力改善，生活质量提高。

3. 老年病人情绪稳定。

4. 老年病人并发症得到有效防治。

【护理措施】

1. 老年心绞痛病人的护理

（1）一般护理：心绞痛发作时立即停止活动，坐位或半卧位休息，舌下含服硝酸甘油或硝酸异山梨酯片，缓解疼痛。必要时吸氧。

（2）用药护理：①硝酸酯类药物，口服硝酸甘油前应先用水湿润口腔，再将药物嚼碎置于舌下，使药物快速溶化生效，也可选用硝酸甘油喷雾剂。首次使用硝酸甘油时宜平卧。②β受体阻滞剂，应个体化，小剂量，伴有慢性阻塞性肺疾病、心力衰竭或心脏传导病变的老年人应逐渐减量或停药。③钙通道阻滞剂，可引起老年人低血压，应从小剂量开始使用。④血小板抑制药，使用过程中注意观察胃肠道反应及有无出血现象。⑤他汀类药，可引起肝损害，使用过程中监测转氨酶及肌酸激酶等生化指标。

（3）密切观察病情：心绞痛发作时应注意观察病人疼痛部位、性质、持续时间和缓解方式；密切监测生命体征及心电图变化，警惕心肌梗死的发生。

（4）心理护理：放松心态，稳定情绪，缓解老年病人的焦虑和恐惧。

（5）健康教育：①疾病相关知识指导：告知老年病人和家属本病的诱发因素和危险因素，指导其避免和控制发作等，使病人主动配合、积极防治。②生活指导：应注意保证充足睡眠，避免过度劳累，保持情绪稳定，注意防寒保暖；适当运动，如散步、慢跑、游泳、太极拳等有氧运动。选择低盐、低脂、低胆固醇，适量蛋白质、富含维生素C的食物，多食蔬菜、水果，多饮水；少量多餐，不宜过饱，戒烟限酒。指导有心绞痛发作史的老年人应随身携带并学会使用保健药盒（内有硝酸甘油、亚硝酸异戊酯、硝苯地平等），注意药物有效期并及时更换。嘱定期复查，有异常立即呼叫"120"去医院就诊。

2. 老年急性心肌梗死病人的护理

（1）一般护理：①进行监护，安置病人于冠心病监护病房（CCU），连续监测心电图、血压、呼吸5～7d，及时发现各种心律失常，除颤仪随时处于备用状态，同时注意有无尿量、意识等改变，监测血流动力学变化，询问疼痛是否缓解，加强夜间巡视。②休息与活动指导，病室保持安静、舒适。急性期12h内绝对卧床休息，限制探视，保证病人充足的休息和睡眠时间。若无并发症，24h内应鼓励病人在床上活动肢体，以防止发生坠积性肺炎、便秘与深静脉血栓形成。病情稳定后逐渐增加活动量，促进心脏侧支循环的建立和心功能的恢复。③吸氧，最初几日可间断或持续吸氧，以增加心肌供氧，减轻缺血和疼痛。④保持大便畅通，避免因用力排便而诱发心力衰竭、心律失常，甚至猝死。

（2）治疗配合：①溶栓护理：密切监测血压及心率，如出现头痛、意识改变及肢体活动障碍等异常，立即报告医生并配合紧急处理。溶栓后询问胸痛有无缓解，监测心电图、心肌酶及出凝血时间，以判断溶栓效果。②急诊介入治疗护理：老年急性心肌梗死病人介入治疗的并发症相对较多，应密切观察有无再发心前区疼痛，心电图变化，及时判断有无新的心肌缺血发生。③用药护理：老年急性心肌梗死病人应用血管紧张素转换酶抑制剂时宜使用短效制剂，从小剂量开始，逐渐加至耐受剂量，严密监测血压、血清钾浓度和肾功能。β受体阻滞剂应在24h内尽早应用，从小剂量开始，逐渐增加剂量。④镇静镇痛病人的护理。

（3）心理护理：急性期注意安慰病人，耐心回答其提出的问题，指导病人放松，分散注意力，消除紧张、恐惧心理，帮助其树立战胜疾病的信心。

（4）健康教育：参考"老年心绞痛病人的护理"，并教会家属心肺复苏技术。

【护理评价】

1. 老年病人疼痛是否缓解或消失。
2. 老年病人生活自理能力是否改善。
3. 老年病人情绪是否稳定。
4. 老年病人并发症是否得到有效防治。

知识窗

心肌梗死后急性期的心脏康复模式

美国学者 Wenger 提出心肌梗死后急性期的康复模式可适用于老年急性心肌梗死病人。该康复模式分为4个阶段：

第一阶段（急性期）：是病人从入院到出院阶段的康复。包括两部分，第一部分为在冠心病监护病房时即进行的被动和主动运动，运动水平较低；第二部分为在普通病房时，稍增加强度的运动，多为体操或上下楼梯。

第二阶段（恢复期）：是病人在家延续第一阶段的训练至心肌梗死瘢痕成熟。

第三阶段（训练期）：是心肌梗死瘢痕愈合后的安全有氧训练。

第四阶段（维持期）：是终身有规律的运动。

边学边练

实训9：老年冠心病病人的健康教育

第四节　老年消化系统疾病病人的护理

工作情景与任务

导入情景：

耿爷爷,65 岁。近 1 年来,常于饱餐后出现胸骨后不适,烧灼感,持续 1h 左右可自行缓解。诊断为胃食管反流病。

工作任务：

1. 分析耿爷爷目前存在的首要护理问题。

2. 对耿爷爷进行有效的健康指导。

一、老年人消化系统的生理变化

（一）口腔

老年人口腔黏膜上皮萎缩,过度角化,容易发生损伤与感染。牙釉质和牙本质磨损,牙龈萎缩,牙根暴露,神经末梢外露,对刺激敏感,容易产生疼痛。唾液中的淀粉酶减少,影响对淀粉类食物的消化。

（二）食管

老年人食管肌肉萎缩,食管扩张、蠕动减少,影响吞咽及食管排空;食管下段括约肌松弛,容易出现胃食管反流现象,增加误吸危险。

（三）胃

老年人胃黏膜变薄,平滑肌萎缩,蠕动减弱,排空延迟,胃蛋白酶及盐酸等分泌减少,影响营养素的消化吸收,容易出现营养不良。

（四）肠

老年人小肠黏膜萎缩,肠液分泌减少,消化吸收功能减退。肠蠕动缓慢无力,肠内容物通过时间延长,水分重吸收增加,容易发生或加重便秘。

（五）肝、胆、胰腺

老年人肝细胞数量减少、变性、结缔组织含量增加,易发生肝纤维化。胆囊及胆管壁变厚、弹性减低,胆汁变稠、胆固醇增多,容易发生胆囊炎、胆石症。胰腺分泌胰液和胰酶减少,影响营养素的消化和吸收。

二、老年慢性胃炎病人的护理

慢性胃炎是由各种病因引起的胃黏膜慢性炎症,是老年人常见病,发病率随年龄的增加而增高。本病的发生与幽门螺杆菌感染、胃黏膜屏障功能降低、胆汁反流、自身免疫等因素有关。

【护理评估】

1. 健康史　询问有无家族史；有无桥本甲状腺炎等免疫性疾病；有无胃食管反流性疾病；是否经常服用非甾体抗炎药等药物；有无长期摄食过热、过冷、过于粗糙的食物，酗酒或饮浓茶等不良饮食习惯。

2. 身体状况　老年慢性胃炎起病缓慢，反复发作；缺乏特异性表现，多为上腹痛、饱胀不适、嗳气、恶心等消化不良症状；体征不明显，有时可有上腹部轻压痛。

3. 心理－社会状况　病程长、反复发作、症状有时不明显而有时又持续存在，容易产生烦躁、焦虑的情绪。

4. 辅助检查　胃镜及胃黏膜活组织检查、幽门螺杆菌检测、血清学检查、胃液分析等。

【治疗要点】

治疗主要目的是缓解症状，改善胃黏膜组织学异常。

【常见护理诊断/问题】

1. 腹痛　与胃黏膜炎性损伤有关。

2. 营养失调：低于机体需要量　与消化吸收障碍有关。

3. 知识缺乏：缺乏对慢性胃炎病因和预防知识。

【护理目标】

1. 老年病人腹痛缓解或消失。

2. 老年病人食欲增加，营养改善，体重增加。

3. 老年病人能说出慢性胃炎的预防要点。

【护理措施】

1. 一般护理

（1）休息与活动：急性发作期应卧床休息，恢复期生活规律，避免过度劳累。

（2）减轻疼痛：①腹部热敷、按摩，解除胃痉挛。②避免精神紧张和刺激，如转移注意力、深呼吸等。③针刺合谷、足三里、内关等穴位。④必要时遵医嘱给予解痉止痛药。

2. 饮食护理　急性发作期可给予无渣、半流质的温热饮食。恢复期给予高热量、高蛋白、高维生素、易消化的饮食。

3. 用药护理

（1）抗菌药：甲硝唑可引起恶心、呕吐等胃肠道反应及口腔金属味、舌炎等不良反应，宜在餐后30min服用。

（2）黏膜保护剂：枸橼酸铋钾宜在餐前30min服用，不宜与制酸剂、牛奶同服，可出现黑色大便或便秘，停药后自行消失。硫糖铝可引起老年人便秘。

（3）解痉止痛药：如阿托品、溴丙胺太林等，应餐前服用。

（4）促胃肠动力药：宜在餐前服用。西沙必利、多潘立酮可引起老年人严重心律失常。甲氧氯普胺可引起老年人锥体外系神经症状。

4. 密切观察病情　观察腹痛的部位、性质、呕吐物与粪便的颜色、量及性状。注意观察用药前后症状变化。监测有关营养指标，了解其营养状况的改善情况。

5. 心理护理　应注意安慰老年病人，使其精神放松，消除紧张、焦虑心理，保持情绪稳定。

6. 健康教育

（1）疾病相关知识：介绍本病相关知识，告知避免病因和诱因，坚持定期检查。

（2）生活指导：指导饮食调整，养成良好的饮食习惯，定时进餐、少量多餐、细嚼慢咽，避免食用过咸、过甜、辛辣、生冷等刺激性食物，多吃新鲜蔬菜、水果。忌烟酒。避免使用对胃黏膜有损害的药物。

【护理评价】

1. 老年病人腹痛是否缓解或消失。

2. 老年病人食欲是否增加，营养状况是否得到改善，体重是否增加。

3. 老年病人能否说出慢性胃炎的预防要点。

三、老年胃食管反流病病人的护理

胃食管反流病（GERD）是指胃、十二指肠内容物反流进入食管并引起临床表现和病理变化的一种疾病。临床常表现为反酸、烧心、胸痛和咳嗽。内镜下可表现为食管黏膜充血、水肿、糜烂。老年人发病率明显增加，与膈肌、韧带松弛及食管裂孔疝等因素有关。

【护理评估】

1. 健康史　询问有无食用高脂肪食物、巧克力、吸烟、饮酒、饮浓茶等因素；是否有大量腹水、呕吐、负重劳动、便秘等增加腹腔内压力的因素；是否服用非甾体类抗炎药等；有无胃溃疡、糖尿病、睡眠呼吸障碍等病史。

2. 身体状况

（1）症状不典型：反酸、胃灼热症状少见，多表现为厌食、呕吐、吞咽困难、贫血、体重减轻等，与内镜下病变程度不一致。以急性上消化道出血就诊的老年病人相对较多。

（2）并发症以呼吸系统疾病为主：多为反流性咽喉炎、反流性哮喘、吸入性肺炎等。

3. 心理 – 社会状况　老年病人因病程长、反复发作、并发症多，容易出现焦虑、急躁、紧张等情绪变化。

4. 辅助检查　内镜检查、X线钡餐检查等。

【治疗要点】

治疗主要目的是缓解症状，治愈食管破损黏膜，预防和治疗并发症，防止复发。

【常见护理诊断/问题】

1. 疼痛　与反酸引起的烧灼及反流物刺激引起食管痉挛有关。

2. 焦虑　与疾病反复发作、恐惧进餐、社交活动减少有关。

3. 知识缺乏：缺乏胃食管反流病的相关病因及预防保健知识。

4. 潜在并发症：上消化道出血、巴雷特食管导致的溃疡等。

【护理目标】

1. 老年病人胸骨后不适感减轻或消失。

2. 老年病人焦虑程度减轻，情绪稳定，配合治疗。

3. 老年病人能说出本病的诱发因素并进行预防。

4. 老年病人并发症能够及时有效防治。

【护理措施】

1. 一般护理　抬高床头 15～20cm，减少胃内容物反流；避免餐后立刻平卧，建议散步或直立位，睡前不宜进食。

2. 用药护理

（1）H_2 受体拮抗剂：如西咪替丁、法莫替丁等，可减少胃酸分泌，于睡前服用。

（2）质子泵抑制剂：如奥美拉唑、泮托拉唑等，抑酸作用强。长期、大剂量使用可能引起老年人骨质疏松、吸入性肺炎、维生素 B_{12} 缺乏等。

（3）促胃肠动力药：参考"老年慢性胃炎病人的护理"。

3. 心理护理　向老年病人解释不适的原因，教会其缓解不适的方法，减轻其恐惧心理。

4. 健康教育

（1）疾病相关知识：介绍相关疾病知识，使病人能够有效配合治疗与护理。指导老年病人正确服药，注意药物副作用。强调坚持治疗的重要性，及时或定时复诊。

（2）生活指导：改变生活方式，避免各种增加腹内压力的因素。指导病人控制饮食，以高蛋白、低脂肪、无刺激、富含膳食纤维、易消化食物为主，少食多餐，餐后勿立即仰卧；减少浓茶、咖啡、巧克力及腌制等食物的摄入；戒烟酒，防治便秘等。

【护理评价】

1. 老年病人不适感是否减轻或消失。

2. 老年病人情绪是否稳定。

3. 老年病人及家属能否说出本病的预防方法。

4. 老年病人并发症能否及时有效防治。

第五节　老年泌尿及生殖系统疾病病人的护理

一、老年人泌尿及生殖系统的生理变化

（一）泌尿系统

1. 肾脏　老年人肾脏萎缩，皮质减少，肾小球数量减少，肾小球硬化比率增高，肾小

管细胞脂肪变性，内膜增厚，肾小球滤过率、内生肌酐清除率下降，肾小管和集合管的重吸收和分泌功能降低，尿液浓缩功能降低。

2. 输尿管　老年人输尿管肌层变薄，支配肌肉的神经细胞减少，收缩力降低，将尿液送入膀胱的速度减慢，且容易反流，引起肾盂肾炎。

3. 膀胱　膀胱肌肉萎缩、变薄、纤维组织增生，收缩力降低；膀胱缩小，容量减少，容易出现尿频、夜尿增多、尿失禁或排尿困难等。

4. 尿道　尿道肌肉萎缩、纤维化，括约肌松弛，容易发生排尿无力或尿失禁。

（二）生殖系统

老年男性睾丸缩小，雄激素水平降低，前列腺增生，前列腺液分泌减少。老年女性卵巢萎缩，雌激素水平降低，阴道上皮萎缩、变薄，上皮细胞内糖原减少，防御功能和自净能力降低。

二、老年尿路感染病人的护理

尿路感染是指由细菌（少数可由真菌、原虫、病毒）直接侵袭尿路（包括肾脏、输尿管、膀胱和尿道）所引起的感染。尿路感染分为上尿路感染（指肾盂肾炎）和下尿路感染（指尿道炎和膀胱炎）。尿路感染是老年人因感染性疾病入院的第二位原因，与老化、基础疾病、长期卧床、留置导尿管等因素有关。

【护理评估】

1. 健康史　询问有无糖尿病、心力衰竭等基础疾病；有无尿路结石或排尿不畅、前列腺增生等易感因素；有无留置导尿管等操作；了解其卫生、生活习惯及既往健康状况。

2. 身体状况

（1）症状不典型：老年人可无发热，膀胱刺激征不典型，可仅表现为乏力、下腹不适、腰骶酸痛、夜尿增多、尿失禁等症状。

（2）病情较重：部分老年病人可出现菌血症、败血症或感染性休克。

（3）容易反复发作：老年人尿路感染复发率及再感染率较高。长期反复进行性发展，容易引起高血压、慢性肾损害。

（4）尿常规检查不典型：部分老年病人尿常规检查无白细胞增多。

3. 心理-社会状况　老年人可因复发和再感染，加上服药及药物的副作用，而产生紧张、焦虑，甚至自卑情绪。

4. 辅助检查　尿常规检查、尿细菌学检查、血常规、影像学检查等。

【治疗要点】

主要为抗菌治疗，治疗基础疾病及对症治疗。

【常见护理诊断/问题】

1. 舒适改变　与炎症引起的尿路刺激有关。

2. 焦虑　与病情反复发作有关。

3. 知识缺乏：缺乏尿路感染防治知识。

【护理目标】

1. 老年病人排尿型态恢复正常。

2. 老年病人情绪稳定,能配合治疗和护理。

3. 老年病人能说出尿路感染的相关知识。

【护理措施】

1. 一般护理　鼓励多饮水。宜进食营养丰富、易消化、无刺激的半流质食物,供给足够的热能和维生素。

2. 对症护理　肾区明显疼痛的老年病人进行局部按摩与热敷,尽量不要站立或坐直,减少对肾包膜的牵拉力,减轻疼痛。体温明显升高的老年病人可物理或药物降温,观察体温变化和病情改变。

3. 用药护理　选用肾损害小、半衰期短的抗生素,避免使用庆大霉素。喹诺酮类药物可引起轻度消化道反应、皮肤瘙痒,宜饭后服用。治疗期间和停药后复查尿常规和尿细菌学检查。

4. 心理护理　给予心理支持与安慰,指导放松技巧,疏导心理压力。

5. 健康教育

（1）疾病相关知识：告知老年病人避免憋尿,多饮水、勤排尿是最简便而有效的预防尿路感染的措施。

（2）生活指导：加强卫生教育,注意个人清洁卫生,尤其应保持会阴部和肛周皮肤的清洁。

【护理评价】

1. 老年病人排尿型态是否恢复正常。

2. 老年病人情绪是否稳定,能否配合治疗和护理。

3. 老年病人是否能说出尿路感染的相关知识。

三、老年前列腺增生病人的护理

良性前列腺增生,简称前列腺增生,前列腺上皮和间质细胞数量增多(增生)导致的尿道周围前列腺内形成大小不一、呈膨胀性生长的结节和前列腺体积增大。增大的前列腺或前列腺结节可压迫尿道,导致部分或完全的尿道梗阻,从而影响正常排尿。前列腺增生是引起老年男性排尿障碍最常见的良性病变,发病率随年龄的增加而增高。

【护理评估】

1. 健康史　询问有无反复发作的下尿路感染、膀胱结石等病史;有无长期饮酒、咖啡、浓茶,喜食高脂肪、高胆固醇、辛辣刺激性食物的习惯;有无便秘、寒冷、劳累、憋尿、久坐等诱发急性尿潴留的病史；是否合并高血压、冠心病、肺气肿等疾病；诊治经过及用药效果。

2. 身体状况　临床表现以下尿路症状为主，可以继发感染、膀胱结石、尿潴留和慢性肾功能不全等。主要以尿频、夜尿增多、排尿困难、尿潴留为特征，容易被误认为是老年生理现象，延误治疗。长期排尿困难可诱发腹股沟疝、脱肛、内痔等。

3. 心理-社会状况　老年病人可因长期排尿困难或反复出现尿潴留，休息及日常生活受到影响，产生紧张、焦虑等情绪；拟手术治疗者，可能产生恐惧。

4. 辅助检查　超声检查、尿流率检查、血清前列腺特异抗原测定等。

【治疗要点】

无症状者不需要治疗。梗阻症状重者可选择理疗（射频和微波治疗）、药物或手术治疗。

【常见护理诊断/问题】

1. 排尿障碍　与前列腺增生引起尿路梗阻有关。

2. 潜在并发症：感染、直立性低血压、出血、膀胱痉挛、肾功能损害等。

【护理目标】

1. 老年病人排尿困难得到缓解，或恢复正常排尿型态。

2. 老年病人并发症能够得到及时有效的防治。

【护理措施】

1. 观察病情　观察排尿频率、尿色、尿量，尿道口有无红肿、分泌物增多等现象。

2. 对症护理　如发生急性尿潴留，应予以导尿，必要时可行耻骨上膀胱造口术。夜尿次数多的老年人，嘱睡前少饮水，床旁备便器或床尽量靠近洗手间。

3. 用药护理　α受体拮抗药的副作用主要有头痛、心悸、鼻塞和直立性低血压等，建议睡前服用或服药后先卧床 $10\sim20min$，变换体位宜慢。5α- 还原酶抑制剂可控制前列腺增生，一般服药 $3\sim6$ 个月可见效，需终身服药。

4. 围手术期护理　术前向老年病人介绍手术治疗的目的和方法、手术前后的注意事项。术后观察病情，定时冲洗膀胱，做好引流管护理，嘱病人多饮水，腹胀消失、肛门排气后给予半流质饮食。术后 $1\sim2$ 个月内避免剧烈活动，防止继发性出血。

5. 心理护理　嘱家属多关心、体贴和安慰老年病人，帮助其树立克服疾病的信心。

6. 健康教育

（1）疾病相关知识：介绍疾病相关知识，嘱按时服药，定期复诊。

（2）生活指导：保持乐观的情绪，养成良好的生活习惯。饮食以高蛋白、高维生素、高纤维素、低脂肪、清淡、易消化为主；避免辛辣刺激食物；忌烟酒；避免喝有利尿作用的饮料，以免引起尿潴留；避免短时间内大量饮水，防止膀胱急剧扩张。不要憋尿，保持大便通畅，避免受凉和劳累，避免久坐不动，性生活适度，以防引起急性尿潴留。

（3）康复训练：术后肛提肌训练，尽快恢复尿道括约肌功能。吸气时缩肛，呼气时放松肛门括约肌。

【护理评价】

1. 老年病人排尿困难是否得到缓解，是否恢复正常排尿型态。

2. 老年病人并发症是否得到及时有效防治。

四、老年性阴道炎病人的护理

老年性阴道炎是指因卵巢功能衰退，雌激素水平降低，阴道壁萎缩，黏膜变薄，上皮细胞内糖原含量减少，阴道内 pH 增高，局部抵抗力降低，致使病菌入侵繁殖而引起的炎症，常见于绝经后的老年女性。此外，手术切除双侧卵巢、卵巢功能早衰、盆腔放疗后、长期闭经、长期哺乳等均可引起本病发生。

【护理评估】

1. 健康史　询问月经史；是否服用雌激素；了解生活卫生习惯等。

2. 身体状况　主要症状为外阴瘙痒、灼热感，阴道分泌物增多、呈稀薄、淡黄色，严重时呈脓血性白带。妇科检查可见阴道皱襞萎缩、变薄，阴道黏膜充血、有出血点或浅表溃疡。

3. 心理 – 社会状况　病人多有焦虑、恐惧心理，常影响社会交往。

4. 辅助检查　阴道分泌物检查、宫颈涂片筛查、局部活组织检查等。

【治疗要点】

主要为补充雌激素，如替勃龙、尼尔雌醇、雌三醇软膏等，增加阴道抵抗力，使用抗生素，如诺氟沙星、甲硝唑栓等抑制细菌生长。

【常见护理诊断／问题】

1. 舒适改变　与外阴瘙痒、分泌物增多有关。

2. 焦虑　与反复发作有关。

【护理目标】

1. 老年病人外阴瘙痒与灼热感减轻或消失、分泌物减少。

2. 老年病人焦虑减轻或消失。

【护理措施】

1. 疾病护理　治疗期间勤换内裤，避免性生活。外阴瘙痒时禁止使用肥皂清洗或搔抓。

2. 用药护理　指导老年病人用酸性溶液 1% 乳酸或 0.5% 醋酸液灌洗阴道后，再采取下蹲位将药片送入阴道后穹隆。乳腺癌及子宫内膜癌病人禁服尼尔雌醇。

3. 心理护理　告知老年病人本病可以治愈，缓解焦虑状态。

4. 健康教育

（1）疾病相关知识：讲解有关老年性阴道炎病因及预防的相关知识。复查白带前24～48h禁止阴道用药和同房，以免影响检查结果。

（2）生活指导：养成良好的卫生习惯，常换内裤，保持会阴部清洁干燥。尽量避免使用盆浴,必要时专人专盆。不用过热或有刺激性的清洗液清洗外阴。

【护理评价】

1. 老年病人外阴瘙痒与灼热感是否减轻或消失,分泌物是否减少或恢复正常。

2. 老年病人焦虑是否减轻或消失。

第六节　老年内分泌系统及代谢性疾病病人的护理

工作情景与任务

导入情景:

王奶奶,71岁。独居在家,儿女远在异乡工作。发现糖尿病10余年,服降血糖药物治疗。王奶奶认为药物可以完全控制血糖,所以对饮食不加控制,很少活动,不能按时监测血糖,不能定期复查。

工作任务:

1. 评估王奶奶的生活方式。

2. 针对王奶奶的患病情况,制订切实可行的健康教育计划。

一、老年人内分泌系统的生理变化

老年人胰腺萎缩,胰岛内有淀粉样沉积。胰岛 B 细胞衰老致胰岛素的分泌减少。循环血液中存在抗胰岛素抗体或抗胰岛素受体抗体,周围组织的胰岛素受体量减少、亲和力下降或受体缺陷,使机体对胰岛素的敏感性降低,致老年人糖耐量随年龄增加而降低,易患糖尿病。

二、老年糖尿病病人的护理

老年糖尿病(diabetes mellitus, DM)是一组内分泌代谢病,是指老年人胰岛素分泌不足或胰岛素作用障碍,从而导致物质代谢紊乱,出现高血糖、高血脂、蛋白质、水与电解质等紊乱的内分泌代谢疾病。老年糖尿病多数是 2 型糖尿病,其患病率随年龄增加而增高。

【护理评估】

1. 健康史　详细询问其家族史、生活及工作环境、饮食习惯,并询问发现糖尿病的时间、诊治过程及效果等。

2. 身体状况

(1)起病隐匿且症状不典型:仅有 1/4 或 1/5 的老年病人有多饮、多尿、多食及体重减轻的症状,多数病人因查体或治疗其他疾病就诊时发现。

（2）并发症多：老年糖尿病病人常并发皮肤及呼吸、消化、泌尿生殖等各系统的感染，感染可作为疾病的首发症状；老年糖尿病病人更易发生糖尿病非酮症高渗性昏迷和乳酸性酸中毒，急性感染是乳酸性酸中毒的常见诱因；老年糖尿病病人还易并发各种大血管或微血管症状，如高血压、冠心病、脑卒中、糖尿病肾病、糖尿病视网膜病变等。

（3）多病并存：易并存如心脑血管病、缺血性肾病、白内障等。

（4）易发生低血糖：自身保健能力及治疗依从性差，可使血糖控制不良或用药不当，引起低血糖的发生。

3. 心理－社会状况　老年病人感到失去生活乐趣而产生悲观情绪。随着各种严重并发症的出现，长期治疗加重个人、家庭、社会的经济负担。

4. 辅助检查　自我监测或定期到医院复查血糖和尿糖，及时调整治疗护理方案。

【治疗要点】

强调早期、长期、综合治疗及个体化的原则。目的是按照老年人血糖标准控制血糖，防止及延缓并发症的发生，提高老年人生活质量。

【常见护理诊断／问题】

1. 营养失调：低于机体需要量　与机体代谢紊乱有关。

2. 焦虑　与长期治疗、病情反复及出现并发症有关。

3. 知识缺乏：缺乏糖尿病的预防、用药和自我护理的知识。

4. 潜在并发症：糖尿病肾病、糖尿病视网膜病变、糖尿病足等。

【护理目标】

1. 老年病人血糖控制良好、体重恢复正常并保持稳定。

2. 老年病人能够正确对待自己的健康状况，有效缓解焦虑。

3. 老年病人有效获取糖尿病相关知识，治疗依从性增强。

4. 老年病人的并发症得到有效防治。

【护理措施】

1. 一般护理　坚持适当运动，餐后 1～1.5h 活动是降低血糖的最佳时间，餐后散步 20～30min 可有效控制血糖。注意不在空腹时运动，以免发生低血糖反应。注意个人卫生，防止外阴与泌尿系感染，发现有感染征象时要及时处理。为了预防糖尿病足的发生，宜穿宽松、干燥、清洁的鞋袜，勤检查双足，洗脚水温度适宜，慎用热水袋或电热毯取暖。

2. 病情观察　胰岛素治疗时注意低血糖与低血钾的发生；观察尿糖与酮体变化，准确记录出入量。

3. 饮食护理　自觉执行糖尿病饮食，确定各营养要素的比例，合理热量分配，给予低糖、低脂、高维生素、富含蛋白质和纤维素的饮食。老年人的饮食应按每天四餐或五餐分配，对预防低血糖反应十分有效。

4. 用药护理　常见的降糖药物有磺脲类、双胍类、噻唑烷二酮类、a－葡萄糖苷酶抑制剂等，遵医嘱按时按剂量使用降糖药，观察药物疗效及不良反应，提高老年病人用药的依从性。加用胰岛素时，应从小剂量开始逐步增加。空腹血糖宜控制在 9.0mmol/L 以下，餐后2h 血糖在 12.2mmol/L 以下即可。

5. 心理护理　理解和关心病人，帮助病人保持稳定的情绪，积极配合治疗和护理。

6. 健康教育　糖尿病作为一种慢性病，并发症多，增强老年人的自护能力是提高生活质量的关键。教会老年病人及家属正确使用血糖仪并强调定期监测血糖的重要性；强调饮食、运动、控制血糖、定期复查的重要性。

【护理评价】

1. 老年病人血糖控制是否良好，体重恢复是否正常并保持稳定。

2. 老年病人能否正确对待自己的健康状况，是否有效地缓解焦虑。

3. 老年病人是否有效获取糖尿病相关知识，治疗依从性是否增强。

4. 老年病人并发症是否得到有效防治。

知识窗

糖尿病改善的"五驾马车"

国际糖尿病联盟（IDF）将健康教育与心理改善、药物改善、饮食改善、运动改善和血糖监测形象地称为糖尿病改善的"五驾马车"，正确驾驭"五驾马车"能使糖尿病病人血糖长期控制稳定，结合减少吸烟、饮酒、纠正高血脂等其他有害因素，就能有效防止或减少糖尿病并发症的发生，最终达到延长寿命，提高生活质量的目标，享受健康人生。

三、老年痛风病人的护理

痛风是指嘌呤核苷酸代谢异常引起的高尿酸血症，即尿酸盐或尿酸结晶从超饱和的细胞外液沉积于组织或器官所引起的一组临床综合征。痛风主要表现为急性痛风性关节炎、痛风石形成、高尿酸血症肾病及尿路结石，多见于肥胖的中老年男性和绝经期后妇女。

【护理评估】

1. 健康史　原发性痛风由遗传因素和环境因素共同致病，绝大多数为尿酸排泄障碍，具有一定的家族易感性。继发性痛风主要因肾脏疾病、药物、肿瘤化疗或放疗等所致。

2. 身体状况　老年人高尿酸血症大部分可无临床症状，仅有波动性或持续性高尿酸血症，但随年龄增长痛风的患病率增加，老年痛风具有如下特点。

（1）起病缓慢：多以亚急性或慢性多关节炎的关节不适发病。

（2）症状不典型：老年病人发病部位不一定都是足部关节，较多累及手的小关节，主要多见于老年女性。

（3）老年病人骨关节炎和痛风石常共存。

（4）老年女性病人的发病率明显增高：主要与老年女性体内雌激素水平下降有关。

（5）肾功能受损较常见：较早期即可出现痛风石肾脏沉积。

3. 心理-社会状况　老年病人常表现出情绪低落、忧虑。严格控制饮食常会使病人感到失去生活乐趣而产生悲观情绪。

4. 辅助检查　血尿酸、尿尿酸测定，痛风石活检，X线检查等。

【治疗要点】

积极的预防是避免老年痛风发生的最佳方案。治疗强调防治结合，控制高尿酸血症，减轻疼痛，减少复发，防止并发症的发生。

【常见护理诊断/问题】

1. 关节疼痛　与尿酸盐结晶沉积在关节引起炎症反应有关。

2. 躯体活动障碍　与关节受累、关节畸形有关。

3. 焦虑　与长期治疗、病情反复及出现并发症有关。

4. 知识缺乏：缺乏与高尿酸血症和痛风有关的饮食知识。

【护理目标】

1. 老年病人能正确使用药物或非药物的方法减轻或解除疼痛，舒适感增加。

2. 老年病人活动量逐渐增加，活动时无不适感，能独立或在他人辅助下完成日常生活。

3. 老年病人能够正确对待自己的健康状况，有效缓解焦虑。

4. 老年病人有效获取痛风相关知识，治疗依从性增强。

【护理措施】

1. 一般护理　急性关节炎期，应卧床休息，在病床上安放支架支托盖被，抬高患肢，避免受累关节负重，待关节肿痛缓解72h后，方可下床活动。手、腕或肘关节受累时，可用夹板固定制动，也可给予冰敷或25%硫酸镁湿敷受累关节，减轻关节肿痛。

2. 饮食护理　每天进食总热量应限制在1 200～1 500kcal，蛋白质控制在1g/（kg·d）。避免进食动物内脏等高嘌呤食物。饮食宜清淡、易消化，忌辛辣和刺激性食物，严禁饮酒。

3. 病情观察　观察疼痛的部位、性质、间隔时间，有无午夜剧痛而醒；受累关节有无红肿和功能障碍；有无痛风石的体征，了解结石的部位及有无症状；观察病人的体温变化，有无发热等。

4. 心理护理　应给予老年病人精神上的安慰和鼓励，缓解其焦虑、悲观情绪。

5. 用药护理　指导老年病人正确用药，观察药物疗效，及时处理不良反应。

6. 健康教育　告知病人和家属保持良好心态，生活规律，肥胖者减轻体重，避免进食高蛋白和高嘌呤的食物，禁饮酒，每天饮水2 000ml以上，配合积极有效治疗，可正常生活和工作。

【护理评价】

1. 老年病人能否使用药物或非药物的方法减轻或解除疼痛，舒适感增加。

2. 老年病人活动量能否逐渐增加,活动时无不适感,能否独立或在他人辅助下完成日常生活。

3. 老年病人能否正确对待自己的健康状况,有效缓解焦虑。

4. 老年病人能否有效获取痛风相关知识,治疗依从性增强。

第七节　老年运动系统疾病病人的护理

工作情景与任务

导入情景:

张奶奶,80岁,如厕时不小心跌倒,起来时感手腕及腰部疼痛难忍,急送医院拍片检查,发现右侧尺桡骨骨折并股骨颈骨折。骨折使张奶奶生活自理能力明显不足,张奶奶感到非常郁闷、烦恼不安。

工作任务:

1. 请对张奶奶发生多处骨折的原因进行分析。

2. 针对张奶奶的患病情况,制订切实可行的健康指导。

一、老年人运动系统的生理变化

(一)关节及附属结构

关节软骨退化,软骨弹性和韧性减退。退化的滑膜萎缩、变薄,滑液减少、黏稠。椎间盘变扁平,椎间隙变窄,脊椎的高度变短。血管硬化,供血不足,韧带、腱膜、关节纤维化而僵硬,使关节活动受到严重影响,引起疼痛。

(二)肌肉组织

肌纤维变细,重量减轻,肌肉韧带萎缩,耗氧量减少,肌力减低,易疲劳,加之脊髓和大脑功能衰退,活动减少,反应迟钝。

二、老年性骨质疏松症病人的护理

骨质疏松症(osteoporosis, OP)是一种以骨量减少和骨组织微结构破坏为特征,导致骨质脆性增加和骨折风险性增加的代谢性骨病。分为原发性和继发性两类。老年性骨质疏松症属于原发性骨质疏松症Ⅱ型,女性老年人的发病率为男性的3倍。

【护理评估】

1. 健康史　重点询问与骨质疏松症有关的病因及女性绝经的时间。有无吸烟、酗酒,高蛋白、高盐饮食,饮浓咖啡,光照减少等骨质疏松的易发因素。

2. 身体状况

（1）骨痛和肌无力：全身或腰背部疼痛、肌无力最为常见，从安静状态起身活动时出现，大幅度伸展肢体时各关节疼痛加重；腰椎压缩性骨折可引起腰背部急性痛。

（2）身长缩短、畸形：骨质疏松非常严重时，可因椎体骨密度减少导致椎体压缩变形缩短，身长平均缩短3~6cm，严重者可伴驼背。

（3）骨折：是老年性骨质疏松症的主要并发症，常因日常活动或创伤诱发，如打喷嚏、弯腰、负重。骨折发生的部位以股骨颈骨折，桡骨下端骨折，胸、腰椎椎体骨折多见。

3. 心理 - 社会状况　骨质疏松症造成机体的不适、身体外形的改变，严重挫伤老年人的自尊心，可能因为外形改变而不愿进入公共场合。

4. 辅助检查　骨密度测定，生化检查包括骨钙素（BGP）、尿羟赖氨酸糖苷（HOLG）等指标的测定。

【治疗要点】

对症处理缓解症状，延缓骨量丢失，增加骨量，预防骨折发生。

【常见护理诊断/问题】

1. 慢性疼痛　与骨质疏松、骨折及肌肉疲劳、痉挛有关。

2. 躯体活动障碍　与骨痛、骨折引起的活动受限有关。

3. 情境性自尊低下　与椎体骨折引起的身长缩短或驼背有关。

4. 潜在并发症：骨折。

【护理目标】

1. 老年病人能正确使用药物或非药物的方法减轻或解除疼痛，舒适感增加，无并发症。

2. 老年病人能按照运动原则合理活动，维持躯体的正常功能。

3. 老年病人能正确认识老化和疾病所引起的外形改变，情绪稳定，无社交障碍。

4. 老年病人的并发症得到有效防治。

【护理措施】

1. 一般护理　在医护人员指导下适量活动。对有活动能力的病人，适当运动以增加和保持骨量，如散步有助于保持骨骼强壮，增强活动灵活性，并可减少跌倒的机会。每天进行关节的活动训练，同时进行肌肉的等长、等张收缩训练，以保持肌张力。

2. 病情观察　骨、关节疼痛的部位、性质、持续时间及疼痛是否放射，疼痛与活动的关系，疼痛加重的诱因及缓解的方法；关节活动受限的程度、与运动和体位的关系、对日常生活的影响、是否使用助行器；有无知觉改变，如感觉过敏、感觉减退或消失等。

3. 对症护理

（1）疼痛的护理：骨质疏松症引起疼痛的原因主要与腰背部肌肉紧张及椎体压缩性骨折有关，增加卧床休息时间，可显著减轻疼痛。使用加薄垫的木板床或硬棕床垫，仰卧时头不可过高，在腰下垫一薄枕。必要时可使用背架、紧身衣等限制脊柱的活动度。对疼痛严重者可遵医嘱使用镇痛药、肌肉松弛剂等药物,对骨折者应通过牵引或手术方法缓解疼痛。

（2）并发症的护理：为预防并发症的发生,日常生活中尽量避免弯腰、负重等行为。对已发生骨折的老年人,应至少每2h翻身一次,保护和按摩受压部位,指导老年人进行呼吸和有效咳嗽训练,做被动和主动的关节活动训练,定期检查防止并发症的发生。

4. 饮食护理　鼓励老年人多摄入含钙和维生素D丰富的食物,如鲜牛奶、乳制品、豆制品、海产品等含钙量较高的食物。富含维生素D的食物有禽、蛋、肝、鱼肝油等。

5. 用药护理

（1）钙制剂：如碳酸钙、葡萄糖酸钙等,服用钙制剂避免与绿叶蔬菜一起服用,防止减少钙的吸收；增加饮水量,通过增加尿量以减少泌尿系统结石,防止便秘。

（2）钙调节剂：包括降钙素、维生素D和雌激素,用降钙素时要观察有无低血钙和甲状旁腺功能亢进的表现。

6. 心理护理　鼓励老年病人表达内心的感受,明确其自卑、焦虑的原因。指导老年病人穿具有修饰作用的衣服,增强自信心。

7. 健康教育　宣讲与骨质疏松症相关的知识。每日适当的运动和户外日光照射。在日常活动中,防止跌倒,避免过度用力,必要时可通过辅助工具协助完成各项活动。指导老年病人学会营养素的合理搭配,饭前1h及睡前服用可咀嚼的片状钙剂,同时补充维生素D制剂。鼓励老年人自我调节,适应自我形象的改变。

【护理评价】

1. 老年病人能否正确使用药物或非药物的方法减轻或解除疼痛,舒适感增加。

2. 老年病人能否按照运动原则合理活动,维持躯体的正常功能。

3. 老年病人能否正确认识老化和疾病所引起的外形改变,情绪稳定,无社交障碍。

4. 老年病人并发症能否得到有效防治。

三、老年退行性骨关节病病人的护理

退行性骨关节病又称骨性关节炎、增生性关节炎等,是由于关节软骨发生退行性变,引起关节软骨完整性破坏以及关节边缘软骨下骨板病变,继而导致关节症状和体征的一组慢性退行性关节疾病。

退行性骨关节病的病理改变表现为透明软骨软化退变、糜烂,然后骨端暴露,并继发滑膜、关节囊、肌肉的变化。高龄男性好发于髋、膝、脊椎等负重关节,高龄女性好发于肩、指间关节,本病随年龄的增长发病率也随之升高。

【护理评估】

1. 健康史　详细询问家族遗传史、有无超重及肥胖、有无吸烟等；是否存在长期不良姿势、长期从事反复使用关节的职业或剧烈的文体活动等损害关节的病理因素；有无先天性畸形、关节创伤、关节面的后天性不平衡及其他疾病等。

2. 身体状况

（1）关节疼痛：关节酸痛，多于活动或劳累后发生，休息后可减轻或缓解。随着病情进展，疼痛程度加重，表现为钝痛或刺痛，关节活动可因疼痛而受限，严重者休息时也可出现疼痛。其中膝关节病变在上下楼梯时疼痛明显，久坐或下蹲后突然起身可导致关节剧痛，髋关节病变疼痛常自腹股沟传导至膝关节前内侧、臀部及股骨大转子处，也可向大腿后外侧放射。

（2）关节僵硬：在久坐或清晨起床后关节有僵硬感，不能立即活动，要经过一段时间后才感到舒服。这种僵硬和类风湿关节炎不同，时间较短暂，一般不超过30min。疾病晚期，关节活动受限将是永久的。

（3）关节内卡压现象：当关节内有小的游离骨片时，可引起关节内卡压现象。表现为关节疼痛、活动时有响声和不能屈伸。容易引起老年人摔倒。

（4）关节肿胀、畸形：膝关节因局部骨性肥大或渗出性滑膜炎而引起肿胀，严重者可见关节畸形、半脱位等。手关节可因指间关节背面内、外侧骨样肿大结节而引起畸形，部分病人可有手指屈曲或侧偏畸形，第一腕掌关节可因骨质增生出现"方形手"。

（5）功能受限：各关节可因骨赘、软骨退变、关节周围肌肉痉挛及关节破坏而导致活动受限。颈椎骨性关节炎脊髓受压时，可引起肢体活动无力和麻痹，椎动脉受压可致眩晕、耳鸣、复视、构音或吞咽障碍，严重者可发生定位能力丧失或突然跌倒。

3. 心理－社会状况　反复或持续的关节疼痛、功能障碍和关节变形，给老年病人的日常生活及心理健康带来很大的危害。

4. 辅助检查　X线平片、CT检查、磁共振。

【治疗要点】

无特效药物能中止本病的进展，采取综合性治疗，目的在于减轻疼痛，保护关节功能。疼痛不能缓解或活动受限、明显关节畸形或跛行者，可行手术治疗。推拿疗法对本病在减轻症状方面有显著效果。

【常见护理诊断／问题】

1. 慢性疼痛：关节痛　与关节退行性变引起的关节软骨破坏及骨板病变有关。

2. 躯体活动障碍　与关节疼痛、畸形或脊髓压迫所引起的关节或肢体活动困难有关。

3. 有自理能力缺陷的危险　与关节破坏所致的关节疼痛、躯体活动受限有关。

【护理目标】

1. 老年病人能通过有效的方法使疼痛减轻。

2. 老年病人关节功能有所改善，肢体活动范围增大。

3. 老年病人活动量逐渐增加，能独立或在他人辅助下完成日常生活活动。

【护理措施】

1. 一般护理　老年病人宜动静结合，规律而适宜的运动可有效预防和减轻病变关节的功能障碍。游泳、做操、打太极拳等能增加关节活动的灵活性。

2. 对症护理　减轻关节的负重和适当休息是缓解疼痛的重要措施,可使用手杖、助行架等助行器站立或行走。疼痛严重者卧床牵引限制关节活动。膝关节骨性关节病的老年人除适当休息外,上下楼梯、站立时,借助扶手支撑的方法减轻关节软骨承受的压力,膝关节积液严重时,应卧床休息。

3. 功能锻炼　主动和被动的关节功能锻炼,可以保持病变关节的活动能力,防止粘连和活动功能障碍。不同关节的锻炼根据其功能有所不同:①髋关节应早期训练做踝部和足部的活动,鼓励病人尽可能做股四头肌的收缩。②膝关节的早期训练以股四头肌的伸缩活动为主,解除外固定后,再进行伸屈及旋转活动。③肩关节训练主要练习外展、前屈、内旋活动。④手关节训练主要锻炼腕关节的背伸、掌屈、桡偏屈、尺偏屈。

4. 用药护理

(1)非甾体抗炎药:建议使用双氯芬酸、舒林酸等镇痛药,此类药物副作用小,且对软骨代谢和蛋白聚合糖合成具有促进作用。

(2)氨基葡萄糖:能修复损伤的软骨,减轻疼痛,常用药物有硫酸氨基葡萄糖、氨糖美辛片等。

5. 手术护理　对症状严重、关节畸形明显的晚期骨关节病老年病人,需进行人工关节置换术。术后护理详见《外科护理》相关章节。

6. 心理护理　为老年病人安排有利于交际的环境,增加其与外界环境互动的机会。增强老年病人的自尊感,增强其自信心。

7. 健康教育　指导老年病人注意防潮保暖,防止关节受凉受寒。科学合理的活动与锻炼,减轻体重,保护关节。正确使用物理疗法,以缓解疼痛。用明显的标记保证老年人定时、定量、准确服药,并告知药物可能有的副作用。

【护理评价】

1. 老年病人能否通过有效的方法使疼痛减轻。

2. 老年病人关节功能是否有所改善,肢体活动范围是否增大,活动时是否有不适感。

3. 老年病人能否独立或在他人辅助下完成日常生活活动。

第八节　老年神经系统疾病病人的护理

一、老年人神经系统的生理变化

(一)脑

老年人脑体积逐渐缩小,重量较成年人可减少 6%~10%。脑回变窄、脑沟增宽变深、脑室扩大,出现显著脑萎缩,以额、颞叶明显。老年人脑细胞中可见神经纤维缠结、脂褐质、马氏小体和类淀粉物沉积等改变,是脑老化的重要标志。

（二）神经递质

由于老年人神经细胞功能下降，一些担负传递信息的神经递质合成减少，如乙酰胆碱含量与活性同时下降，导致记忆力减退，尤其表现在近期记忆力的减退；儿茶酚胺的合成和释放减少，使老年人睡眠变差、精神不振、抑郁；多巴胺减少可导致运动障碍、动作迟缓和帕金森病。

（三）脑血管

随着年龄增长，脑血管发生退行性变，脑血流量逐渐减少，脑组织缺氧，特别是脑血管动脉粥样硬化，导致脑血液循环阻力增大，血流量减少，脑供血不足，影响脑代谢。血-脑脊液屏障功能减弱，容易发生神经系统感染性疾病。

二、老年脑卒中病人的护理

脑卒中是指急性起病，由于脑局部血液循环障碍所导致的神经功能缺损综合征，持续时间至少 24h。脑卒中具有发病率高、致残率高、复发率高、死亡率高的特点，是老年常见疾病致死原因之一。按病理性质分为缺血性脑卒中和出血性脑卒中两大类。前者包括短暂性脑缺血发作、脑血栓形成、腔隙性脑梗死、脑栓塞。后者包括脑出血和蛛网膜下腔出血。本节主要讲述脑出血、脑栓塞和脑血栓形成。

（一）脑出血

脑出血（intracerebral hemorrhage，ICH）指非外伤性脑实质内的出血，是急性脑血管病中病死率最高的疾病，且随年龄增长而增高，急性期病死率达 30%～40%，相当一部分病人留有偏瘫、失语、智力障碍等后遗症，严重威胁老年人的健康和生命。

本病最常见的病因是高血压及高血压合并脑动脉硬化，诱因有寒冷、情绪激动、过度劳累等。出血部位以顶叶最多见。有手术适应证者宜在超早期（发病后 6h 内）进行手术，可挽救重症病人的生命，促进神经功能恢复。

（二）脑栓塞

脑栓塞是指脑动脉被进入血液循环的栓子堵塞所引起的急性脑血管疾病，占脑梗死的 15%。老年人脑栓塞多由冠心病及大动脉病变引起，多在动态下发病并迅速达高峰。临床表现取决于栓子堵塞的动脉部位，意识障碍和癫痫发生率高，神经系统体征不典型。部分老年病人可出现无症状性脑梗死，临床诊断主要依靠 CT 和磁共振。

（三）脑血栓形成

脑血栓形成（cerebral thrombosis，CT）是指由于脑动脉粥样硬化或其他因素造成管腔狭窄或闭塞，导致相应区域脑组织因急性供血不足或血流中断而发生缺血、缺氧或坏死，临床出现相应的神经系统症状和体征，在急性脑血管病中最常见。本病好发于 60 岁以上的老年人，男性多于女性。出血性和缺血性脑卒中的鉴别见表 7-2。

表7-2　出血性脑卒中和缺血性脑卒中的鉴别

鉴别	出血性脑卒中	缺血性脑卒中	
	脑出血	脑栓塞	脑血栓形成
发病人群	中老年人	发病年龄不一	老年人多见
既往病史	高血压合并细、小动脉硬化	冠心病及大动脉病变	脑动脉硬化
前驱症状	老年人一般无前驱症状，少数有头晕、头痛、肢体无力	无前驱症状	反复短暂性脑缺血发作
诱发因素	活动或情绪激动	不定	安静、休息时
起病形式	急骤	急骤	缓慢
意识障碍	多见	短暂意识障碍	无
血压	明显升高	正常	正常或稍高
头痛	有	无	较轻或无
呕吐	多有	无	无
颈项强直	可有	无	无
眼底	可见出血	可见动脉栓塞	可有动脉硬化
脑脊液	压力增高，均匀血性	正常或升高	多正常
CT	出血区密度增高	发病24h后可见低密度灶	发病24h后可见低密度灶

【护理评估】

1. 健康史　询问起病时间、方式及有无明显诱因如情绪激动、疲劳等；有无前驱症状如头痛、头晕、语言障碍、肢体麻木无力等；发病时有无剧烈头痛、呕吐，有无意识障碍及持续时间；询问急救及用药情况；了解病人有无高血压、冠心病、动脉硬化、高脂血症及短暂性脑缺血发作病史；是否遵医嘱使用抗凝、降压等药物；了解病人的生活习惯、饮食结构、烟酒嗜好等。

2. 身体状况

（1）脑出血：①常在体力活动或情绪激动时发病，起病突然，病情进展迅速。②老年病人颅内压增高症状如头痛、呕吐可不明显，但意识障碍程度重，持续时间长。肢体瘫痪、失语等神经功能缺失表现严重，且不易恢复。③神经系统局灶性损伤表现依出血部位和出血量而定。基底节出血表现为"三偏征"，即偏瘫、偏盲、偏身感觉障碍，优势半球出血可有失语。脑叶出血表现为头痛、呕吐、失语、视野异常、癫痫发作及脑膜刺激征等，顶叶出血还可有偏身感觉障碍、空间构象障碍。

（2）脑栓塞：①老年脑栓塞发作急骤，多在活动中发病，无前驱症状。②临床表现取决于栓子堵塞的动脉部位，意识障碍和癫痫发生率高，神经系统体征不典型，如栓塞的动脉较大或发生在椎基底动脉者可很快出现脑水肿继而昏迷危及生命。③无症状性脑梗死多见。④并发症多且严重。

（3）脑血栓形成：①多见于有动脉粥样硬化的老年人，发病前有短暂性脑缺血发作史。②常在安静休息或睡眠状态下发病，意识障碍较多见且较重。③有局灶性神经系统损伤的表现，并在数小时或 2～3d 内达高峰。因血栓发生部位、程度不同病人表现各异，可表现为偏瘫、感觉障碍、语言障碍等。

3. 心理 – 社会状况　老年病人因突发疾病引起焦虑、恐惧、无助，评估病人家属的照顾能力和对病人的支持程度。

4. 辅助检查　CT 对早期脑出血诊断明确，磁共振弥散加权成像以及波谱分析可以发现早期的脑梗死。

【治疗要点】

1. 脑出血　脑出血急性发作期的治疗要点是防止再出血的发生，降低颅内压，控制脑水肿，调整血压，维持生命体征，防治并发症，必要时外科治疗。

2. 脑血栓形成　脑血栓形成急性期的治疗要点是溶栓，减轻脑细胞受损，防治脑水肿，调整血压，必要时外科治疗，恢复期以康复训练为主。

【常见护理诊断 / 问题】

1. 意识障碍　与脑出血、脑水肿有关。

2. 躯体移动障碍　与肢体瘫痪或平衡能力降低有关。

3. 语言沟通障碍　与语言中枢受损有关。

4. 焦虑　与生活自理缺陷和担心预后有关。

5. 潜在并发症：脑疝、呼吸道感染、消化道出血等。

【护理目标】

1. 老年病人意识障碍程度减轻或意识清楚。

2. 老年病人能配合进行肢体功能训练，肢体活动能力逐步恢复。

3. 老年病人能运用不同方式与他人交流，语言能力逐步恢复，生活能力有所提高。

4. 老年病人情绪稳定，配合治疗护理。

5. 老年病人的并发症得到有效防治。

【护理措施】

1. 紧急救护措施　监测和维持生命体征，必要时吸氧、建立静脉通道及心电监护。保持呼吸道通畅，必要时吸痰、清除口腔呕吐物或分泌物。昏迷病人应侧卧位。转运途中注意车速平稳，保护病人头部免受振动。

2. 一般护理

（1）卧位与安全：安置病人于合适的体位，保持呼吸道通畅。脑出血病人头部可略抬高，以利于减轻脑水肿。如有躁动、谵妄时应加保护性床挡，必要时使用约束带适当约束。脑血栓形成病人宜取平卧位。

（2）休息与活动：保持环境安静，避免声、光刺激，限制亲友探视。病情平稳后，鼓励病人做渐进性活动，如协助病人翻身、坐起、站立、行走等，以逐步恢复体能。

（3）饮食护理：急性脑出血病人发病24h内应禁食，24h后根据病情给予高蛋白、高维生素、清淡易消化食物，吞咽困难者给予流食或半流食，必要时给予鼻饲，同时做好口腔护理。

3. 病情观察　密切观察病人的意识状态，连续监测生命体征，如病人意识障碍加重，则出现剧烈头痛、呕吐、躁动不安，呼吸不规则，血压升高、瞳孔大小不等提示有脑疝可能，及时通知医生并配合抢救。

4. 对症护理

（1）脑水肿的护理：脑出血急性期如有脑水肿应置冰袋于头部，控制中枢性高热或降低体温，减少组织代谢，缓解脑水肿。脑血栓病人则严禁头部冷敷。

（2）皮肤护理：应每2h翻身1次或变换体位，以免局部皮肤长期受压，翻身后保持肢体功能位。

（3）昏迷病人的护理：昏迷病人应做好口腔护理，及时清除呼吸道分泌物，以防误吸。必要时配合医生进行气管切开或气管插管。

（4）排便失禁的护理：应及时清除大便失禁病人的排泄物，用温水洗净肛周和臀部皮肤，皮肤局部可涂以保护性润肤油。尿失禁及时给予留置尿管，加强留置导尿的护理，减少泌尿系统感染。

（5）脑缺氧的护理：遵医嘱吸氧，防止脑缺氧。

5. 用药护理　遵医嘱用药并观察用药后反应。使用溶栓、抗凝药时注意有无出血倾向；使用甘露醇降颅内压时，应选择较粗血管，以保证药物的快速输入，并注意病人的心肾功能。

6. 心理护理　护士应同情、理解老年病人，做好安慰、解释工作，增强其战胜疾病的信心，同时做好家属的心理疏导。

7. 健康教育　实施以功能训练为主的各种综合措施，预防残疾的发生和减轻残疾的影响，使病人的身体功能不断恢复和提高。建立健康的生活方式，合理膳食，保持大便通畅、适量运动、睡眠充足。

【护理评价】

1. 老年病人意识障碍程度是否减轻。

2. 老年病人能否按计划进行肢体和语言功能的训练，其生活能力是否逐渐提高。

3. 老年病人情绪是否稳定，是否配合治疗护理。

4. 老年病人并发症是否得到有效防治。

三、老年帕金森病病人的护理

帕金森病（Parkinson's disease，PD）又称震颤麻痹，是一种进展性的中枢神经系统变性疾病。帕金森病主要病理特征是黑质多巴胺能神经元变性死亡和脑干神经元内 α 突触核蛋白积聚形成路易体。临床表现有锥体外系症状和体征,如静止性震颤、肌强直、面部僵化、姿势和步态异常。部分病人(20%～40%)在病程中出现认知功能损害、神经精神症状和痴呆表现。本病多在60岁以后发病,男性略多于女性。

【护理评估】

1. 健康史　询问老年病人年龄、职业、工作、生活环境,起病方式、病程。既往有无脑动脉粥样硬化、脑炎、外伤史,家族史。

2. 身体状况

(1)震颤:早期呈静止性震颤,安静或休息时明显,紧张或情绪激动时加重,多从一侧上肢手指开始,手部震颤类似"搓丸样"。震颤逐渐扩展到同侧及对侧上下肢,严重时头部也可出现震颤。

(2)肌肉强直:从一侧开始发展至对侧和全身,表现为屈肌和伸肌张力增高,呈现"铅管样强直",如合并震颤,可表现为"齿轮样强直"。面肌运动减少,眨眼少,表情动作减少,面容呆板呈现"面具脸"。

(3)运动减少和运动迟缓:表现为动作缓慢,始动困难,随意运动减少。各种精细动作(如解衣扣、系鞋带等)障碍。

(4)姿势步态异常:表现头部前倾、躯干俯屈、肘关节屈曲、腕关节伸直、前臂内收,髋、膝关节轻度弯曲等特殊姿势。行走时起步困难,一旦开步,身体前倾,重心前移,步伐小且越走越快,不能及时停步,称"慌张步态"。

3. 心理－社会状况　老年病人不愿参与社会活动,产生胆怯和逃避心理,常感到无望、无助。

4. 辅助检查　脑脊液中多巴胺的代谢产物高香草酸含量可降低,但缺乏特异性。

【治疗要点】

如病情轻微,无需治疗,鼓励老年病人多做主动运动。若病情加重,治疗以药物治疗为主,手术治疗、康复治疗、心理治疗为补充。需要病人长期配合,终身治疗。

【常见护理诊断／问题】

1. 躯体活动障碍　与震颤、肌肉强直、步行障碍有关。

2. 自尊低下　与震颤、流涎、面肌强直等身体形象改变,生活依赖他人有关。

3. 营养失调:低于机体需要量　与吞咽困难、饮食减少和肌肉强直、震颤所致机体消耗量增加有关。

【护理目标】

1. 老年病人能通过有效的方法使躯体活动障碍有所改善。

2. 老年病人人际交往意愿增强。

3. 老年病人营养摄入可满足机体需要。

【护理措施】

1. 一般护理

（1）环境设置：室内光线明亮、温湿度适宜，地面平整、干燥、防滑、宽敞无障碍物，以防老年帕金森病人跌倒。

（2）饮食护理：保证足够的营养供给。服用多巴胺治疗者，宜限制蛋白质摄入量，因为蛋白质消化过程中产生大量中性氨基酸，与左旋多巴竞争入脑，降低左旋多巴的疗效。

2. 病情观察　注意震颤的变化、步伐移动情况、生活自理能力的变化等。建议老年人或家属坚持写病情治疗与康复记录，以便及时发现病情变化。

3. 对症护理

（1）对咀嚼、吞咽功能障碍老年人，为避免进食过快引起的呛咳、坠积性肺炎，指导病人进食时宜缓慢，集中注意力。

（2）对于流涎过多的病人，可使用吸管，必要时鼻饲流食，保证营养的供给。

（3）对于出汗较多的病人，注意补充水分。

（4）预防并发症：①环境设置合理，预防跌倒及坠床。②做好饮食护理，选择合适的体位，卧床病人餐后及时清洁口腔，预防误吸。③鼓励病人经常变换体位和轻拍背部，促进痰液排出预防肺部感染。④长期卧床者经常变换体位，预防压疮。⑤预防便秘。

4. 用药护理　需终生应用药物治疗控制症状。从小剂量开始，品种不宜多，不宜突然停药或随意更换药品。

5. 心理护理　细心观察老年帕金森病人的心理反应，鼓励病人说出他们的心理感受并注意倾听。护理人员做好知识宣传，让病人了解病情，主动配合治疗和护理。

6. 健康教育　指导病人坚持主动运动和功能锻炼，多做皱眉、鼓腮、露齿和吹哨等动作。用餐时应防止呛咳或烫伤，路面及厕所地面要防滑无障碍物，走路时持拐杖助行，外出活动或沐浴时应有人陪护，防止跌倒及受伤。定期复查。

【护理评价】

1. 老年病人能否通过有效的方法使躯体活动障碍有所改善。

2. 老年病人是否人际交往意愿增强。

3. 老年病人是否营养摄入满足机体需要。

第九节　老年感官系统疾病病人的护理

一、老年人感官系统的生理变化

（一）视觉

老年人角膜边缘基质出现灰白色环状类脂质沉积，即"老年环"。角膜变平，晶状体弹性降低、变性，易出现散光、老视、白内障。

（二）听觉

老年人耳郭表面皱襞松弛，凹窝变浅，收集声波和辨别方向的能力降低。中耳的任何部位可能变硬或萎缩，造成传音性耳聋，老年人常伴有耳鸣，耳鸣呈高频性，开始为间断性，逐渐发展为持续性。对声音的反应和定位功能减退。

（三）味觉和嗅觉

老年人味蕾细胞数量减少、萎缩，对食物的敏感性降低，尤其是对咸和甜敏感性差。嗅细胞数量随年龄增长而减少、萎缩和变性，嗅觉功能下降，对气味的分辨力降低，尤其男性减退明显。

（四）本体觉

触压觉、温度觉、痛觉、位置觉减弱，对精细动作的执行能力下降如系鞋带、剪指甲等，对一些危险环境的感知度降低，易发生危险。

二、老年性白内障病人的护理

老年性白内障是指中老年以后晶状体蛋白变性混浊而引起的视觉功能障碍，其主要表现为无痛性、进行性视力减退。随着年龄的增长发病率逐渐增加，白内障致盲居各种眼病的首位。老年性白内障根据晶状体混浊的部位不同分为皮质型、核型、囊下型三类。临床上以皮质型和核型多见。

【护理评估】

1. 健康史　询问老年性白内障病人视力障碍出现的时间、程度、发展的速度，对生活的影响及治疗情况等；询问病人有无家族遗传史、心脑血管病及糖尿病病史；询问病人的工作性质、生活习惯、饮食状况及健康状况以及是否有烟酒嗜好、是否注意用眼卫生等。

2. 身体状况

（1）渐进性、无痛性双侧视力减退：早期可出现眼前有固定不动的黑点、单眼复视或多视、物像变形、昼盲（或）夜盲等。最后仅能见眼前光感和手动，直至失明。两眼可先后发病。

（2）视力障碍：与晶状体混浊部位有关，中央部位的混浊对视力影响较大。

（3）眼球胀痛、视力下降：主要见于皮质性白内障病人。

3. 心理-社会状况　了解老年性白内障病人是否因视力障碍严重影响日常生活能力而产生焦虑、悲观情绪；有无担心失明出现的恐惧；家人是否给予关心和爱护及适当的生活照顾。

4. 辅助检查　检眼镜检查、裂隙灯显微镜检查、角膜曲率及眼轴长度检查。

【治疗要点】

初发期和肿胀期可用维生素类及影响晶状体代谢的药物治疗。成熟期行手术摘除晶状体，对于术时未植入人工晶状体者，应配镜恢复或提高视力。

【常见护理诊断/问题】

1. 感知紊乱（视觉） 与晶状体混浊有关。

2. 有受伤的危险 与视力障碍有关。

3. 焦虑 与视力障碍、担心失明及手术有关。

4. 知识缺乏：缺乏有关白内障防治和自我保健的相关知识。

【护理目标】

1. 老年病人白内障症状得到有效控制，减轻视力减退对生活的影响。

2. 老年病人视力障碍得到控制或减轻，无意外情况发生。

3. 老年病人焦虑、孤独等悲观情绪得到缓解。

4. 老年病人了解白内障的防治知识，能采取有助于保护眼睛健康的生活方式。

【护理措施】

1. 一般护理 提供安全、舒适的生活环境。物品位置固定，活动空间无障碍。室内装修避免色彩反差过大，照明采用柔和的灯光。生活规律，保持精神愉快，避免过度疲劳和用眼过度，不在暗室久留；饮食宜低脂、低糖、低盐、高蛋白、高维生素、高纤维素，多吃蔬菜和水果，忌辛辣。住院病人的床头要悬挂"防跌倒"标识，加强巡视。

2. 病情观察 对老年性白内障病人，要注意检测病人的视力、视野、瞳孔、眼压的变化，并做好记录。如出现头痛、眼痛、恶心等症状，应及时报告医生。

3. 对症护理 对于有眩光的老年人，照明用柔和的白炽灯，外出时戴好防护眼镜。

4. 围手术期护理 术前做好心理疏导，协助病人进行各项检查，并说明检查目的、意义。术后嘱病人卧床休息，术眼用硬质眼罩保护，防止外力碰撞，严密观察有无并发症如眼部感染等，出现并发症应告知医生。

5. 用药护理

（1）用药指导：早期根据医嘱使用谷胱甘肽滴眼液，口服维生素。每种眼药水在使用前均要了解其性能、维持时间、适应证和禁忌证，检查有无浑浊、沉淀，是否超过有效期。慎用散瞳剂如阿托品。

（2）正确使用滴眼药水：方法为用示指和拇指分开眼睑，嘱病人眼睛向上看，将眼药水滴在下穹隆内。闭眼后，再用示指和拇指提起上眼睑，使眼药水均匀地分布在整个结膜囊内。滴药时注意滴管不可触及角膜。滴药后须按住内眦数分钟，防止药水进入泪小管，吸收后影响循环和呼吸系统功能。

6. 心理护理 加强与老年病人的沟通，给病人及家属讲解疾病的知识，减轻对预后的恐惧感，使病人树立信心，积极配合治疗。

7. 健康教育

（1）防治老年性白内障：①保持眼部卫生，勤洗手，勿用力揉眼，毛巾要清洁柔软。②饮食清淡，易消化，多食含维生素丰富的食物。③预防和治疗全身性疾病。④正确使用滴眼液。

（2）佩戴眼镜：遵医嘱佩戴合适的眼镜。

（3）定期接受眼科检查。

【护理评价】

1. 老年病人白内障症状是否得到有效控制，视力减退对生活影响是否减少。

2. 老年病人视力障碍是否得到控制或减轻，无意外情况发生。

3. 老年病人焦虑、孤独等悲观情绪是否得到缓解。

4. 老年病人是否知道白内障的防治知识并且能够进行眼睛的自我保健。

三、老年性耳聋病人的护理

老年性耳聋是指随着年龄的增长，听觉器官不可逆性的衰老退变，为双耳对称性、缓慢听力下降。遗传、环境、饮食、精神因素等与老年性耳聋关系密切。

【护理评估】

1. 健康史　询问老年性耳聋病人近期是否有听力下降；有无耳鸣、眩晕等不适；询问生活习惯、饮食状况；有无脂代谢异常、动脉硬化、糖尿病等病史；有无居住环境嘈杂、严重精神压力等；是否用过耳毒性的药物等。

2. 身体状况　老年性耳聋多属感音性耳聋，表现为高音频听觉困难和语言分辨能力差，可伴有耳鸣。

（1）听力下降：出现不明原因的双侧对称性、缓慢性、进行性听力下降，以高频听力下降为主。

（2）语言识别力差。

（3）重听现象：即低声说话听不见，高声说话又感觉吵，刺耳难受。

（4）耳鸣：多数为高频性耳鸣、耳闷，开始为间歇性，渐渐发展呈持续性，偶有眩晕或平衡障碍，夜深人静时更明显，常影响老年人的睡眠。

3. 心理－社会状况　由于听力减退，影响老年性耳聋病人交流，导致其抑郁少言，产生隔绝感和孤独感。

4. 辅助检查　检耳镜检查、纯音听力计检查等。

【治疗要点】

目前无特效治疗方法，以预防为主，积极治疗高血压、动脉粥样硬化、糖尿病等慢性疾病；慎用或禁用对耳有毒性的药物，如庆大霉素等；养成良好的生活习惯，不饮酒抽烟等。

【常见护理诊断/问题】

1. 感知紊乱（听觉）　与耳部退行性病变及血液供应减少有关。

2. 焦虑　与听力障碍、担心耳聋有关。

3. 知识缺乏：缺乏有关耳聋的防治知识。

【护理目标】

1. 老年病人听力障碍得到有效缓解，减轻对日常生活的影响。

2. 老年病人焦虑、孤独等悲观情绪得到缓解。

3. 老年病人能说出影响听力的相关因素及危害性，避免相关因素对听力的进一步影响。

【护理措施】

1. 一般护理　生活环境要安静、安全，避免噪声干扰，合理膳食搭配，建议"三低一高"（低糖、低盐、低脂肪、高纤维素）饮食，及时补充锌元素。坚持适当的体育锻炼，注意劳逸结合，保持健康的生活方式。

2. 病情观察　观察老年病人听力下降的程度，其与外界沟通和联系是否存在障碍及程度。

3. 用药护理　遵医嘱使用改善内耳微循环的药物，观察药物疗效及不良反应。补充维生素类药物及微量元素等。

4. 心理护理　了解老年病人的心理状态，尊重、关心病人，加强护患沟通交流，避免病人因耳聋产生孤独和自卑的心理。

5. 健康教育

（1）避免噪声环境及耳毒性药物的影响。

（2）积极预防和治疗全身性疾病如高血压、糖尿病等。

（3）局部按摩：教会老年病人用手掌和手指按压耳朵的方法，环揉耳屏，每日3~4次，以增加耳膜活动，促进局部血液循环，防止听力下降。

（4）避免过度劳累，保持心情舒畅。

（5）教会病人正确使用助听器、保养助听器。

【护理评价】

1. 老年病人的听力障碍是否得到有效缓解，对其日常生活的影响是否减少或消除。

2. 老年病人焦虑、孤独等悲观情绪是否得到缓解。

3. 老年病人能否说出影响听力的相关因素及危害性，避免其对听力的进一步影响。

章末小结

　　本章学习重点是老年常见疾病病人的身体状况评估、护理措施、健康指导；老年人的患病特点；老年病人的护理特点。学习难点为老年常见疾病病人的护理评估和护理措施。在学习过程中，注意培养临床思维能力，学会运用老年护理的原则，制订周密的护理计划，正确实施护理措施，并进行健康宣教，提高分析问题和解决问题的能力。培养学生人文关怀理念，实践人文关怀精神。

（洪　敏　马牧林）

1. 病人，男，85岁。吸烟史65年，患慢性支气管炎20余年，慢性阻塞性肺疾病5年。近2日感冒后咳、痰、喘加重，痰呈脓性，不易咳出，伴有呼吸困难。查体：体温37.6℃，神志清楚，口唇发绀，桶状胸，双肺叩诊过清音，触觉语颤减弱。

问题：

（1）请列出该老年病人目前最主要的健康问题。

（2）针对该老年病人的身体状况，对其及家属进行相应健康指导。

2. 病人，男，70岁。高血压病史5年，血压波动在150～170/90～100mmHg之间，未按医嘱服用降压药物，偶有头晕，无其他明显不适。平素饮酒量多，吸烟史45年。

问题：

（1）请指出该老年病人血压波动的原因。

（2）请指出该老年病人用药期间应注意的事项。

3. 病人，女，84岁，独居，有冠心病病史。双眼视物模糊4年多，曾经到医院检查，散瞳后使用检眼镜或裂隙灯显微镜检查，发现晶状体混浊。最近视物模糊严重，伴有头晕、头痛，影响到日常生活，病人很焦虑，担心视力越来越差，生活不能自理。

问题：

（1）请列出该老年病人目前主要的健康问题。

（2）根据病人的情况，请列出眼部护理指导事项。

4. 病人，男，70岁。家人述说老年人近半年说话习惯明显改变，说话声音大，经常打断对方讲话或要求对方重复；近日常觉耳边嗡嗡响，夜里难以入睡。今来医院就诊，检查：鼓膜完整，耳道内无异物，听力测试双耳1m内勉强听到声音。

问题：

（1）请列出该老年病人目前主要的健康问题。

（2）正确指导老年病人进行耳郭局部按摩。

5. 病人，女，76岁，农民。年轻时有脑部外伤史。2年前不明原因静止时出现手颤，情绪激动时加重。各种活动明显减少，不爱讲话，生活中一些小事如系鞋带、扣扣子很难完成，未治疗。近1周来症状加重，步行困难，易跌倒。

问题：

（1）请指出该老年病人需要进行的检查内容。

（2）请为病人制订切实可行的护理计划。

第八章 老年人的安宁疗护

08章

08章 数字资源

学习目标

1. 具有尊重、关爱老年人的职业素养，以高度的责任心、爱心、细心、耐心，同理心对待接受安宁疗护的老年人。
2. 掌握安宁疗护的目标、模式、实践内容；老年人对待死亡的心理类型及老年人的死亡教育实施；丧偶老年人的哀伤辅导；老年安宁疗护护士的职责。
3. 熟悉安宁疗护的概念、理念；丧偶老年人的心理特点。
4. 了解我国安宁疗护的现状；居丧期护理。
5. 学会运用安宁疗护的理念和正确的方法对接受安宁疗护的老年人实施个体化的护理；对丧偶老年人实施个体化的哀伤辅导。

第一节 概 述

工作情景与任务

导入情景：

任爷爷，76岁，农民，3年前，诊断为食管癌，手术后又进行了化疗。半年前感到呼吸困难，诊断为癌肿肺转移，住院后医生将胸腔积液抽出，并进行了抗感染等治疗。老人感觉病情好转，吵闹着要求回家。任爷爷的7个儿女，有的认为现在经济条件很好，该让老人住院继续化疗延长寿命；有的则怕化疗的副作用带来不适和痛苦，按老人意愿回家舒适地生活，顺其自然，但是家在农村，又担心回家后照护不好老人。

工作任务：

1. 指导家属选择适合任爷爷的安宁疗护模式。
2. 对任爷爷正确实施安宁疗护。

安宁疗护是近代医学领域中的一门新兴的边缘性交叉学科，是社会发展的需求和人类文明进步的标志。21世纪人口老龄化成为全球性社会问题，我国老年人口也处于快速增长阶段。生老病死是人生的自然规律，安宁疗护是老年医疗卫生服务与养老服务中最后一个重要环节。老年人的生命末期阶段，会面临生理、心理、社会等多方面的需求，需要安宁疗护护士为临终老年人及其家属提供舒适照护和哀伤辅导，帮助临终老年人安宁、平静、无痛苦、有尊严地走完人生的最后阶段，协助家属顺利度过居丧期。

一、安宁疗护的概念

2016年世界卫生组织对安宁疗护的定义为：安宁疗护是通过早期识别、积极评估、治疗疼痛和其他不适症状，包括躯体、心理和精神方面的问题，来预防和缓解身心痛苦，从而提高患有不可治愈疾病的病人及家属的生活质量的一种有效方式。

二、安宁疗护的理念与目标

我国已经步入老龄化社会，而且老年人口在逐年增加，老龄化程度进一步加深。家庭人口结构发生变化，家庭养老照护能力在逐渐弱化，因此，家庭在老年人的照护尤其是临终老年人的照护方面力不从心，安宁疗护可以对临终老年人和家属给予更大的帮助。最终的目的是让临终者善终、丧亲者善别、在世者善生，让生命更有尊严。

（一）安宁疗护的理念

安宁疗护的理念为：维护生命，把濒死认作正常过程；不加速也不拖延死亡；控制疼痛及心理精神问题；提供支持系统以帮助家属处理丧事并进行心理抚慰。安宁疗护不是放弃对病人的积极救治，而是用专业的方法帮助病人，尽量提高其生活质量，不只是延长生存期，同时帮助病人的家庭和亲属能够平静面对亲人的离世。

（二）安宁疗护的目标

1. 维护病人尊严　尊重病人对生命末期治疗的自主权利，尊重病人的文化和习俗需求，采取病人自愿接受的治疗方法；并在照护过程中，注意病人多方面的感受，而不是只关注疾病，提升病人的尊严感。

2. 减轻病人痛苦　不以治愈疾病为目标，而是通过控制各种症状，减轻各种身体的不适，提高其生活质量。而不是以千方百计延长病人的生存时间为目标，否则可能会增加病人的痛苦。

3. 帮助病人平静离世　多安排与病人及家属沟通交流，了解病人未被满足的需要、人际关系圈及在生命末期还想要实现的其他愿望，努力帮助其实现，达到内心平和、精神健康，尽量无遗憾地平静离开人世。

4. 减轻丧亲者的负担　在安宁疗护多学科队伍的照护帮助下，减轻家属的照护负担；并给丧亲者提供居丧期的帮助和支持，如老人去世后的安葬等社会事务；帮助丧亲者度过哀伤阶段。

三、我国安宁疗护的发展现状与挑战

1988 年天津医科大学成立我国首家临终关怀研究中心，它的建立在我国安宁疗护发展史上起着标志性的作用。之后上海、北京、广州等大城市相继建立临终关怀机构。2017 年国家卫生和计划生育委员会发布了安宁疗护相关的指导性文件，为我国安宁疗护专科发展提出了方向。2019 年 11 月中共中央、国务院印发《国家积极应对人口老龄化中长期规划》，将安宁疗护纳入应对人口老龄化的具体各项任务中。自 2020 年 6 月 1 号施行的《中华人民共和国基本医疗卫生与健康促进法》中第三十六条规定："各级各类医疗卫生机构应当分工合作，为公民提供预防、保健、治疗、护理、康复、安宁疗护等全方位全周期的医疗卫生服务。"截至 2020 年底，我国设有安宁疗护科的医院 510 个。2022 年国家卫生健康委等 15 部门联合印发《"十四五"健康老龄化规划》，规划提出：坚持健康至上，以老年人健康为中心，提供包括健康教育、预防保健、疾病诊治、康复护理、长期照护、安宁疗护等在内的老年健康服务。

我国安宁疗护虽然取得长足的发展，但也面临着以下挑战。

1. 公众对安宁疗护正确认知度有待提高　由于长期受传统的死亡观、伦理观的影响，人们对于死亡采取否定、回避的负面态度，需要我们帮助民众树立正确的生死观和安宁疗护理念。

2. 安宁疗护政策支持力度有待加强　我国老年人的安宁疗护相关的法律法规和统一规范的指导政策需要不断完善和加强。

3. 安宁疗护专业人才有待培养　我国安宁疗护起步较晚，医学院校安宁疗护教育力度不够，相关专业人才较缺乏，安宁疗护机构的人员素质和团队间的合作有待提高。所以，加强对安宁疗护人员专业技能的培训，提高安宁疗护从业人员的素质显得至关重要。

四、安宁疗护模式

（一）医院安宁疗护模式

1. 病房服务模式　是针对住在安宁疗护病床的病人，由专业的安宁疗护多学科团队为病人和家属提供"五全"照顾服务的一种医疗模式。安宁疗护团队评估病人的身体症状、心理、社会支持，制定照护方案，必要时召开家庭会议，然后开始实施，根据评估病人的实际情况随时调整照护方案。

安宁疗护的"五全"照顾

1. 全人照顾　是服务团队针对病患本人进行身体、心理、社会、精神多维度的整体照顾。

2. 全家照顾　是指除了照顾病人之外,也要帮助家属解决体力、心理、悲伤等问题。

3. 全程照顾　是指从病人接受安宁疗护开始一直到病人死亡的全过程,其中还包括对病人家属的哀伤辅导。

4. 全队照顾　是指由专业的团队,包含医生、护士、志愿者、心理咨询师、营养师等,提供照顾病人及其家属的服务。

5. 全社区照顾　是帮助病人及其家属享受以他们为中心的、就近的、方便快捷有效的社区服务。如为生活贫困的终末期病人和家庭提供实际救助,奉献爱心。

2. 小组服务模式　也称安宁共同照护。为了建立全院化的安宁疗护理念,让有安宁疗护需求的病人在普通病房也能接受安宁疗护服务;提高普通病房医护人员的照护能力,是跨区域、跨科别的医院安宁疗护模式。特点是没有固定的病床,在医院成立安宁疗护多学科小组,协同原病区医疗护理团队为生命终末期且有安宁疗护需求的病人提供服务。小组负责人可由接受过安宁疗护专项培训的护士长担任,安宁疗护多学科小组评估病人及家属身体、心理、社会及精神方面的需求,与病人原病区的医疗护理团队共同制订照护计划,小组成员与病区联络员落实安宁疗护任务,共同照护,并1周内评价实施效果。

3. 出院延续护理服务门诊模式　是有安宁疗护专科资质的护士以门诊的形式开展服务。为有需求的病人及家属提供咨询、症状护理指导、心理护理、人文关怀及哀伤辅导等服务。

（二）社区安宁疗护服务模式

1. 病区服务模式　遵循"五全"照顾原则,建立以社区为主导、门诊为依托、病区和居家(家庭病床)为核心保障的四位一体服务体系。服务的内容有:症状控制、舒适照护、心理支持和人文关怀;有日间安宁疗护活动室,给病人提供琴棋书画等娱乐资源;组织住院、家居病人和家属参加各种社交娱乐活动;有辅助的音乐疗法、中医缓释疗法、语言治疗、物理治疗等;评估濒死症状、做死亡准备、遗体护理及丧葬准备,且明确与综合医院和居家的转诊通道。

2. 门诊服务模式　根据各地区社区卫生服务中心的规模设置。

3. 居家服务模式　多学科团队根据病人的需要定期上门开展服务,保证必要的交通工具及通信联络设备。

（三）居家安宁疗护服务模式

提供居家安宁疗护的医护人员可来自医院、宁养院、安宁疗护中心或社区卫生服务中心等服务机构。组建多学科合作团队，其中医生、护士和社工是主要的核心成员，如条件允许，可另配备内勤人员、司机等，为有需要的终末期病人及家属提供居家照护服务。服务内容为评估及创造适宜的休养环境；症状控制、舒适照护、心理支持和人文关怀；用药、口腔护理、翻身等生活照护指导和管道护理；给予家属社会支持，如舒缓其焦虑，指导照护病人身体、心理、精神的方法，指导识别濒死征兆、遗体护理、丧葬准备及家属的哀伤辅导。通过居家探访和电话或互联网咨询两种方式来完成。

五、老年人安宁疗护的实践内容

（一）症状控制

临终老年病人的各种不适症状，使其在身体上受到极大的痛苦。因此，症状控制及护理是安宁疗护的核心内容，是心理、社会、精神层面照护的基础。常见症状有疼痛、呼吸困难、咳嗽、咳痰、咯血、恶心、呕吐、呕血、便血、腹胀、水肿、发热、厌食/恶病质、口干、睡眠/觉醒障碍（失眠）、谵妄、吞咽困难、便秘等。通过症状管理措施尽量减轻临终老年病人的痛苦，最大限度提高病人的生活质量。重点学习呼吸困难和疼痛的护理。

1. 呼吸困难的护理　呼吸困难是临终老年病人的常见症状之一。主要是因呼吸衰竭、清除分泌物能力丧失使痰液堵塞呼吸道所致。

（1）病情允许时可适当取半卧位或抬高头与肩，以改善呼吸。

（2）护理人员应及时吸出痰液和口腔分泌液。对有咳嗽能力的老年临终病人应指导其进行有效的咳嗽，以利排痰。床旁备好吸引器，以备随时吸痰。

（3）若病人出现痰鸣音，可使用雾化吸入，促使分泌物稀释，易于咳出。

（4）当呼吸表浅、急促、困难或有潮式呼吸时，立即给予吸氧。

（5）对张口呼吸者，用湿巾或棉签湿润口腔，或用护唇膏湿润嘴唇，病人睡眠时用湿纱布遮盖口部。

2. 疼痛的护理　疼痛是临终老年病人最常见也是最严重的症状。

（1）药物疗法：可通过口服、皮肤贴片、舌下含服、静脉或肌内注射等途径给予止痛药，以减轻临终老年人的痛苦。

（2）音乐疗法：音乐能使人身体放松，疼痛缓解，心情得以平静，促进与周围人的交流，使身心感到愉快。

（3）心理疗法：根据病人心理特点和心情、情绪变化，辅以暗示疗法，减轻病人精神心理压力。如果疼痛难以控制，没有食欲，不要勉强病人进食，以免增加病人的负担与痛苦。

（4）其他方法缓解疼痛，如松弛术、催眠术、针灸疗法、神经外科手术疗法等。如意念止痛法：可以通过集中想象，帮助病人从疼痛中解脱出来，增强其自控能力。

（二）舒适护理

舒适护理是一种整体的、个性化的、创造性的、有效的护理模式，其目的是让病人在生理、心理、社会、精神上达到最愉快的状态，或缩短、降低不愉快的时间、程度。常见的舒适护理内容包括：病室环境管理，床单位管理，口腔护理，肠内、外营养护理，静脉导管维护，留置导尿的护理，会阴护理，协助沐浴和床上擦浴，协助床上洗头，协助进食饮水，排尿、排便异常的护理，卧位的护理，协助体位转换，轮椅和平车的使用等。安宁疗护护士从临终老年病人的生理舒适、心理舒适、社会舒适、环境舒适方面提供优质的护理服务。

1. 生理舒适　通过实施口腔护理、沐浴、床上擦浴、床上洗头等基础护理，保持临终老年病人的卫生清洁；协助其更换卧位、进食饮水等促进临终老年病人的生理舒适。

2. 心理舒适　通过对临终老年病人的尊称与安宁疗护护士职业礼仪的美感直接影响临终老年病人心理状态；用认知行为疗法、支持性心理疗法、正念减压疗法等心理干预方法，激发临终老年病人自尊、自信、自强，自我价值得到满足。

3. 社会舒适　根据病情安排家属亲友的陪伴、鼓励；允许亲友、同事等亲密的人探视，也可以通过适宜的时间召开病友会，帮助临终老年病人从新的人际关系中获得舒适感。

4. 环境舒适　美化环境，使临终老年病人居住环境清洁、明亮、安静、温湿度适宜；病房家庭化；适当摆放绿色植物；洗漱、淋浴、热水供应等设施要安全完善；保证临终老年病人居室生活方便，且身体和视觉上恬静、优雅、舒适，通过美好舒适的环境来舒缓不良情绪。

（三）心理支持和人文关怀

美国精神病学家伊丽莎白·库布勒·罗斯博士提出"临终心理五阶段说"，即否认期、愤怒期、协议期、忧郁期、接受期。由于不同文化背景、信仰、人格特点、传统死亡观和医疗制度的影响，终末期病人心理行为并不一定按顺序出现。安宁疗护工作人员应正确判断临终老年病人的心理分期，通过表情、言语、姿势行为觉察他们的苦闷及恐惧，同时通过与病人的交流和陪伴，了解临终老年病人的心理需求和意愿，帮助其缓解情感上的不安，适应临终这个突发事件，以提高临终老年病人的生命质量；鼓励家属参与照护、及时表达对病人的关心，让他们感受到外界的关心与支持，尽力满足病人的要求和希望，使他们在精神上得到抚慰，陪伴临终老年病人直至其离世；安宁疗护工作人员需要向身处困境的家属提供尊重、关心和倾听等，给予情感安慰，同时为其提供疾病信息、家庭事务、丧葬礼仪、政策福利、救助机构等信息支持。

第二节　老年人的死亡教育

一、死亡教育的概述

死亡教育又称优死教育，是指通向社会大众进行死亡相关知识的教育，并使人们在态度和行为上有所转变的一种持续的过程。目的是帮助人们正确认识自己和他人的生死,尊重生命、接纳死亡,把死亡看作是生命的必要组成部分。死亡教育是社会精神文明发展的需要,也是人生观教育的组成部分。

二、老年人对待死亡的心理类型

生老病死是人生自然规律,死亡是生命运动发展过程的必然归宿。由于受到许多因素的影响,如文化程度、社会地位、宗教信仰、年龄、性格、心理成熟程度、身体状况、经济状况和社会支持系统等,不同的老年人对待死亡的态度也有很大的差异。

(一)理智型

这类型老年人当意识到死亡即将来临时,能从容地面对死亡,并在临终前安排好自己的工作家庭事务及其他后事。

(二)积极应对型

这类型老年人有强烈的生存意识,也能以正常心态从自然规律认识死亡,但也能认识到意志对死亡的作用。所以,能忍受着病痛的折磨和诊治带来的痛苦,寻找各种治疗方法以赢得生机,用顽强的意志与疾病斗争。

(三)接受型

这类老年人有两种情况,一种是被动地无可奈何地接受死亡的事实,如有些老年人进入老年后,子女就为其开始做后事准备,老年人只能保持沉默,无可奈何地接受。另一类是老年人有一定的精神信仰,对生老病死自然规律有正确的认识和观念。

(四)恐惧型

这类型老年人表现为对死亡的恐惧,过度关注自己机体的功能,喜欢服用一些滋补、保健药品,不惜一切代价延长生命。

(五)解脱型

这类型老年人大多有着较大的生理、心理问题。可能由于家境贫困、身患绝症、极度痛苦,日常生活质量较低,心身没有愉悦感。他们对生活已毫无兴趣,觉得活着是一种痛苦,所以希望早点了结人生。

(六)无所谓型

这类型老年人不理会死亡,也不去想,对死亡持无所谓的态度。

三、老年人死亡教育的实施

对老年人进行死亡教育,使他们能客观地面对死亡,在人生最后阶段努力提高生命质量,完成自己未完成的心愿,珍惜生命的价值,坦然告别人生。

(一)教育对象

老年人,尤其是临终老年人及其家属。

（二）教育内容

1. 树立正确的生死观　帮助老年人正确认识死亡的正面意义：死亡影响人的一生，是维系生命和推动生活的强大动力；死亡使生命有了限度，从而具有价值；死亡可以鞭策人们珍惜生命，珍爱生活，建功立业。通过了解老年人对疾病和死亡的担忧和恐惧，给予针对性的心理疏导和情感支持，帮助其接受生命的自然规律，坦然面对死亡，珍惜生命，提升生命质量。

2. 学习死亡的相关知识　引导老年人主动学习死亡的生理、心理变化及死亡的分期等相关知识，帮助其做好心理准备，消除对死亡的恐惧，以乐观的态度和积极的情绪战胜疾病，接纳死亡。请老年人讲述生命中经历过的与死亡有关的事件，说出当时的内心感受和应对方式，可以帮助老年人对死亡有更深刻的理解，从而正确看待死亡。

3. 理性认知疾病和死亡　帮助老年人理性面对和接纳自己的老化、疾病、死亡状况。老年人对老化、疾病和死亡的承受能力会受其性格、职业、阅历、年龄、文化程度等的影响，需要把握时机，因人因时，寻找合适的方式进行有关老化、疾病、死亡的健康教育，增强其主观能动性，提高其生命质量。

4. 回顾人生与赋予意义　引导老年人回顾其过去的美好生活、难忘时光、患病经历，让其多欣赏自己，提升自我价值，品味人生过程。引导其扮演好人生的重要角色，为自己所爱的人做出奉献，发掘生命潜能，为生命和死亡赋予意义。

5. 协助完成心愿　尊重临终老年人要从其最放心不下的人和事开始，引导其交代未完事宜，尽早完成自己的心愿，从容应对死亡。

6. 鼓励坦诚沟通　鼓励家属陪伴并适时表达关爱，引导临终老年人与其家人、朋友、同事相互道谢、道歉、道爱、道别，彼此交流分享。通过感恩、宽恕和祝福等方式陪伴老年人度过人生中的最后时光，感恩生命中的一切。

（三）教育的形式、方法、注意事项

死亡教育应该与生命教育有机结合，并且注重认知、情感、技能等各方面目标的实现。

1. 形式　可根据不同情况采取：①文字材料。②个人指导。③各种媒体、电视、报纸、杂志。④讲座。⑤社团活动等。

2. 方法　可根据具体阶段的不同因人选择：①随机教育法。②观摩与讨论。③阅读指导法。④模拟想象法。⑤社区实践法。

3. 注意事项

（1）建立相互信任的治疗性关系是进行死亡教育的前提。

（2）坦诚沟通关于死亡的话题，不敷衍不回避。

（3）老年人对死亡的态度受到多种因素影响，应给予尊重。

总之，死亡教育对于公众来说可以提高认知；对于临终老年人和家属来说可以减少死亡焦虑和恐惧，提升其生命意义与品质。

第三节 居丧期护理与丧偶老年人的哀伤辅导

导入情景：

李奶奶，73岁，退休工人，有冠心病服药治疗。老伴半年前，诊断为肝癌晚期，治疗效果不佳，一周前去世。李奶奶难以接受突然的变故，办完葬礼后，一个人沉默不语，时而偷着抹眼泪还不想让儿子看见，家人不叫就不吃饭，半夜就醒来坐起发呆，儿子十分担心母亲的身体健康。儿子到社区医院请求帮助。

工作任务：

1. 正确评估李奶奶的心理状态。

2. 请对李奶奶正确实施哀伤辅导。

一、居丧期护理

（一）居丧的概念

居丧是指任何丧失事件，通常指经历某个人（亲人、爱人、亲密朋友）死亡的一段经历或体验感受。随着逝者被宣告死亡，那些与逝者有着亲密血缘关系或法律关系的人们被称为居丧者。

（二）居丧期护理

1. 急性悲伤期的护理　提前评估家属的健康状态，如因悲伤发生晕厥、心脑血管疾病等。病人离世，护士应首先将急性悲伤期家属安排到安静的房间。

（1）陪伴和抚慰：是最好的支持，紧紧地拥抱、有人倾听，允许家属倾诉和哭泣来释放情绪，不要要求其控制情绪和坚强。

（2）尊重病人或家属的习俗和遗愿：进行遗体护理时，尊重个人宗教信仰，包括是否举行葬礼、葬礼的仪式（仪式上的穿戴、音乐等）、遗体的处理方式，骨灰的安放与去处等。

2. 帮助家属顺利度过正常悲伤期

（1）护士应识别居丧者正常的悲伤反应，及时评估他们的需求。

（2）医护人员鼓励居丧者充分表达感情和感受，而不是只说"节哀、保重"。

（3）恰当应用非语言沟通技巧，陪伴、倾听和鼓励居丧者表达悲伤，以同理心回应他们的情绪反应，引导其面对丧亲的事实。

3. 居丧期随访支持

（1）适合的随访模式：应从逝者、丧亲者、人际关系及疾病与死亡四方面特征评估家属居丧期不良结局的风险，根据居丧风险采取适合的随访模式。

（2）团队完成居丧支持：可以由支持性团队完成，有临床护理专家、社工、护理服务指导者为成员的居丧服务小组，通过参加葬礼、电话随访、信件、卡片、访视、短信形式保持联系。

（3）居丧辅导：主要形式包括个体辅导、在线支持、家庭哀悼、团体哀悼等。

（4）在居丧的特殊日子里应主动提供随访：表达关心和支持，如在逝者的周年、生日、春节、中秋节等特殊日子，医护人员或社工主动随访，在居丧者格外思念亲人时给予及时的心理支持。

（5）鼓励居丧者参与社会活动：通过与朋友、同事看电影、聊天、听音乐等抒发内心的情感，获得心理抚慰，重新构建人际关系，尽早从悲伤中解脱出来。

（6）发挥互助小组及同伴的支持作用：居丧者加入各类丧亲互助小组中，分享彼此的故事，通过分享，减轻痛苦，从逝者的感情依恋中解脱出来，燃起希望，培养助人意识，与他人建立友善亲密关系，恢复积极情绪。

二、丧偶老年人的心理特点

丧偶是老年人晚年生活中最震撼心灵的应激事件，常常会出现一系列情绪、认知及行为上的反应，使其身心健康及社会功能受损，身心疾病的发病率以及死亡的风险也随之增加。老年人丧偶后，心理反应一般要经过四个阶段。

（一）麻木

麻木是一些老年人在丧偶后马上表现出的反应，很多老年人表现为麻木面无表情。但这并不意味着情感淡漠，而是情感休克的表现，麻木应看作是对噩耗的排斥，是一种心理防御机制，避免丧偶老年人经历剧烈的悲痛，此阶段可能持续几个小时至数天。

（二）内疚

丧偶老年人会觉得对不起逝者，想一些自己认为做得不完善的事情，甚至认为对方的死是自己造成的，这是典型的内疚、自责或懊悔的心理。

（三）怀念

配偶逝世，丧偶老年人在剧烈的情感波涛稍稍平息之后，会进入一个深沉的回忆和思念阶段，在头脑中经常出现配偶身影，时而感到失去他（她）之后，自己十分孤单。这种状态可能持续几周甚至几年。

（四）恢复

随着时间的流逝，在亲友的关怀和帮助下，丧偶老年人身心渐渐恢复了常态，适应了新的生活状态，找到自己的精神寄托，从而以坚强的毅力面对现实，又开始了全新的生活。

三、丧偶老年人的哀伤辅导

（一）陪伴与聆听

对丧偶老年人悲痛的心情给予理解与同情，应陪伴在其身旁，如轻握他们的手或扶住他们的肩，了解他们的感受，给予心理支持，并适当地引导他们说出内心的悲伤与痛苦，倾听、陪伴、安慰，可以使老年人感到并非自己独自面对不幸，从而增强战胜孤独的信心。

（二）引导发泄

鼓励引导丧偶老年人发泄自己失去老伴的悲伤情绪，让他们将痛苦通过诉说和回忆的方式进行情感发泄。预防老年人强忍悲伤导致的压抑或消沉。应该告诉老年人，哭泣是一种很好的舒缓内心痛苦的表达方式。帮助他们分析，学会原谅自己，避免自责。

（三）转移注意力

建议丧偶老年人多参与外界交往，有机会多和亲人交谈，或到亲戚朋友家住一段时间，有条件去外面旅游度假。转移他们的注意力，减轻他们的悲伤情绪，以免他们睹物思人，鼓励他们发展业余爱好，如养花、唱歌、书法、绘画、垂钓等，做一些力所能及帮助他人的事情，活出价值感。

（四）建立新的生活方式

配偶过世后，原有的生活模式被改变。应该帮助其调整生活方式，与子女、亲友重建和谐的依恋关系，子女要更多地去看望和照顾丧偶老年人，使其感到虽然失去了一个亲人，但还有家庭成员间的温暖与关怀，感到生活的连续性，也有安全感，使他们及早走出悲伤的阴影，投入新的生活。

（五）再婚

丧偶老年人需要在家庭生活中寻找一种新的依恋关系，可以补偿丧偶后心理失落感。再婚就是一个比较好的方法，弥补其内心的空虚，子女应关心丧偶老年人生理和心理需求且给予支持。丧偶老年人最害怕的就是孤独，再婚对于社会、家庭及老年人的健康长寿均是有益的，应当从法律上给予保护，从道义上给予支持。

（六）随访

居丧服务团队可以通过信件、电话、访视等对丧偶老年人跟踪随访，保证丧偶老年人能够获得持续性关爱和支持。

总之，了解丧偶老年人的心理状态，对他们进行有效的心理干预与护理，使他们尽早地摆脱和缩短丧偶后因过度悲伤而引起的心理失衡，对维护丧偶老年人的身心健康十分重要。

第四节　安宁疗护护士的职责

一、安宁疗护护士的核心能力

在临床工作中，安宁疗护护士需做到以下 7 个"C"：交流（communication）、协调与合作（co-ordination）、控制症状（control of symptoms）、护理的持续性（包括下班时间）（continuity including out of hours）、持续学习（continued learning）、照顾者支持（carer support）、濒死期照护（care in the dying phase）。

因此，安宁疗护护士需具备一定的核心能力，才可能为临终病人及家属提供高质量的安宁疗护服务。体现为护士与跨学科团队合作的能力及遇到复杂问题寻求资深人员支持的能力，与病人及家属沟通及对社会大众宣传教育安宁疗护的能力，以及运用证据解决问题的能力。

二、安宁疗护护士的职责

（一）安宁疗护的实施者

安宁疗护实践是以终末期病人和家属为服务对象。护士协助执业医师开展疾病终末期病人的诊疗管理；提供入院、转诊、照护、舒缓治疗咨询；开展症状控制护理、舒适护理，对病人疼痛、呼吸困难、咳嗽等症状动态评估、观察、制定照护计划及实施护理；为病人进行口腔、皮肤等清洁、保证饮食摄入及排泄等基础护理工作。在心理和精神护理方面，护士应用治疗性通技巧与病人建立信任的关系，引导其面对和接受疾病状况，帮助病人良好应对疾病，坦然面对死亡，重新建立人生的目的及意义，使其平和地度过人生最后阶段，让其平静、无痛苦、有尊严地离世。在社会支持方面，护士根据病人的需要，积极调动社会资源，给病人提供帮助、鼓励和支持，同时，鼓励其积极寻求身边可利用的社会支持网络。此外，护士也为病人的家属提供服务。在家属照护过程中，护士鼓励家属参与病人的诊治过程，指导其家属如何对病人实施最佳照护，鼓励家属给予病人提供有效的社会支持。病人逝世后，护士还需对家属进行丧亲辅导，使其从丧失亲人的痛苦和悲伤中脱离出来。

（二）安宁疗护的协调者

安宁疗护实践以多学科协作模式进行。作为责任人的护士是合作者、结合者和协调者，起着沟通、交流、协调的作用，让病人及家属得到有序、有效、合理、最佳照护。多学科团队是跨学科的整合管理模式，临床医生、麻醉医生、护士、心理咨询师、营养师、社会工作者等都是团队成员，各司其职。护士在构建和维持多学科团队照护网络中起着重要的作用。首先，护士作为多学科团队的成员，根据终末期病人及家属的护理问题及需求，与其他成员进行信息交流、咨询并反馈信息,制订最佳护理措施,同时,护士也可根据自己知识和经验给予其他成员提供专业建议;其次,终末期病人的照护过程是多学科团队不断合作和协商的过程,护士是整个过程的协调者。多学科团队各成员均以终末期病人及家属为中心,从各自专业角度出发,以解决他们的健康问题及需求为目的展开照护计划,护士通过沟通、交流、协调作用,多学科团队之间不同照护活动之间过渡的连续性及紧密性可使病人受益,护士不仅是多学科团队与病人之间的联系人,也是团队其他成员之间的协调人,能促进这种过渡的连续性及紧密性。通过护士的协调使病人得到整体、连续有效的护理,增强了团队的协作力,提高了工作效率。

(三)安宁疗护病人的代言者

护士作为医疗团队中与终末期病人接触最多的专业人员,安宁疗护护士是终末期病人的代言人。要对病人治疗的疗效和负担、生理症状、心理社会或精神困扰、个人目标、价值观和预期生存时间、教育及信息需求以及影响照护的文化因素均需进行连续、动态评估,并结合自身的专业理论知识和其临床经验对结果进行评判,其结果可为安宁疗护护士制订针对性的护理干预措施提供参考依据,也是临床医生制订和修改诊疗计划的评判依据。

(四)安宁疗护工作的教育者

护士作为教育者具有两层含义。其一,护士是病人照护过程中健康教育的主要实施者。疾病诊治及康复过程中,不仅需要医疗团队的专业技术和指导,也需病人和家属的主动参与和配合。由于终末期病人即将面临死亡,多数病人存在恐惧感、无力感及丧失生活希望及目标,同时也遭受疼痛等身体上的痛苦,因此,病人的遵医行为可能与其他疾病阶段的病人存在差异。护士通过有效的健康教育指导,如用药指导、饮食指导、运动指导等,不仅可以提高病人的治疗依从性,减轻病人的不适感和痛苦,也可通过增加病人及家属疾病相关知识,减轻他们由于知识缺乏引起的恐惧及焦虑情绪。但是,终末期病人由于心理状况的特殊性,如何与之进行沟通、使健康教育达到最佳效果是安宁疗护护士需要思考的难题。其二,护士也是护理同行的教育者。随着护理学由简单的医学辅助学科发展为现代独立的一门学科,护理学在深度和广度上都得到了延伸和拓展。安宁疗护是一门专科性、实践性很强的专科,由于服务对象的特殊性,其临床实践也具有挑战性,安宁疗护护士在实践中不断探索经验,也以教育者的身份将知识和经验传递。

(五)安宁疗护的研究者

专业学科的发展离不开科研创新及临床实践。护士作为安宁疗护实践的主要实施者,与服务对象接触最为紧密,其可根据终末期病人和家属在治疗及康复过程中需要解决的问题及需求开展科学研究,为病人及家属提供最佳循证实践。目前,随着社会发展对安宁疗护的需求、国家政策层面的重视,医学、社会学、人文学、哲学等多个领域的科学工作者从安宁疗护领域政策、管理模式、实践等多个方面开展了研究,其中也有越来越多的安宁疗护护士开展了多层次、多维度、多方位的研究。从事安宁疗护的护士可综合国内外安宁疗护研究热点及前沿，结合我国终末期病人的需求和安宁疗护本土化需求，在更广泛的范围内开展本土化研究。安宁疗护护士的作用全面贯穿在安宁疗护工作各个环节中，需要做好各个环节工作，不能顾此失彼或遗漏中间任何一个环节。安宁疗护护士应加强自己的专业素养，培养人文情怀，强化心理素质，带着爱心、责任心去履行安宁疗护的职责和义务。

章末小结

　　本章学习重点是安宁疗护的目标、模式、实践内容、老年安宁疗护护士的职责；老年人对待死亡的心理类型及老年人死亡教育的实施；丧偶老年人的哀伤辅导。难点是死亡教育的内容及死亡教育的实施；丧偶老年人的哀伤辅导。在学习过程中注重培养分析问题解决问题的能力、敏锐的观察能力、与服务对象共情的能力，不断提升自己的综合素质。用自己的爱心、细心、耐心、责任心、同理心对待接受安宁疗护的老年人和家属，做一名合格的安宁疗护护士。

（秦勤爱）

？ 思考与练习

1. 解释安宁疗护、死亡教育的概念。
2. 说出安宁疗护的理念、目标。
3. 简述安宁疗护的模式和老年安宁疗护护士的职责。
4. 说出老年人对待死亡的心理类型和丧偶老年人的心理特点。
5. 概述老年人的死亡教育及丧偶老年人的哀伤辅导的实施方法。

实 训 指 导

实训1　老年人功能状态的评估

【实训目的】

1. 培养"以老年人为本"的护理职业观和科学的评判思维能力,尊重、关爱老年人。

2. 学会老年人功能状态评估的内容和方法。

3. 能运用功能状态评估量表,评估老年人的各种日常生活活动能力。

【方法与过程】

1. 方法　教师介绍本次实训的目的与要求,教师示范对老年人功能状态的评估(养老院、老年病科或模拟实训室)。学生分成若干组,每组同学对1位老年人进行功能状态的评估,或在实训室由小组同学分别角色扮演老年人、家属及护士,设计模拟情景,实施具体操作,反复练习;教师巡回指导学生规范操作。

2. 操作流程及技术要求

操作程序	基本流程	技术要求
评估	老年人情况	意识、性别、年龄、身心状况,是否能够站立或坐起
计划	老年人准备	理解、能主动配合
	环境准备	环境安全、安静、整洁、光线柔和
	护士准备	着装整洁、举止端庄、洗手、戴口罩
	用物准备	《Katz日常生活功能指数评价量表》《Lawton功能性日常生活能力量表》,记录单和笔等
实施	核对解释	核对、解释,取得配合
	安置体位	根据病情协助老年人采取合适体位(坐位或半坐位,无法坐起取右侧卧位,面向操作者)
	量表评估	使用《Katz日常生活功能指数评价量表》评估老年人基础日常生活能力
		使用《Lawton功能性日常生活能力量表》评估老年人功能性日常生活能力
	随时观察	评估过程中随时观察老年人病情和心理状态
	健康宣教	评估结束,妥善安置老年人,告知在日常生活中预防风险发生的技巧
	整理记录	整理、洗手、记录评估结果,致谢

操作程序	基本流程	技术要求
评价	操作过程	人文关怀恰当、沟通及时有效、老年人安全
	操作效果	操作规范、达到预期目标

3. 操作注意事项

（1）评估时要随时观察老年人的身心状况，确保老年人的安全。

（2）评估老年人的功能状态要客观真实，不能主观臆断。

（3）评估时注意语言和非语言沟通技巧，例如称谓恰当；适当语速、语调；耐心倾听；拉近空间距离；适当触摸等。

【实训总结与评价】

实训结束后，学生以小组为单位汇报实施过程中的收获和体会。带教老师点评、总结、评价学生实训效果。

【实训报告】

1. 填写一份《Katz 日常生活功能指数评价量表》。

2. 填写一份《Lawton 功能性日常生活能力量表》。

（刘　静）

实训 2　老年人日常生活安全的护理

【实训目的】

1. 培养"以老年人为本"的护理职业观，尊重、关爱老年人。

2. 学会正确评估老年人的日常生活安全。

3. 能及时判断出老年人日常生活环境中存在的安全问题，并教会其预防方法。

【方法与过程】

1. 方法　教师讲解本次实训课的目的与要求，教师示范具体操作方法（养老院、老年病科或模拟实训室）；学生分成若干组，对老年人进行居家环境安全评估、安全指导；小组同学在模拟布置的老年人的卧室、厨房、卫生间等居室内，通过角色扮演在居室内模拟老年人日常生活活动，然后由其他同学观察居室布置是否存在不妥之处，是否影响老年人的安全，并指出改进的方法。教师巡回指导，指导学生进行规范操作。

2. 操作流程及技术要求

操作程序	基本流程	技术要求
评估	老年人情况	日常生活安全能力
	环境	居家环境安全的要素
	沟通	向老年人解释评估的目的，取得老年人的配合
计划	老年人准备	理解评估的意义，能主动配合
	环境准备	安全舒适、安静，光线适宜，必要时使用屏风

操作程序	基本流程	技术要求
	护士准备	着装整洁、仪表端庄、洗手、戴口罩
	用物准备	手电筒、床、床头柜、水壶、水杯、药瓶、电话、便器、沙发、模拟厨房和卫生间等日常家居生活用具，老年人居家环境安全评估表（实训表2-1），记录单和笔等
实施	摆放体位	让老年人采取自然放松的体位，面向护士
	评估居家环境	评估老年人居家环境安全的要素（实训表2-1）
	小组讨论	小组讨论并制定预防和护理措施
	安全指导	针对高危老年人，进行以下安全指导： （1）积极治疗原发病，防止跌倒摔伤 （2）室内温湿度适宜、采光充足、通风良好；地面干燥、平坦、防滑 （3）无障碍物 （4）厕所及走廊安装扶手；厕所最好使用坐便器 （5）家居设备尽量简洁，家具转角处尽量用弧形 （6）电器开关标上醒目的标志等
	整理记录	整理、洗手、记录、致谢
评价	操作过程	人文关怀恰当、沟通及时有效、老年人安全
	操作效果	操作规范、目标达成

3. 操作注意事项

（1）评估时要随时观察老年人的身心状况，确保老年人的安全。

（2）评估时态度和蔼，语言通俗易懂，沟通有效。

【实训总结与评价】

实训结束后，学生以小组为单位汇报实施过程中的收获和体会。教师点评、总结、评价学生实训效果。

【实训报告】

1. 填写一份老年人居家环境安全危险因素评估表。

2. 写一份保障老年人居家环境安全的预防措施。

实训表2-1 老年人居家环境安全评估要素

部位	评估要素
一般居室	
● 温度	是否适宜
● 光线	是否充足
● 家具	放置是否安全、合理
● 床	高度是否在45～50cm

部位	评估要素
● 电线	是否远离火源、热源
● 取暖设备	是否安全
● 电话	是否易取；能否快速拨打
● 地面	是否平整、干燥、无障碍物
● 地毯	是否平整、固定
厨房	
● 地板	是否防滑
● 燃气	"开""关"的按钮标志是否醒目
浴室	
● 浴室门	是否去锁
● 浴盆	高度是否合适，是否垫防滑胶垫
● 便器	高度是否合适，有无扶手
楼梯	
● 台阶	是否平整无破损，高度是否合适，是否设置色彩差异
● 扶手	墙面有无扶手
● 光线	是否充足

（杨　娜）

实训 3　帮助老年人进食的护理

【实训目的】

1. 培养"以老年人为本"的护理职业观，尊重、关爱老年人。

2. 学会正确帮助老年人进食的方法。

3. 能够对老年人正确实施进食帮助。

【方法与过程】

1. 方法　教师讲解本次实训课的目的与要求，教师示范具体操作方法（养老院、老年病科或模拟实训室）；学生分成若干组，对老年人进行进食帮助及护理指导；由小组同学设计模拟情景，通过角色扮演，对老年人实施具体操作；教师巡回指导，指导学生进行规范操作。

2. 操作流程及技术要求

操作程序	基本流程	技术要求
评估	老年人情况	意识状态、自理能力、身体状况、吞咽反射情况
	食物	食物种类、软硬度、温度符合老年人的饮食习惯和安全需求
	沟通	向老年人解释操作的目的，进餐时需要配合的动作，说明进食的时间及进餐食物，询问有无特殊要求，取得老年人的配合

184

操作程序	基本流程	技术要求
计划	老年人准备	询问老年人是否需要大小便,根据需要协助排便,协助洗净双手
	环境准备	安全、安静整洁、温湿度适宜、无异味
	护士准备	着装整洁、洗手、戴口罩
	用物准备	餐具(碗、筷、勺)、食物、毛巾、温开水、漱口杯、吸管、记录本、笔(或根据实际情况准备相应的物品,如轮椅支架、餐板)
实施	摆放体位	协助老年人取安全、舒适可操作体位(如轮椅坐位、床上坐位、半卧位、侧卧位等),面部侧向护士,为老年人戴上围裙或将毛巾围在老年人颌下及胸前部位
	测试温度	用手触及碗壁感受食物的温度,或将食物滴在前臂内侧(以不烫手为宜)
	协助进餐	(1)能够自行进餐的老年人:将准备好的食物摆放在餐桌上,指导老年人上身坐直并稍向前倾,头稍向下垂,鼓励老年人自行进餐,叮嘱老年人进餐时细嚼慢咽,不要在进食的同时说话或看电视,以防发生呛咳 (2)不能自行进餐的老年人:给予喂饭。使用汤匙喂食时,每次喂食的食物量为汤匙的1/3为宜,老年人完全咽下后再喂下一口,不宜太急
	餐后漱口	协助老年人进餐后漱口,用毛巾擦净嘴角水痕
	整理记录	(1)叮嘱老年人进餐后不要立即平卧,保持进餐体位30min后再取适宜体位 (2)整理老年人仪表及床单位 (3)整理清洗餐具放回原处备用,必要时进行消毒 (4)洗手,记录老年人进食时间、种类和数量,致谢
评价	操作过程	人文关怀恰当、沟通及时有效、老年人无呛咳发生
	操作效果	操作规范、目标达成

3. 操作注意事项

(1)食物温度适宜,温度太高,容易发生烫伤;温度太低,容易引起胃部不适。

(2)对于咀嚼或吞咽困难的老年人,可将食物打碎成糊状,再协助进食。

(3)老年人进食过程中如发生呛咳、噎食等现象,立即急救处理并通知医护人员及家属。

【实训总结与评价】

实训结束后,学生以小组为单位汇报实施过程中的收获和体会。教师点评、总结、评价学生实训效果。

【实训报告】

写一份协助老年人进食的护理计划。

(杨　娜)

实训 4　老年人噎食的应对与护理

【实训目的】

1. 培养"以老年人为本"的护理职业观,尊重、关爱老年人。
2. 学会正确判断老年人噎食的发生,正确评估老年人噎食的危险因素并进行健康宣教。
3. 能够对噎食的老年人实施正确的急救和护理措施。

【方法与过程】

1. 方法　教师讲解本次实训课的目的与要求,教师示范具体操作方法(养老院、老年病科或模拟实训室);学生分成若干组,评估老年人噎食的危险因素并进行健康宣教;由小组同学设计模拟情景,通过角色扮演,对噎食的老年人实施具体的急救和护理措施;教师巡回指导,指导学生进行规范操作。

2. 操作流程及技术要求

操作程序	基本流程	技术要求
评估	老年人情况	迅速判断老年人是否噎食,评估老年人身体状况,有无意识不清,能否坐位或站立
		寻求帮助,指定人员立即拨打急救电话,记录抢救时间
计划	老年人准备	清醒老年人站在护理人员身前,倾身向前,头部略低、张嘴;昏迷老年人取仰卧位
	环境准备	安全、安静、光线充足
	护士准备	站于清醒老年人身后或双腿骑跨于昏迷老年人两侧髋部
实施	清除异物	就地取材,争分夺秒,用手指抠出或用勺子等清除口腔异物,如有活动的义齿取下
	刺激呕吐	刺激老年人呕吐,促进异物排出
		若上述方法未奏效,立即采取海姆利希手法实施急救
	实施救护	(1)意识清楚可采取坐位或立位的老年人:护理人员站在其身后,双臂自腋下环抱老年人,老年人身体前倾,头略低,护理人员一手握拳,拇指关节突出处置于脐与剑突之间,另一手重叠相握,向后、向上快速地用力挤压,冲击上腹部,迫使膈肌上抬,反复冲击,直至异物排出
		(2)意识不清不能站立的老年人:就地去枕平卧,护士清除老年人口腔异物,开放气道后,立即骑跨于老年人两侧髋部,一手掌根置于脐与剑突之间,另一手放于其上,双手重叠,十指相握,向后、向上快速地用力挤压,冲击上腹部,迫使膈肌上抬,反复冲击,直至异物排出,打开下颌,迅速掏出清理
	判断效果	判断意识是否转为清醒,面色是否转为红润

操作程序	基本流程	技术要求
	整理记录	（1）安慰老年人情绪，协助休息
		（2）口腔黏膜损伤时给予用药处理
		（3）遵医嘱为老年人高流量吸氧
		（4）洗手，记录发生时间、老年人表现、处理措施，致谢
评价	操作过程	抢救及时，争分夺秒、动作迅速、不慌乱
	操作效果	操作规范、安全、达到预期目标

3. 操作注意事项

（1）力度适宜，防止肋骨骨折、脏器破裂。

（2）操作完成后询问、观察老年人有无并发症的发生。

【实训总结与评价】

实训结束后，学生以小组为单位汇报实施过程中的收获和体会。教师点评、总结、评价学生实训效果。

【实训报告】

写一份老年人噎食的预防和护理计划。

（李姮瑛）

实训 5　老年人助行器的使用与指导

【实训目的】

1. 培养"以老年人为本"的护理职业观，尊重、关爱老年人。

2. 学会正确检查助行器。

3. 能够正确演示并教会老年人使用助行器。

【方法与过程】

1. 方法　教师讲解本次实训课的目的与要求，教师示范具体操作方法(养老院、老年病科或模拟实训室)；学生分成若干组，对老年人进行助行器使用指导；由小组同学设计模拟情景，通过角色扮演，对存在行走困难的老年人实施具体的助行器的使用指导；教师巡回指导，指导学生进行规范操作。

2. 操作流程及技术要求

操作程序	基本流程	技术要求
评估	老年人情况	一般情况、活动能力及疾病诊断
计划	老年人准备	有行走的意愿，身体状况允许，穿合适长度的裤子以及防滑的鞋子
	环境准备	整洁，光线充足，无障碍物，地面干燥，没有水迹、油渍
	护士准备	着装整洁、举止端庄、洗手、戴口罩
	用物准备	选择合适的助行器具，功能完好
实施	检查助行器	向老年人说明：使用前要检查助行器是否完好，螺丝是否有松动，支脚垫是否完好适用，高度是否合适

操作程序	基本流程	技术要求
	演示步行法	为老年人边演示边讲解使用助行器的步行方法
		（1）三步法：抬头挺胸，双手同时将助行器向前推动一步（25～30cm），患肢抬高后迈出半步，约在助行器横向的中线偏后方。双手臂伸直支撑身体（患肢遵医嘱决定承重力量），迈出健肢与患肢平行。重复上述步骤前进
		（2）四步法：助行器一侧向前推动一步（25～30cm），对侧下肢抬高后迈出，约落在助行器横向的中线偏后方。然后，助行器另一侧向前推动一步，迈出另一下肢。重复上述步骤前进
	保护行走	向老年人说明要点，保护行走
	整理记录	（1）助行器放在老年人触手可及的规定地方
		（2）行走结束，洗手，记录老年人的训练过程、时间及感受，致谢
评价	操作过程	人文关怀恰当、沟通及时有效、老年人无危险发生
	操作效果	操作规范、目标达成

3. 操作注意事项

（1）鼓励老年人患侧下肢努力做抬腿迈步，避免拖拉。

（2）保障老年人安全，避免跌倒。

（3）随时观察和询问老年人，如有不适停下休息。

（4）行走中避免拖、拉、拽老年人的胳膊，以免造成跌倒和骨折。

（5）依据老年人的耐受情况，循序渐进增加行走的活动量。

【实训总结与评价】

实训结束后，学生以小组为单位汇报实施过程中的收获和体会。教师点评、总结、评价学生实训效果。

【实训报告】

写一份协助老年人使用助行器具的护理计划。

（杨　娜）

实训6　老年人跌倒的应对与护理

【实训目的】

1. 培养"以老年人为本"的护理职业观，尊重、关爱老年人。

2. 学会正确评估老年人跌倒的危险因素并进行健康宣教。

3. 能够对跌倒的老年人实施正确的急救和护理措施。

【方法与过程】

1. 方法　教师讲解本次实训课的目的与要求，教师示范具体操作方法（养老院、老年病科或模拟实训室）；学生分成若干组，评估老年人跌倒的危险因素并进行健康宣教；由小组同学设计模拟情景，通过角色扮演，对老年人实施具体的急救和护理措施。教师巡回指导，指导学生进行规范操作。

2. 操作流程及技术要求

操作程序	基本流程	技术要求
评估	老年人情况	意识、性别、年龄、身体状况，是否能够站立或坐起
计划	老年人准备	理解、能主动配合
	环境准备	安全、安静、整洁、光线柔和
	护士准备	着装整洁、举止端庄、洗手、戴口罩
	用物准备	止血、包扎等急救物品、记录本、笔
实施	休息	受伤程度较轻者，可搀扶或用轮椅将老年人送回病床，嘱其卧床休息并观察
	止血包扎	（1）对于皮肤出现瘀斑者进行局部冷敷，皮肤擦伤渗血者给予包扎
		（2）有外伤、出血，立即止血、包扎，并护送老年人就医
	检查处理	（1）查看肢体有无骨折：查看有无疼痛、畸形、关节异常、肢体位置异常等，若有或无法判断，则不要随意搬动，以免加重病情，并立即拨打急救电话
		（2）查看有无腰椎损害：查看有无腰背部疼痛、双腿活动或感觉异常、大小便失禁，若有或无法判断，则不要随意搬动，以免加重病情，并立即拨打急救电话
		（3）询问老年人跌倒情况及对跌倒过程是否有记忆：老年人如不能记忆起跌倒过程，出现记忆丧失、头痛等情况，可能为晕厥甚至脑卒中，应立即护送老年人就医或拨打急救电话
		（4）询问有无脑卒中情况：询问并观察有无剧烈头痛或口角歪斜、言语不利、手脚无力等，若有，应立即拨打急救电话，不可立即扶起
	健康宣教	告知老年人预防跌倒的措施，增强防跌倒意识
	洗手记录	洗手、记录跌倒发生的时间、老年人表现、处理措施，致谢
评价	操作过程	人文关怀恰当、沟通及时有效、老年人安全、无损伤
	操作效果	操作规范、目标达成

3. 操作注意事项

（1）护理过程中随时观察老年人的意识状态和身心状况。

（2）不随意扶起或搬动老年人，若需搬动，保证平稳，尽量平卧休息。

【实训总结与评价】

实训结束后，学生以小组为单位汇报实施过程中的收获和体会。教师点评、总结、评价学生实训效果。

【实训报告】

1. 填写一份跌倒危险因素评估表。

2. 写一份老年人跌倒的预防和护理计划。

（李姮瑛）

实训7 老年人安全用药的指导

【实训目的】

1. 培养"以老年人为本"的护理职业观,尊重、关爱老年人。

2. 学会指导老年人正确判断药物的不良反应。

3. 能对老年人进行安全用药指导。

【方法与过程】

1. 方法 教师介绍本次实训的目的与要求,教师示范具体操作步骤(养老院、老年病科或模拟实训室);学生分成若干组,每组同学对1位老年人进行安全用药指导;由小组同学角色扮演存在用药安全隐患的老年人、家属及护理人员,设计仿真情景,实施具体操作;教师巡回指导,指导学生进行规范操作。

2. 操作流程及技术要求

操作程序	基本流程	技术要求
评估	老年人情况	性别、年龄、身体状况,用药史、服药能力、文化程度和家庭支持情况
计划	老年人准备	采取自然放松的体位,理解、能主动配合
	环境准备	环境安全、安静、整洁、光线柔和
	护士准备	着装整洁、修剪指甲、洗手、戴口罩
	用物准备	老年人服用的药物、服药本、量杯、滴管、研钵、药勺、纸巾、药杯、温开水、手电筒、压舌板、记录本、笔
实施	安全用药指导	(1)药物名称、剂量、作用、服用方法、服用时间、药物有效期 (2)药物的适应证 (3)药物标签上的警示语、不良反应和注意事项,禁用或慎用的原因 (4)药物与其他药物、食物、烟酒的相互作用 (5)漏服或重复服用的处理方法 (6)避免用药误区:常见的用药误区有躺着服药、干吞药、去除胶囊、服药后立刻运动、饮食无禁忌等
	配药	配药并照顾老年人服药
	观察处理	观察老年人用药后的情况
	健康宣教	对老年人进行安全用药的健康教育
	洗手记录	礼貌告别,洗手、记录用药情况、处理措施
评价	操作过程	人文关怀恰当,沟通及时有效,老年人安全用药、无意外
	操作效果	操作规范、目标达成

3. 操作注意事项

(1)护理过程中随时观察老年人的用药状况、意识状态和身心状况。

(2)进行用药安全指导时语言通俗易懂,态度和蔼,沟通有效。

实训结束后,学生以小组为单位汇报实施过程中的收获和体会。教师点评、总结、评价学生实训效果。

【实训报告】
写一份协助老年人家庭安全用药的护理计划。

（刘军英）

实训8　老年病人的叩背排痰方法

【实训目的】

1. 培养"以老年人为本"的护理职业观,尊重、关爱老年人。

2. 学会规范的叩背排痰方法。

3. 能够帮助老年病人清理呼吸道分泌物,保持呼吸道通畅。

【方法与过程】

1. 方法　教师介绍本次实训的目的与要求,教师示范具体操作步骤(养老院、老年病科或模拟实训室);学生分成若干组,每组同学对1位老年病人进行叩背排痰操作或在实训室由小组同学角色扮演老年病人、家属及护理人员,设计仿真情景,实施具体操作;教师巡回指导学生规范操作。

2. 操作流程及技术要求

操作程序	基本流程	技术要求
评估	老年病人情况	性别、年龄、意识、身体状况,是否能够坐起或卧位
准备	护士准备	衣帽整洁,仪表端庄,剪短指甲,洗手,戴口罩;与老年病人沟通并取得配合
	老年病人准备	理解实训的意义,能主动配合
	用物准备	护理床(或椅)、纸巾、听诊器、毛巾(必要时)、手消毒凝胶、记录单和笔等
	环境准备	安静整洁,光线适宜,温、湿度适宜,必要时使用屏风
实施	核对解释	评估(老年病人、用物、环境)、核对、解释
	安置体位	根据病情协助老年病人采取合适体位(坐位或侧卧位)
	叩背排痰	(1)选择时间在餐后2h或餐前30min进行
		(2)排痰前进行肺部听诊,叩击部位适当遮盖
		(3)叩击方法:四指并拢,拇指紧贴示指近侧中节指骨,使手背隆起成空杯状,利用腕力快速有节奏叩击,力量适中,以老年病人不感到疼痛为宜
		(4)叩击部位:从下至上、由外至内叩击背部,注意避开肾区和脊柱
		(5)叩击原则:双手同时叩击背部两侧,相邻部位应重叠1/3叩击,每侧次数不少于3次,频率120~180次/min,持续10~15min,每天叩击3~5次。使附着在气管壁上的痰液易于脱落

操作程序	基本流程	技术要求
		（6）有效咳嗽：指导老年病人身体略向前倾，腹肌用力收缩，深吸气后屏气2~3s，先轻咳两声，再用力咳痰，重复数次
		（7）排痰后再次肺部听诊
	整理安置	清洁老年病人面部，协助取舒适体位
	观察记录	洗手，记录叩背排痰时间、处理措施、老年病人反应，致谢
评价	操作过程	人文关怀恰当，沟通及时有效，老年病人安全，无损伤
	操作效果	操作规范，目标达成

3. 操作注意事项

（1）随时询问老年病人的感受。

（2）密切观察病情、面色、呼吸情况，如有异常，立即停止操作。

【实训总结与评价】

实训结束后，学生以小组为单位汇报实施过程中的收获和体会。教师点评、总结、评价学生实训效果。

【实训报告】

用流程图的形式写出为老年病人实施叩背排痰的操作过程。

（马牧林）

实训9 老年冠心病病人的健康教育

【实训目的】

1. 培养尊重、关爱老年人的职业素养和科学的临床思维能力。

2. 学会正确评估老年冠心病疾病的危险因素。

3. 能对老年冠心病病人进行健康教育。

【方法与过程】

1. 方法 教师介绍本次实训的目的与要求，教师示范具体操作步骤（养老院、老年病科或模拟实训室）。学生分成若干组，每组同学对1位老年冠心病病人进行危险因素评估及健康教育；或小组同学进行角色扮演，设计仿真情景，实施具体操作。教师巡回指导。

2. 操作流程及技术要求

操作程序	基本流程	技术要求
评估	老年病人情况	性别、年龄、意识、身体状况
计划	老年病人准备	理解，能主动配合
	环境准备	安静整洁，光线充足，空气清新，温、湿度适宜
	护士准备	着装整洁，举止端庄，剪短指甲，洗手，戴口罩
	用物准备	老年冠心病危险因素评估表（实训表9-1）、宣传手册、血压计、听诊器、身高体重测量仪、记录单和笔等

操作程序	基本流程	技术要求
实施	核对解释	核对、解释,取得配合
	安置体位	协助老年病人采取舒适的体位
	进行评估	进行冠心病危险因素评估
	健康宣教	小组讨论并制订老年冠心病病人的健康教育计划
		根据评估情况对老年冠心病病人进行健康教育
	整理记录	宣教结束,礼貌告别,洗手,记录
评价	操作过程	人文关怀恰当,沟通及时有效,老年病人了解相关知识
	操作效果	宣教内容完整、恰当,目标达成

3. 操作注意事项

(1)在病人病情稳定时进行护理评估。

(2)结合老年病人或案例实际,实施个体化的健康教育。

(3)健康教育时态度和蔼,语言通俗易懂,沟通有效。

【实训总结与评价】

实训结束后,学生以小组为单位汇报实施过程中的收获和体会。教师点评、总结、评价学生实训效果。

【实训报告】

1. 填写一份《老年冠心病危险因素评估表》。

2. 写一份老年冠心病病人的健康教育指导内容的报告。

实训表9-1 老年冠心病危险因素评估表

危险因素	分数
老年人有焦虑、恐惧、悲观失望等不良心理反应	1分
老年人有吸烟、嗜酒、作息不规律等不良生活习惯	1分
老年人有冠心病危险因素(高血压、高血糖、高血脂、肥胖、遗传、高龄、低血钾等)	1分
老年人用药依从性差(不按时服药、随意变更用药、盲目服用保健品等)	1分
老年人社会、家庭支持不足	1分
存在合并症,如老年慢性阻塞性肺疾病等	1分
老年人社区条件差(就医困难、复诊困难、社区服务能力不足、卫生环境差等)	1分
老年人存在不合理或不健康的活动现象	1分
老年人不重视病情监测、不能自行监测或监测不全面	1分

(洪 敏)

常用评估量表

附量表 1　Katz 日常生活功能指数评价量表

生活能力	项目	分值
进食	进食自理无需帮助	2
	需帮助备餐，能自己进食	1
	需帮助进食或经胃管、静脉给营养	0
更衣 （取衣、穿衣、扣扣、系带）	完全独立完成	2
	仅需要帮助系鞋带	1
	取衣、穿衣需要帮助	0
沐浴 （擦浴、盆浴或淋浴）	独立完成	2
	近期需要部分帮助（如背部）	1
	需要帮助（不能自行沐浴）	0
移动 （起床、卧床、从椅子上站立 或坐下）	自如（可以使用手杖等辅助器具）	2
	需要帮助	1
	不能起床	0
如厕 （如厕大小便自如，便后能 自洁及整理衣裤）	无需帮助，或能借助辅助器具进出厕所	2
	需帮助进出厕所、便后清洁或整理衣裤	1
	不能自行进出厕所完成排泄过程	0
控制大小便	能完全控制	2
	偶尔大小便失控	1
	排尿、排便需别人帮助，需用导尿管或大小便失禁	0

　　评定方法与结果解释：通过与被测者、照顾者交谈或被测者自填问卷，确定各项评分，计算总分值。总分值的范围是 0～12 分，分值越高，则提示被测者的日常生活能力越高。

附量表 2　Lawton 功能性日常生活能力量表

生活能力	项目	分值
你能自己做饭吗？	无需帮助	2
	需要一些帮助	1
	完全不能自己做饭	0
你能自己做家务或勤杂工作吗？	无需帮助	2
	需要一些帮助	1
	完全不能自己做家务	0

生活能力	项目	分值
你能自己服药吗?	无需帮助(能准时服药,剂量准确)	2
	需要一些帮助[别人帮助备药,和(或)提醒服药]	1
	没有帮助完全不能自己服药	0
你能去超过步行距离的地方吗?	无需帮助	2
	需要一些帮助	1
	除非做特别安排,否则完全不能旅行	0
你能去购物吗?	无需帮助	2
	需要一些帮助	1
	完全不能自己出去购物	0
你能打电话吗?	无需帮助	2
	需要一些帮助	1
	完全不能自己打电话	0
你能自己理财吗?	无需帮助	2
	需要一些帮助	1
	完全不能自己理财	0

评定方法与结果解释:通过与被测者、家属或照顾者等知情人的交谈或被测者自填问卷,确定各项评分,计算总分值。总分值的范围是0~14分,分值越高,则提示被测者功能性日常生活能力越高。

附量表3　简易智力状态检查量表(MMSE)

评价项目	得分
1. 时间定向 (1)今天是星期几? (2)现在是几月份? (3)今天是几号? (4)今年的年份? (5)现在是什么季节?	0/5
2. 地点定向 (1)你能告诉我我们现在在哪里(医院名称)? (2)你住在什么城市(市或县)? (3)你住在什么街道(胡同、门牌号)? (4)我们现在在几楼? (5)你生活在哪个国家?	0/5
3. 识记　现在我告诉您3种东西的名称,在我讲完之后,请你复述并记忆 (1)苹果;(2)皮球;(3)国旗	0/3
4. 注意与计算　请您计算一下100-7是多少? 再向下连着减7(共5次) (不能用笔算,若错了,但下一个答案是对的,只记一次错误)	0/5
5. 回忆　请您说出刚才我让您记住的是哪3种东西 (苹果、皮球、国旗每说出一种得1分)	0/3
6. 命名　请受试者认物品 (1)(检查者出示自己的手表)请问这是什么? (2)(检查者出示自己的铅笔)请问这是什么?	0/2

评价项目	得分
7. 语言表达　请你跟着我说"四十四只石狮子" （只许说一遍。正确、咬字清楚记1分）	0/1
8. 阅读理解　请您念一念这句话并照卡片上的要求做（请"闭上你的眼睛"）	0/1
9. 执行连续命令　我给您一张纸，请按照我说的话去做 （1）用右手拿纸；（2）把这张纸对折起来；（3）将纸放在您的左腿上	0/3
10. 请您说出一个完整的句子（必须要有主语、谓语且有意义）	0/1
11. 构图能力　（出示图案）请您照着这个图画下来	0/1

评定方法与结果解释：

1. 本测试应在10~15min内完成。

2. 每次回答或操作正确记1分，错误或不知道记0分，拒绝回答或不理解按0分计算。MMSE的满分为30分。界限值范围因受教育程度不同而有区别，未受教育文盲组17分，教育年限≤6年组20分，教育年限大于6年组24分，若测量结果低于分界值，可认为被测者有认知功能缺损。

附量表4　简易操作智力状态问卷（SPMSQ）

问题	注意事项	对或错
1. 今天是几号？	年、月、日都对才算正确	
2. 今天是星期几？	星期对才算正确	
3. 这是什么地方？	对所在地有任何的描述都算正确；说"我的家"或正确说出城镇、医院、机构的名称都可接受	
4-1. 你的电话号码是多少？	经确认号码后证实无误即算正确；或在会谈时，能在2次间隔较长时间内重复相同的号码即算正确	
4-2. 你住在什么地方？	如没有电话才问此问题	
5. 你几岁了？	年龄与出生年月日符合才算正确	
6. 你的出生年月日是什么？	年、月、日都对才算正确	
7. 现任的国家主席是谁？	姓氏正确即可	
8. 前任的国家主席是谁？	姓氏正确即可	
9. 你的孩子叫什么名字？	不需要特别证实，只需说出一个与他不同的名字即可	
10. 从20减3开始算，一直减3减下去	期间如有出现任何错误或无法继续进行即算错误	

评定方法与结果解释：

1. 须结合被测试者的教育背景作出判断。

2. 错0~2题为认知功能完整，错3~4题为轻度认知功能障碍，错5~7题为中度认知功能障碍，错8~10题为重度认知功能障碍。

附量表 5　汉密尔顿焦虑量表（HAMA）

项目	主要症状
1. 焦虑心境	担心、担忧，最坏的事情将要发生，容易激惹
2. 紧张	紧张感、易疲劳、不能放松，情绪反应，易哭、颤抖、感到不安
3. 害怕	害怕黑暗、陌生人、一人独处、动物、乘车或旅游、到公共场合
4. 失眠	难以入睡、易醒、睡眠浅、多梦、夜惊、醒后感觉疲倦
5. 认知功能	注意力不能集中、注意障碍、记忆力差
6. 抑郁心境	丧失兴趣、抑郁、对以往爱好缺乏快感
7. 躯体性焦虑（肌肉系统）	肌肉酸痛、活动不灵活、肌肉和肢体抽动、牙齿打颤、声音发抖
8. 躯体性焦虑（感觉系统）	视物模糊、发冷发热、软弱无力感、浑身刺痛
9. 心血管系统症状	心动过速、心悸、胸痛、血管跳动感、昏倒感、心搏脱漏
10. 呼吸系统症状	胸闷、窒息感、叹息、呼吸困难
11. 胃肠道症状	吞咽困难、嗳气、消化不良（进食后腹痛、腹胀、恶心、胃部饱胀感、肠鸣、腹泻、体重减轻、便秘）
12. 生殖泌尿系统症状	尿频、尿急、停经、性冷淡、早泄、阳痿
13. 自主神经系统症状	口干、潮红、苍白、易出汗、紧张性头痛、毛发竖起
14. 会谈时行为表现	①一般表现：紧张、不能松弛、忐忑不安、咬手指、紧握拳、面肌动、手发抖、皱眉、表情僵硬、肌张力高、叹息样呼吸、面色苍白 ②生理表现：吞咽、打呃、安静时心率快、呼吸快、腱反射亢进、震颤、瞳孔放大、眼睑跳动、易出汗、眼球突出

评定方法与结果解释：

1. 0＝无症状；1＝轻度；2＝中度，有肯定的症状，但不影响生活和劳动；3＝重度，症状重，已影响生产和劳动，需要行处理；4＝极重，症状极重，严重影响生活。

2. 总分＞29为严重焦虑；总分＞21为明显焦虑；总分＞14为有肯定的焦虑；总分＞7为可能有焦虑；＜6分没有焦虑。

3. 因子分计算：精神性焦虑因子，第1～6项与第14项分数之和除以7；躯体性焦虑因子分，7～13项分数之和除以7。

附量表 6　状态-特质焦虑问卷

指导语：下面列出的是一些人们常常用来描述他们自己的陈述，请阅读每一个陈述，然后选择适当的选项来表示你现在最恰当的感觉，也就是你此时此刻最恰当的感觉。没有对或错的回答，不要对任何一个陈述花太多的时间去考虑，但所给的回答应该是你现在最恰当的感觉。

	完全没有	有些	中等程度	非常明显
*1. 我感到心情平静	①	②	③	④
*2. 我感到安全	①	②	③	④
3. 我是紧张的	①	②	③	④
4. 我感到紧张束缚	①	②	③	④
*5. 我感到安逸	①	②	③	④
6. 我感到烦乱	①	②	③	④
7. 我现在正烦恼,感到这种烦恼超过了可能的不幸	①	②	③	④
*8. 我感到满意	①	②	③	④
9. 我感到害怕	①	②	③	④
*10. 我感到舒适	①	②	③	④
*11. 我有自信心	①	②	③	④
12. 我觉得神经过敏	①	②	③	④
13. 我极度紧张不安	①	②	③	④
14. 我优柔寡断	①	②	③	④
*15. 我是轻松的	①	②	③	④
*16. 我感到心满意足	①	②	③	④
17. 我是烦恼的	①	②	③	④
18. 我感到慌乱	①	②	③	④
*19. 我感觉镇定	①	②	③	④
*20. 我感到愉快	①	②	③	④

注:*,该项为反序记分

指导语:下面列出的是一些人们常常用来描述他们自己的陈述,请阅读每一个陈述,然后选择适当的选项来表示你经常的感觉,也就是你此时此刻最恰当的感觉。没有对或错的回答,不要对任何一个陈述花太多的时间去考虑,但所给的回答应该是你平常所感觉到的。

	完全没有	有些	经常	几乎总是如此
*21. 我感到愉快	①	②	③	④
22. 我感到神经过敏和不安	①	②	③	④
*23. 我感到自我满足	①	②	③	④
*24. 我希望能像别人那样高兴	①	②	③	④
25. 我感到我像衰竭一样	①	②	③	④
*26. 我感到很宁静	①	②	③	④
*27. 我是平静的、冷静的和泰然自若的	①	②	③	④
28. 我感到困难——堆集起来,因此无法克服	①	②	③	④
29. 我过分忧虑一些事,实际这些事无关紧要	①	②	③	④
*30. 我是高兴的	①	②	③	④

	完全没有	有些	经常	几乎总是如此
31. 我的思想处于混乱状态	①	②	③	④
32. 我缺乏自信心	①	②	③	④
*33. 我感到安全	①	②	③	④
*34. 我容易做出决断	①	②	③	④
35. 我感到不合适	①	②	③	④
*36. 我是满足的	①	②	③	④
37. 一些不重要的思想总缠绕着我,并打扰我	①	②	③	④
38. 我产生的沮丧是如此强烈,以致我不能从思想中排除它们	①	②	③	④
*39. 我是一个镇定的人	①	②	③	④
40. 当我考虑我目前的事情和利益时,我就陷入紧张状态	①	②	③	④

评定方法与结果解释:

1. 每一项进行 1～4 级评分。由受试者根据自己的体验选择最合适的分值。带"*"该项为反序记分,分别计算状态焦虑量表与特质焦虑量表的累加分,最小值为20,最大值80。

2. 状态焦虑量表与特质焦虑量表的累加分,反映状态或特质焦虑的程度。分值越高,说明焦虑程度越严重。

附量表7　汉密尔顿抑郁量表(HAMD)

项目	主要表现	评分
1. 抑郁情绪	①只在问到时才诉述;②在访谈中自发地表达;③不用言语也可以从表情、姿势、声音或欲哭中流露出这种情绪;④病人的自发言语和非语言表情、动作几乎完全表现为这种情绪。	
2. 有罪感	①责备自己,感到自己已连累他人;②认为自己犯了罪,或反复思考以往的过失和错误;③认为目前的疾病,是对自己错误的惩罚,或有罪恶妄想;④罪恶妄想伴有指责或威胁性幻觉。	
3. 自杀	①觉得活着没有意义;②希望自己已经死去,或常想到与死有关的事;③消极观念(自杀念头);④有严重自杀行为。	
4. 入睡困难(初段失眠)	①主诉有入睡困难,上床半小时后仍不能入睡(要注意平时病人入睡的时间);②主诉每晚均有入睡困难。	
5. 睡眠不深(中段失眠)	①睡眠浅,多噩梦;②半夜晚12点钟以前曾醒来(不包括上厕所)。	
6. 早醒(末段失眠)	①有早醒,比平时早醒1h,但能重新入睡(应排除平时的习惯);②早醒后无法重新入睡。	

项目	主要表现	评分
7. 工作和兴趣	①提问时才诉述；②自发地直接或间接表达对活动、工作或学习失去兴趣，如感到没精打采，犹豫不决，不能坚持或需强迫自己去工作或活动；③活动时间减少或成效下降，住院病人每天参加病室劳动或娱乐小于3h；④因目前的疾病而停止工作，住院者不参加任何活动或者没有他人帮助便不能完成病室日常事务（注意不能凡住院就打4分）。	
8. 阻滞（指思维和言语缓慢，注意力难以集中，主动性减退）	①精神检查中发现轻度阻滞；②精神检查中发现明显阻滞；③精神检查进行困难；④完全不能回答问题（木僵）。	
9. 激越	①检查时有些心神不定；②明显心神不定或小动作多；③不能静坐，检查中曾起立；④搓手、咬手指、扯头发、咬嘴唇。	
10. 精神性焦虑	①问及时才诉述；②自发地表达；③表情和言谈流露出明显忧虑；④明显惊恐。	
11. 躯体性焦虑	①轻度；②中度，有肯定的上述症状；③重度，上述症状严重，影响生活或需要处理；④严重影响生活和活动。	
12. 胃肠道症状	①食欲减退，但不需他人鼓励便自行进食；②进食需他人催促或请求和需要应用泻药或助消化药。	
13. 全身症状	①四肢、背部或颈部沉重感，背痛、头痛、肌肉疼痛，全身乏力或疲倦；②症状明显。	
14. 性症状（指性欲减退，月经紊乱）	①轻度；②重度；③不能肯定，或该项对被评者不适合（不计入总分）。	
15. 疑病	①对身体过分关注；②反复考虑健康问题；③有疑病妄想；④伴幻觉的疑病妄想。	
16. 体重减轻	①病人自诉可能有体重减轻；②肯定体重减轻。按体重记录评定：1周内体重减轻超过0.5kg；1周内体重减轻超过1kg。	
17. 自知力	①知道自己有病，表现为抑郁；②知道自己有病，但归咎伙食太差，环境问题，工作过忙，病毒感染或需要休息；③完全否认有病。	
18. 日夜变化	①轻度变化：晨1分、晚1分；②重度变化：晨2分、晚2分。	
19. 人格解体	①问及时才诉述；②自然诉述；③有虚无妄想；④伴幻觉的虚无妄想。	
20. 偏执症状	①有猜疑；②有牵连观念；③有关系妄想或被害妄想；④伴有幻觉的关系妄想或被害妄想。	
21. 强迫症状	①问及时才诉述；②自发诉述。	
22. 能力减退感	①仅于提问时才引出主观体验；②病人主动表示有能力减退感；③需鼓励、指导和安慰才能完成病室日常事务或个人卫生；④穿衣、梳洗、进食、铺床或个人卫生均需他人协助。	

项目	主要表现	评分
23. 绝望感	①有时怀疑"情况是否会好转",但解释后能接受;②持续感到"没有希望",但解释后能接受;③对未来感到灰心、悲观和失望,解释后不能解除;④自动地反复诉述"我的病好不了啦"诸如此类的情况。	
24. 自卑感	①仅在询问时诉述有自卑感,"我不如他人";②自动地诉述有自卑感;③病人主动诉述:"我一无是处"或"低人一等",与评2分者只是程度上的差别;④自卑感达妄想的程度,例如"我是废物"或类似情况。	

评定方法与结果解释:

1. 序号与分数是相对应的,如选择序号②的主要表现则评为2分。如个体没有序号中描述的表现,则评为0分。

2. 所有问题是指被测者近几天或近一周的情况。大部分项目采用0~4分的5级评分法。各级评分标准:0=无,1=轻度,2=中度,3=重度,4=极重度。少数项目采用0~2分的3级评分法,其评分标准:0=无,1=轻~中度,2=重度。由经过训练的两名专业人员对被测者进行联合检查,然后各自独立评分。

3. 总分能较好地反映疾病的严重程度,病情严重程度与总分呈正向关系。按照DavisJM划界分,总分超过35,可能为严重抑郁;超过20,可能是轻或中度的抑郁;如小于8,则无抑郁症状。

附量表8　老年人抑郁量表(GDS)

主要表现	回答"是"或"否"
1. 你对生活基本上满意吗?	
2. 你是否已放弃了许多活动与兴趣?	
3. 你是否觉得生活空虚?	
4. 你是否感到厌倦?	
5. 你觉得未来有希望吗?	
6. 你是否因为脑子里一些想法摆脱不掉而烦恼?	
7. 你是否大部分时间精力充沛?	
8. 你是否害怕会有不幸的事落到你头上?	
9. 你是否大部分时间感到幸福?	
10. 你是否常感到孤立无援?	
11. 你是否经常坐立不安,心烦意乱?	
12. 你是否愿意待在家里而不愿去做些新鲜事?	
13. 你是否常常担心将来?	
14. 你是否觉得记忆力比以前差?	
15. 你觉得现在活着很惬意吗?	
16. 你是否常感到心情沉重、郁闷?	

主要表现	回答"是"或"否"
17. 你是否觉得像现在这样活着毫无意义？	
18. 你是否总为过去的事忧愁？	
19. 你觉得生活很令人兴奋吗？	
20. 你开始一件新的工作很困难吗？	
21. 你觉得生活充满活力吗？	
22. 你是否觉得你的处境已毫无希望？	
23. 你是否觉得大多数人比你强得多？	
24. 你是否常为些小事伤心？	
25. 你是否常觉得想哭？	
26. 你集中精力有困难吗？	
27. 你早晨起来很快活吗？	
28. 你希望避开聚会吗？	
29. 你做决定很容易吗？	
30. 你的头脑像往常一样清晰吗？	

评定方法与结果解释：

1. 每个条目要求被测者回答"是"或"否"，其中第 1、5、7、9、15、19、21、27、29、30 条用反序计分（回答"否"表示抑郁存在）。每项表示抑郁的回答得 1 分。

2. 总分 0～10 为正常，11～20 为轻度抑郁，21～30 为中重度抑郁。

附量表 9　APGAR 家庭功能评估表

项目	经常	有时	很少
1. 当我遇到困难时，可以从家人处得到满意的帮助 补充说明			
2. 我很满意家人与我讨论各种事情以及分担问题的方式 补充说明			
3. 当我希望从事新的活动或发展时，家人能接受并给予支持 补充说明			
4. 我很满意家人对我表达情感时的方式以及对我愤怒、悲伤等情绪的反应 补充说明			
5. 我很满意家人与我共度美好时光的方式 补充说明			

评定方法与结果解释：

1. "经常"得 2 分，"有时"得 1 分，"很少"得 0 分。

2. 总分在 7～10 分为家庭功能无障碍，4～6 分为家庭功能中度障碍，0～3 分为重度家庭功能不足。

附量表 10 老年人生活质量评定表

项目	得分
身体健康：	
1. 疾病症状	
（1）无明显病痛	（3分）
（2）间或有病痛	（2分）
（3）经常有病痛	（1分）
2. 慢性疾病	
（1）无重要慢性病	（3分）
（2）有，但不影响生活	（2分）
（3）有，影响生活	（1分）
3. 畸形残疾	
（1）无	（3分）
（2）有（轻、中度驼背）不影响生活	（2分）
（3）畸形或因病致残，部分丧失生活能力	（1分）
4. 日常生活能力	
（1）能适当劳动、爬山、参加体育活动，生活完全自理	（3分）
（2）做饭、管理钱财、料理家务、上楼、外出坐车等有时需人帮助	（2分）
（3）丧失独立生活能力	（1分）
本项共计得分：	（ ）
心理健康：	
5. 情绪、性格	
（1）情绪稳定，性格开朗，生活满足	（3分）
（2）有时易激动、紧张、忧郁	（2分）
（3）经常忧郁、焦虑、压抑、情绪消沉	（1分）
6. 智力	
（1）思维能力、注意力、记忆力都较好	（3分）
（2）智力有些下降，注意力不集中，遇事易忘，但不影响生活	（2分）
（3）智力明显下降，说话无重点，思路不清晰，健忘、呆板	（1分）
7. 生活满意度	
（1）夫妻、子女、生活条件、医疗保障、人际关系等都基本满意	（3分）
（2）某些方面不够满意	（2分）
（3）生活满意度差，到处看不惯，自感孤独苦闷	（1分）
本项共计得分：	（ ）

项目	得分
社会适应：	
8. 人际关系	
（1）夫妻、子女、亲戚朋友之间关系融洽	（3分）
（2）某些方面虽有矛盾，仍互相往来，相处尚可	（2分）
（3）家庭矛盾多，亲朋往来少，孤独	（1分）
9. 社会活动	
（1）积极参加社会活动，在社团中任职，关心国家集体大事	（3分）
（2）经常参加社会活动，有社会交往	（2分）
（3）不参加社会活动，生活孤独	（1分）
本项共计得分：	（　　）
环境适应：	
10. 生活方式	
（1）生活方式合理，无烟、酒嗜好	（3分）
（2）生活方式基本合理，已戒烟、酒不过量	（2分）
（3）生活无规律，嗜烟，酗酒	（1分）
11. 环境条件	
（1）居住环境、经济收入、医疗保障较好、社会服务日臻完善	（3分）
（2）居住环境不尽如人意，有基本生活保障	（2分）
（3）住房、经济收入、医疗费用等造成生活困难	（1分）
本项共计得分：	（　　）

评定方法与结果解释：

1. ①第一项"身体健康"的判断标准：12分为优秀；8～11分为良好；5～7分为较差；4分为差。②第二项"心理健康"的判断标准：9分为优秀；6～8分为良好；4～5分为较差；3分为差。③第三项"社会适应"的判断标准：6分为优秀；4～5分为良好；3分为较差；2分为差。④第四项"环境适应"的判断标准：6分为优秀；4～5分为良好；3分为较差；2分为差。

2. 以上各项相加即为总分。

3. 总分在30～33分者，说明生活质量良好，应继续采取原有的合理的生活方式，积极防治心血管疾病和癌症，力争健康长寿；总分在20～29分者，说明生活质量中等水平，应进一步检查自己的生活方式是否合理，自我保健措施是否有力，是否做到戒烟、少酒，是否每天坚持适量的体育锻炼，是否注意情绪的调整，对慢性病是否遵医嘱坚持治疗等，及时发现问题并予以纠正和改善，不断提高生活质量；凡总分在11～19分者，说明生活质量差，应争取保持或恢复生活自理功能，提高生活质量，延长健康期望寿命。

附量表 11　Morse 跌倒风险评估量表

项目	评分标准	分值
1. 跌倒史	近 3 个月内无跌倒史	0
	近 3 个月内有跌倒史	25
2. 超过 1 个疾病诊断	没有	0
	有	15
3. 行走辅助	不需要 / 完全卧床 / 有专人扶持	0
	拐杖 / 手杖 / 助行器	15
	依扶家具行走	30
4. 静脉输液 / 置管 / 使用特殊药物	没有	0
	有	20
5. 步态	正常 / 卧床休息 / 轮椅代步	0
	虚弱乏力	10
	平衡失调 / 不平衡	20
6. 认知状态	了解自己能力，量力而行	0
	高估自己能力 / 忘记自己受限制 / 意识障碍 / 躁动不安 / 沟通障碍 / 睡眠障碍	15

结果解释：＜25 分为跌倒低风险，25～45 分为跌倒中风险，＞45 分为跌倒高风险。

附量表 12　社会支持评定量表（SSRS）

评估内容	评分细则	分值	得分
1. 您有多少关系密切，可以得到支持和帮助的朋友？（只选一项）	一个也没有	1	
	1～2 个	2	
	3～5 个	3	
	6 个或 6 个以上	4	
2. 近一年来您（只选一项）	远离家人，且独居一室	1	
	住处经常变动，多数时间和陌生人住在一起	2	
	和同学、同事或朋友住在一起	3	
	和家人住在一起	4	
3. 您与邻居（只选一项）	相互之间从不关心，只是点头之交	1	
	遇到困难可能稍微关心	2	
	有些邻居很关心您	3	
	大多数邻居很关心您	4	

评估内容	评分细则	分值	得分
4. 您与邻居(只选一项)	相互之间从不关心,只是点头之交	1	
	遇到困难可能稍微关心	2	
	有些同事很关心您	3	
	大多数同事很关心您	4	
5. 从家庭成员得到的支持和照顾	A. 夫妻(恋人)	每项从无 /	
	B. 父母	极少 / 一般 /	
	C. 儿女	全力支持分	
	D. 兄弟姐妹;其他成员(如嫂子)	别计 1~4 分	
6. 过去,在您遇到急难情况时,曾经得到的经济支持和解决实际问题帮助的来源	无任何来源	0	
	下列来源:(可选多项)A. 配偶;B. 其他家人;C. 朋友;D. 亲戚;E. 同事;F. 工作单位;G. 党团工会等官方或半官方组织;H. 宗教、社会团体等非官方组织;I. 其他(请列出)	有几个来源就记几分	
7. 过去,在您遇到急难情况时,曾经得到的安慰和关心的来源	无任何来源	0	
	下列来源:(可选多项)A. 配偶;B. 其他家人;C. 朋友;D. 亲戚;E. 同事;F. 工作单位;G. 党团工会等官方或半官方组织;H. 宗教、社会团体等非官方组织;I. 其他(请列出)	有几个来源就记几分	
8. 您遇到烦恼时的倾诉方式(只选一项)	从不向任何人倾诉	1	
	只向关系极为密切的 1~2 个人倾诉	2	
	如果朋友主动询问您会说出来	3	
	主动倾诉自己的烦恼,以获得支持和理解	4	
9. 您遇到烦恼时的求助方式(只选一项)	只靠自己,不接受别人帮助	1	
	很少请求别人帮助	2	
	有时请求别人帮助	3	
	有困难时经常向家人、亲友、组织求援	4	
10. 对于团体(如党团组织、宗教组织、工会、学生会等)组织活动,您(只选一项)	从不参加	1	
	偶尔参加	2	
	经常参加	3	
	主动参加并积极活动	4	

评定方法与结果解释:

量表计分方法:第 1~4,8~10 条:每条只选一项,选择1、2、3、4项分别计1、2、3、4分,第5条分A、B、C、D四项计总分,每项从"无"到"全力支持"分别计1~4分,第6、7条如回答"无任何来源"则计0分,回答"下列来源"者,有几个来源就计几分。

社会支持评定量表分析方法:总分即十个条目计分之和,分数越高,说明社会支持度越高。一般认为总分小于20分,为获得社会支持较少,20~30分为具有一般社会支持度,30~40分为具有满意的社会支持度。

教学大纲（参考）

一、课程性质

老年护理是中等卫生职业教育护理专业的一门重要的专业核心课程。本课程的主要内容包括绪论、老年人的健康评估、老年人的健康管理与养老照护、老年人的日常生活及常见健康问题的护理、老年人的安全用药与护理、老年人常见心理问题与精神障碍的护理、老年人常见疾病病人的护理、老年人的安宁疗护。

本课程的任务是在现代医学模式和系统化整体护理工作模式的指导下，以培养学生良好的护理职业道德为核心，使学生掌握老年人现存的和潜在的生理、心理、社会方面的健康问题及相应的预防、健康管理、护理干预措施，使学生将学到的老年护理的专业知识和职业技能运用于护理实践中，满足老年人的健康需要，提供优质的老年护理，提高老年人的生活质量。

老年护理是一个奉献性和服务性较强的专业，在课程教学中须注重融入思政元素，引导学生树立正确的世界观、人生观、价值观，培养学生尊老、敬老、爱老、助老的博爱精神和职业素养，努力实现思想政治教育与知识体系教育的有机统一。

二、课程目标

（一）思政及职业素养目标

1. 具有以老年人为中心、一切为了老年人的护理职业观，培养尊老、敬老、爱老、助老的良好职业道德。

2. 具有勤奋学习的态度，严谨、创新、协作的专业精神和救死扶伤、爱岗敬业的职业素养。

3. 具有高度的责任感、同理心、爱心及良好的团队合作精神，对老年护理事业拥有积极的职业情感。

（二）专业知识和技能目标

1. 掌握健康老龄化、积极老龄化的内涵；老年人健康评估的原则和注意事项；老年人的自我健康管理。

2. 掌握老年人日常生活及常见健康问题和常见疾病的健康教育、安全指导。

3. 掌握老年人安全用药的基本原则；老年人的安宁疗护目标和内容。

4. 掌握维护与促进老年人心理健康的原则；老年人心理健康的标准；老年人常见心理问题与精神障碍的安全护理和健康教育。

5. 熟悉人口老龄化的现状与趋势；老年人的身心特点；常见健康问题和疾病的特点；治疗原则。

6. 了解老年护理的一般概念与理论；老年人药代学和药动学的特点；老年人各系统的生理性变化。

7. 熟练掌握指导和协助老年人日常生活和确保安全的各项护理操作技能；老年人的安全用药指导。

8. 学会运用人际沟通和交流的技巧对老年人进行系统化整体护理；对老年心脑血管疾病等的健康教育。

三、教学时间分配

教学内容	学时数		
	理论	实践	合计
一、绪论	4		4
二、老年人的健康评估	4	2	6
三、老年人的健康管理与养老照护	4		4
四、老年人的日常生活及常见健康问题的护理	6	8	14
五、老年人的安全用药与护理	4	2	6
六、老年人常见心理问题与精神障碍的护理	4		4
七、老年常见疾病病人的护理	8	4	12
八、老年人的安宁疗护	4		4
合计	38	16	54

四、课程内容和要求

单元	教学内容	教学要求	教学活动参考	参考学时	
				理论	实践
一、绪论	（一）老年人与人口老龄化		理论讲授 多媒体演示 讨论	4	
	1. 老年人的年龄划分	掌握			
	2. 人口老龄化与老龄化社会	掌握			
	3. 人口老龄化的现状与趋势	熟悉			
	4. 人口老龄化带来的影响与对策	了解			
	（二）老年护理学概述				
	1. 老年护理学及其相关概念	掌握			
	2. 老年护理的目标与原则	掌握			
	3. 老年护理的发展	了解			
	4. 老年护理从业人员的素质	掌握			
	（三）老化的概念与相关理论				
	1. 老化的概念和特征	熟悉			
	2. 老化的相关理论	了解			
二、老年人的健康评估	（一）概述		理论讲授 多媒体演示 情景教学 角色扮演 见习	4	
	1. 老年人健康评估的原则	掌握			
	2. 老年人健康评估的注意事项	掌握			
	（二）老年人身体健康的评估				
	1. 健康史	熟悉			
	2. 体格检查	掌握			
	3. 功能状态的评估	掌握			
	4. 辅助检查	熟悉			

单元	教学内容	教学要求	教学活动参考	参考学时	
				理论	实践
	（三）老年人心理健康的评估				
	1. 认知功能评估	了解			
	2. 情绪与情感评估	熟悉			
	3. 压力与应对评估	熟悉			
	4. 人格的评估	了解			
	（四）老年人社会健康的评估				
	1. 角色功能评估	熟悉			
	2. 家庭评估	熟悉			
	3. 环境评估	熟悉			
	4. 文化评估	熟悉			
	（五）老年人生活质量的综合评估				
	1. 老年人生活质量的内涵	掌握			
	2. 老年人生活质量的综合评估	熟悉			
	实训1 老年人功能状态的评估	熟练掌握	技能实践		2
三、老年人的健康管理与养老照护	（一）老年人的健康管理		理论讲授多媒体演示社区调查参观访问	4	
	1. 老年人健康管理的概述	了解			
	2. 老年人的自我健康管理	掌握			
	3. 老年人慢性疾病的预防和管理	掌握			
	4. 老年延续性护理	掌握			
	（二）老年健康照护体系的发展				
	1. 国外老年健康照护体系的发展	了解			
	2. 我国老年健康照护体系的发展	熟悉			
	（三）老年人的养老与照护				
	1. 社会发展对养老照护的影响	熟悉			
	2. 健康养老照护的模式	熟悉			
	3. 养老机构的规范与管理	了解			
四、老年人的日常生活及常见健康问题的护理	（一）老年人日常生活护理的概述		理论讲授多媒体演示家庭访问角色扮演见习	6	
	1. 老年人日常生活护理的注意事项	掌握			
	2. 老年人环境的要求与调整	熟悉			
	（二）老年人清洁与舒适的护理				
	1. 老年人的皮肤清洁	掌握			
	2. 老年人的衣着卫生	熟悉			
	3. 老年瘙痒症的护理	熟悉			

单元	教学内容	教学要求	教学活动参考	参考学时	
				理论	实践
	（三）老年人饮食与排泄的护理				
	1. 老年人的营养需求	熟悉			
	2. 老年人的饮食护理	掌握			
	3. 老年人吞咽障碍的护理	掌握			
	4. 老年人排泄的护理	掌握			
	（四）老年人休息、睡眠与活动的护理				
	1. 老年人休息与睡眠的护理	掌握			
	2. 老年人活动的护理	了解			
	3. 老年人跌倒的护理	掌握			
	（五）老年人的性需求和性生活健康				
	1. 老年人的性需求与现状	了解			
	2. 影响老年人性需求与性生活的因素	了解			
	3. 老年人性生活的健康指导	了解			
	实训2　老年人日常生活安全的护理 实训3　帮助老年人进食的护理 实训4　老年人噎食的应对与护理 实训5　老年人助行器的使用与指导 实训6　老年人跌倒的应对与护理	熟练 掌握	技能实践		8
五、老年人的安全用药与护理	（一）概述		理论讲授 多媒体演示 家庭访问 角色扮演 见习	4	
	1. 老年人药物代谢动力学特点	了解			
	2. 老年人药物效应动力学特点	了解			
	（二）老年人常见药物不良反应和原因				
	1. 老年人常见药物不良反应	掌握			
	2. 老年人药物不良反应发生率高的原因	熟悉			
	3. 老年人药物不良反应的预防措施	掌握			
	（三）老年人安全用药的护理				
	1. 老年人安全用药的原则	掌握			
	2. 老年人用药情况的评估	掌握			
	3. 老年人安全用药指导	掌握			
	实训7　老年人安全用药的指导	熟练 掌握	技能实践		2

单元	教学内容	教学要求	教学活动参考	参考学时	
				理论	实践
六、老年人常见心理问题与精神障碍的护理	（一）老年人的心理特点及影响因素		理论讲授 多媒体演示 案例分析 讨论	4	
	1. 老年人的心理特点	熟悉			
	2. 老年人心理变化的影响因素	了解			
	（二）老年人心理健康的维护与促进				
	1. 老年人的心理健康	掌握			
	2. 老年人心理健康的维护与促进	掌握			
	（三）老年人常见心理问题与精神障碍的护理				
	1. 老年人常见心理问题的护理	掌握			
	2. 老年人常见精神障碍的护理	掌握			
七、老年常见疾病病人的护理	（一）老年人的患病与护理特点		理论讲授 多媒体演示 案例分析 讨论 见习	8	
	1. 老年人的患病特点	掌握			
	2. 老年病人的护理特点	掌握			
	（二）老年呼吸系统疾病病人的护理				
	1. 老年人呼吸系统的生理变化	了解			
	2. 老年慢性阻塞性肺疾病病人的护理	掌握			
	3. 老年肺炎病人的护理	熟悉			
	（三）老年循环系统疾病病人的护理				
	1. 老年人循环系统的生理变化	了解			
	2. 老年人高血压病人的护理	掌握			
	3. 老年冠心病病人的护理	掌握			
	（四）老年消化系统疾病病人的护理				
	1. 老年人消化系统的生理变化	了解			
	2. 老年慢性胃炎病人的护理	熟悉			
	3. 老年胃食管反流病病人的护理	掌握			
	（五）老年泌尿及生殖系统疾病病人的护理				
	1. 老年人泌尿及生殖系统的生理变化	了解			
	2. 老年尿路感染病人的护理	熟悉			
	3. 老年前列腺增生病人的护理	熟悉			
	4. 老年性阴道炎病人的护理	熟悉			
	（六）老年内分泌系统及代谢性疾病病人的护理				
	1. 老年人内分泌系统的生理变化	了解			

单元	教学内容	教学要求	教学活动参考	参考学时	
				理论	实践
	2. 老年糖尿病病人的护理	掌握			
	3. 老年痛风病人的护理	熟悉			
	（七）老年运动系统疾病病人的护理				
	1. 老年人运动系统的生理变化	了解			
	2. 老年骨质疏松症病人的护理	掌握			
	3. 老年退行性骨关节病病人的护理	掌握			
	（八）老年神经系统疾病病人的护理				
	1. 老年人神经系统的生理变化	了解			
	2. 老年脑卒中病人的护理	掌握			
	3. 老年帕金森病病人的护理	掌握			
	（九）老年感官系统疾病病人的护理				
	1. 老年人感官系统的生理变化	了解			
	2. 老年性白内障病人的护理	掌握			
	3. 老年性耳聋病人的护理	熟悉			
	实训8 老年人的叩背排痰方法 实训9 老年冠心病病人的健康教育	学会	技能实践		4
八、老年人的安宁疗护	（一）概述		理论讲授 多媒体演示 案例分析 讨论	4	
	1. 安宁疗护的概念	了解			
	2. 安宁疗护的理念与目标	掌握			
	3. 我国安宁疗护的发展现状与挑战	了解			
	4. 安宁疗护模式	了解			
	5. 老年人安宁疗护的实践内容	掌握			
	（二）老年人的死亡教育				
	1. 死亡教育的概述	熟悉			
	2. 老年人对待死亡的心理类型	掌握			
	3. 老年人死亡教育的实施	掌握			
	（三）居丧期护理与丧偶老年人的哀伤辅导				
	1. 居丧期护理	了解			
	2. 丧偶老年人的心理特点	熟悉			
	3. 丧偶老年人的哀伤辅导	掌握			
	（四）安宁疗护护士的职责				
	1. 安宁疗护护士的核心能力	掌握			
	2. 安宁疗护护士的职责	掌握			

五、说明

（一）教学安排

本教学大纲主要供中等卫生职业教育护理专业教学使用，总学时为 54 学时，其中理论教学 38 学时，实践教学 16 学时。

（二）教学要求

1. 本课程对理论部分教学要求分为掌握、熟悉、了解 3 个层次。掌握：指对老年护理基本知识、基本理论有较深刻的认识，并能综合、灵活地运用所学的知识解决老年人的健康问题。熟悉：指能够领会老年护理相关理论、概念的基本含义，能解释老年护理的相关内容。了解：指对老年护理基本知识、基本理论能有一定的认识，能够记忆所学的知识要点。

2. 本课程重点突出以立德树人、岗位胜任力为导向的教学理念，在实践技能方面分为熟练掌握和学会 2 个层次。熟练掌握：指能独立、规范地解决老年人现存和潜在的健康问题，完成各项重要护理操作。学会：指在教师的指导下能初步实施老年一般护理措施。

（三）教学建议

1. 本课程依据老年护理医院、社区、家庭、养老机构的岗位工作任务、职业能力要求，强化理论实践一体化，突出"做中学、做中教"的职业教育特色，根据培养目标、教学内容和学生的学习特点以及职业资格考核要求，提倡任务驱动教学、多媒体教学、案例教学、角色扮演、情景教学等方法，利用校内外实训基地，将学生的自主学习、合作学习和教师的引导教学等教学组织形式有机结合。

2. 教学过程中，可通过测验、观察记录、技能考核和理论考试等多种形式对学生的职业素养、专业知识和技能进行综合评价。应体现评价主体的多元化，评价过程的多元化，评价方式的多元化。评价内容不仅注重学生对知识的理解和技能的掌握，更要注重学生运用知识和技能解决老年健康问题的能力。重视学生综合职业素质的培养。

参 考 文 献

[1] 谌永毅, 刘翔宇. 安宁疗护专科护理 [M]. 北京: 人民卫生出版社, 2020.

[2] 戴晓阳. 常用心理评估量表手册 [M]. 北京: 人民军医出版社, 2011.

[3] 郭清. 健康管理学 [M]. 北京: 人民卫生出版社, 2015.

[4] 胡秀英. 老年护理手册 [M]. 北京: 科学出版社, 2011.

[5] 胡秀英. 老年人保健与居家照护手册 [M]. 北京: 科学出版社, 2014.

[6] 胡秀英, 肖惠敏. 老年护理学 [M]. 5 版. 北京: 人民卫生出版社, 2022.

[7] 化前珍, 胡秀英. 老年护理学 [M]. 4 版. 北京: 人民卫生出版社, 2021.

[8] 鞠梅, 李姮瑛. 老年护理 [M]. 2 版. 北京: 人民卫生出版社, 2019.

[9] 刘军英. 老年护理 [M]. 北京: 中国中医药出版社, 2018.

[10] 孙建萍. 老年护理学 [M]. 4 版. 北京: 人民卫生出版社, 2019.

[11] 唐凤平. 老年护理学习指导与习题集 [M]. 北京: 人民卫生出版社, 2010.

[12] 王陇德. 健康管理师 [M]. 北京: 人民卫生出版社, 2019.

[13] 吴欣娟. 老年专科护理 [M]. 北京: 人民卫生出版社, 2019.

[14] 杨术兰, 田秀丽. 老年护理与保健 [M]. 北京: 中国医药科技出版社, 2019.

[15] 张小燕, 王春先. 老年护理学 [M]. 2 版. 北京: 人民卫生出版社, 2017.

[16] 中国营养学会. 中国居民膳食指南(2016)[M]. 北京: 人民卫生出版社, 2016.

[17] 周郁秋, 张会君. 老年健康照护与促进 [M]. 北京: 人民卫生出版社, 2019.

[18] T/CNAS 09-2020, 成人住院病人跌倒风险评估及预防团体标准 [S]. 北京: 中华护理学会, 2020.

[19] 胡依, 郭芮绮, 闵淑慧, 等. 1990—2019 年中国老年人群跌倒疾病负担分析 [J]. 现代预防医学, 2021, 48(9): 1542-1545, 1630.

[20] 李浩腾. 智慧养老服务体系建设研究 [D]. 北京: 北京交通大学, 2021.

[21] 林泽婷, 吕来文, 黄晓晴, 等. 1990—2017 年中国伤害负担: 2017 年全球疾病负担研究结果(摘译)[OL]. 伤害医学(电子版), 2020, 9(2): 52-59.

[22] 陆洁如. 嵌入式社区居家养老服务模式构建研究 [D]. 吉林: 吉林大学, 2020.

[23] 王晓君, 许阳, 周媛媛, 等. 中国社区老年人跌倒发生率的 Meta 分析 [J]. 循证护理, 2020, 6(11): 1149-1154.

[24] 王志灼, 谷莉, 周谋望. 中国老年人跌倒风险因素识别及评估工具应用的研究进展 [J]. 中国康复医学杂志, 2021, 36(11): 1440-1444.

[25] 许美丽, 王申. 国内外延续性护理的发展现状及对策 [J]. 解放军护理杂志, 2014, 31(19): 28-30, 33.

06